Kreditpolitik

Aufsätze und Reden

von

Dr. W. Prion
ord. Professor an der Technischen Hochschule Berlin

Berlin
Verlag von Julius Springer
1926

ISBN-13:978-3-642-90276-5 e-ISBN-13:978-3-642-92133-9
DOI: 10.1007/978-3-642-92133-9

Softcover reprint of the hardcover 1st edition 1926

Vorwort.

Die nachfolgenden Aufsätze verdanken ihre Entstehung dem Umstande, daß es sich der Verfasser nicht versagen konnte, gelegentlich auch zu wichtigen Tagesfragen in der Öffentlichkeit das Wort zu ergreifen. Die Hinweise auf die Umgestaltung des Bankbetriebs durch Verwendung maschineller Hilfsmittel, wie auch die Ausführungen über die Zinspolitik der Banken in und nach der Stabilisierungskrise haben — so glaube ich wohl sagen zu können — ihre Wirkung nicht verfehlt. Über die Fragen der Kreditpolitik während der Inflationszeit und in der Gegenwart habe ich in zahlreichen Vorträgen gesprochen. Dabei zeigte sich nun etwas Merkwürdiges und Erfreuliches zugleich. Begreiflich: wenn ich vor Studierenden, um das Verständnis zu erleichtern, den eigentlichen kreditpolitischen Fragen einige allgemeine Ausführungen über den Kredit als solchen vorauszuschicken mich bemühte. Interessant: wenn die Teilnehmer an den Kursen der Vereinigung für staatswissenschaftliche Fortbildung (1923 in Braunlage i. H., 1924 in Saßnitz, 1925 in Königswinter), die sich aus höheren Verwaltungsbeamten und Richtern zusammensetzten und vielfach mit den Kreditfragen praktisch zu tun hatten, ein viel größeres Interesse für die theoretische „Seite“ bekundeten, obwohl sie, wie sie als ehemalige Akademiker meinten, nicht immer die besten Erfahrungen mit der „Theorie“ gemacht hätten. Überraschend und erfreulich aber: wenn ich dieses Interesse für die theoretischen Grundlagen in gleichem Maße auch bei den Kaufleuten und Industriellen, vor denen ich in zahlreichen Fällen zu sprechen Gelegenheit hatte, finden durfte. Und hier waren es nicht zuletzt die Inhaber der kleineren und mittleren Betriebe, die — nach den Erfahrungen in der Inflationszeit: Scheingewinne und Bilanzen! — ein überaus williges Ohr für theoretische Belehrungen, d. h. für Ausführungen hatten, die nicht unmittelbar für ihre betrieblichen Maßnahmen verwendbar waren, die ihnen aber einen festeren Boden unter den Füßen zu bieten vermochten.

Aus diesem Interesse für eine allgemeine Unterrichtung heraus ist der erste Aufsatz: Zur Lehre vom Kredit entstanden. Er wendet sich also an einen bestimmten Hörerkreis und bildet den allgemeinen Rahmen für die eigentlichen kreditpolitischen Aufsätze. In den Vorträgen, in denen ich über die eigentliche Kreditpolitik gesprochen habe, konnten naturgemäß nur die wichtigsten Gesichtspunkte aus der allgemeinen Lehre berührt werden: ich habe die Zuhörer immer wieder auf die — demnächstige Veröffentlichung verweisen müssen.

Der Inhalt der Vorträge über die „Kreditfragen der Gegenwart" mußte sich selbstverständlich den jeweiligen zeitlichen Begebenheiten anpassen. So treten das eine Mal mehr die Fragen der Reichsbankpolitik oder des Privatdiskontmarktes, das andere Mal die der öffentlichen Gelder oder der ausländischen Kredite in den Vordergrund. Dem nunmehr unter VI. veröffentlichten Aufsatz liegt das Stenogramm eines am 6. September 1925 auf der Tagung der deutschen Buchdrucker frei gehaltenen doppelstündigen Vortrages zugrunde. Groß war der Anreiz, diese Ausführungen zu einer systematischen Darstellung der deutschen Kreditpolitik nach der Stabilisierung (entsprechend den Aufsätzen während der Inflationszeit) auszugestalten. Meine Übersiedlung nach Berlin hat mich vor dieser Arbeit — und meine Leser vor einer noch größeren Langeweile bewahrt.

Wenn ich heute die an verschiedenen Stellen veröffentlichten Aufsätze zu einem Bande vereinige und hier erscheinen lasse, so sind natürlich gewisse Bedenken nicht von der Hand zu weisen. Vieles ist überholt und erscheint uns heute als eine billige Selbstverständlichkeit. Doch will es mir ebenso selbstverständlich erscheinen, daß wir manche Lehren aus der Vergangenheit auch in der Gegenwart noch nicht ganz vergessen sollten. Entscheidend für die zusammenfassende Veröffentlichung war aber das überaus zahlreiche Verlangen meiner Hörer, daß sie das, was ich hier und dort in den Vorträgen nur andeuten konnte, oder was wir gemeinsam in den Diskussionen behandelt haben, schwarz auf weiß besitzen möchten. Nicht mit aufgenommen habe ich meine gelegentlichen Beiträge über Geld und Währung während der Inflationszeit, ebenso nicht meine Arbeiten gegen die Rheinische Goldnotenbank — es ist gut, wenn dieser letzte Spuk auch aus unserer Erinnerung verschwindet.

Auf S. 32 — also bereits im April 1923, wo der Aufsatz entstanden ist und noch in der Zeit der echten Inflation — mache ich den Vorschlag, das ominöse Wort: Inflation nur für die Fälle einer staatlichen Neuschöpfung von Kaufkraft für konsumtive Zwecke (Schulfall: Kriegsfinanzierung) zu gebrauchen. Später habe ich — in Anlehnung an Literatur und Sprachgebrauch — mehrfach von inflationistischer Kreditgewährung, ja selbst von Inflation — allerdings im wissenschaftlichen Sinne — gesprochen, auch wenn es sich um eine Kreditschöpfung schlechthin handelte: ich bin also meinem so gutgemeinten Vorschlage selbst untreu geworden. Ich glaube aber, mit meinem Schreiben an den Buchdruckerverein (S. 163) wie auch mit meinen Ausführungen auf dem VI. deutschen Bankiertag vom 14. bis 16. September 1925 dafür gesorgt zu haben, daß Mißverständnisse nicht entstehen können.

Berlin, im Februar 1926.

W. Prion.

Inhaltsübersicht.

I. Zur Lehre vom Kredit[1]).

A. Der Kreditbedarf der Unternehmungen.

1. Die Begriffe: Kapital und Kredit.

a) Unter Kapital (schlechthin) ist das dem Erwerb dienende, also einen Ertrag liefernde Vermögen zu verstehen. Hierbei wird der Wert des Vermögens in einer Geldsumme ausgedrückt. Bei Vermögen denkt man daran, daß eine Person mit bestimmten, im einzelnen greifbaren Gütern (im weiteren Sinne: wie Geld, Grund und Boden, Waren, Maschinen, Wertpapieren u. a. m.), ausgestattet ist. Von Kapital spricht man, wenn man den in Geld veranschlagten Wertbetrag dieses Güterbestandes im Auge hat: x Mark (Gulden, Dollar) Kapital. Kapital in diesem Sinne ist die abstrakte Erfassung des Erwerbsvermögens in einer Geldsumme. Diese geldliche Vorstellung des Vermögens bietet zugleich die Möglichkeit, die Eigentumsverhältnisse abzugrenzen, wenn Vermögensgegenstände, die mehreren Personen gehören, des Erwerbes wegen zu einer Vermögensmasse zusammengeworfen werden, was bei Wirtschaftsbetrieben häufig der Fall ist.

Im engeren (eigentlichen und ursprünglichen) Sinne ist Kapital gleich „Geschäfts"-Kapital: das in einem Handelsgeschäft, einer Unternehmung (= einer besonderen, sich gerade durch dieses Kapital auszeichnenden Art von Wirtschaftsbetrieben) verwendete Erwerbsvermögen, dessen Wert mit dem durch die Währung gegebenen Maßstab (Mark, Dollar, Gulden) in einer Geldsumme ausgedrückt wird. Eine Unternehmung arbeitet mit einem Kapital von 1 000 000 M. heißt: dieser Unternehmung sind in einem gegebenen Zeitpunkte bestimmte Güter — wie z. B. bares Geld oder Waren, Grundstücke, Maschinen oder auch Rechte — einverleibt worden, die, in Geld gerechnet, jenen Betrag von 1 Million Mark ausmachen. An diesem Geldbetrage soll der Ertrag gemessen werden, der durch den Betrieb der Unternehmung erzielt wird. Zu diesem Zwecke wird der Ertrag (oder auch die Einbuße) gleichfalls in Geld verrechnet und dem Kapital gegenübergestellt. Ein Ertrag von 100 000 M., der nicht in barem Geld vorhanden zu sein braucht, sondern zunächst nur mit Hilfe der kaufmännischen Buchhaltung und Bilanz in Mark errechnet worden ist,

[1]) Zeitschrift für Betriebswirtschaft Jg. 1924, Heft 1 und 2.

bedeutet dann: ein Kapital von 1 Million Mark verzinst sich mit 10%, die Unternehmung wirft einen Ertrag von 10% ab. In der Buchhaltung erscheint somit das Kapital nur als eine rechnerische Größe; in Wirklichkeit stehen jedoch hinter dieser Größe die sämtlichen der Unternehmung gehörigen Güter bzw. Aufwendungen, die für das Zustandekommen der Güter gemacht werden: Kapital ist der abstrakte Ausdruck dieser Vermögensmasse, in seiner jeweiligen Bezifferung allerdings beeinflußt von dem Bestreben, den Erfolg der Unternehmung zu messen, den Kapitalprofit festzustellen (Bilanzpolitik).

Der Begriff: Unternehmung wird verschieden ausgelegt. Vielfach wird das Kapitalrisiko als das Merkmal der Unternehmung bezeichnet. Danach wäre Unternehmung diejenige Form der Erwerbswirtschaft, bei der ein Kapital riskiert wird. Beim eigentlichen Handwerker tritt die Möglichkeit, das in Werkzeugen und Materialien angelegte Kapital zu verlieren, zurück. Anders beim Händler, der mit seinem Kapital Waren einkauft und dabei das Risiko läuft, daß sie eines Tages unverkäuflich oder nur mit Verlust zu verkaufen sind. In diesem Sinne ist das Handelsgeschäft immer und ursprünglich eine Unternehmung. Der Sprachgebrauch legt jedoch den kleinen Handelsbetrieben nicht die Bezeichnung Unternehmung bei. Deshalb möchte ich auch die Definition, die Sombart gibt, nicht gelten lassen, wenn er unter einer kapitalistischen Unternehmung „diejenige Wirtschaftsform“ versteht, „deren Zweck es ist, durch eine Summe von Vertragsabschlüssen über geldwerte Leistungen und Gegenleistungen ein Sachvermögen zu verwerten, d. h. mit einem Aufschlag (Profit) dem Eigentümer zu reproduzieren“. Das trifft, wie Liefmann mit Recht bemerkt, für jede Erwerbswirtschaft, insbesondere auch für den kleinen Händler zu. Schmoller will nur den von dem Haushalt des einzelnen sich absondernden Geschäftsbetrieb, der für den Tauschverkehr arbeitet, als Unternehmung gelten lassen. Es wird aber nicht gesagt, welcher Art diese Absonderung sein muß. Auf den — wie mir scheint — entscheidenden und für die betriebswirtschaftliche Betrachtung naheliegenden Gesichtspunkt hat Liefmann hingewiesen: dann erst ist von einer Unternehmung die Rede, wenn das für die Erwerbswirtschaft bestimmte Sachvermögen in Geld veranschlagt und eine Rentabilitätsrechnung angestellt wird. Beim kleinen Händler und Handwerker fließen Erwerb und Haushalt vollständig ineinander über. Aus einem vorhandenen Geldvermögen werden die Auslagen für den Einkauf von Waren, Werkzeugen oder Materialien genau so bestritten wie die Ausgaben für den Haushalt: die Einnahmen aus der Erwerbstätigkeit fließen in die Kasse, aus der das Geld für sämtliche Ausgaben genommen wird. Was von den Einnahmen am Jahresschluß übrigbleibt, ist einfacher Kassenbestand; er zeigt nicht ohne weiteres Gewinn und Verlust an, da das Sachvermögen nicht besonders verrechnet wird. Im Gegensatz hierzu ist es eine alte Gepflogenheit der Kaufleute, das für das „Geschäft" bestimmte Vermögen auszusondern, vom sonstigen Privatvermögen zu trennen, es in Geld zu veranschlagen, alle Veränderungen desselben in einer Geldrechnung aufzuschreiben und am Schlusse der Geschäftsperiode eine Rechnung über Gewinn und Verlust aufzumachen, d. h. eine Rentabilitätsrechnung aufzustellen. Getrennt von dieser Geschäftsrechnung ist die Haushaltsrechnung.

Ich halte dafür, daß man mit Liefmann diese rechnerische Verselbständigung der Erwerbswirtschaft oder — um mit Schmoller zu reden — die rechnerische Absonderung des Geschäftsbetriebes vom Haushalte als das eigentliche Merkmal der Unternehmung ansprechen muß. In diesem Merkmal kommt das jeder Erwerbswirtschaft innewohnende Ertragsstreben gewissermaßen in höchster Vollendung zum Ausdruck. Die Durchführung einer selbständigen Rentabilitätsrechnung wird durch die spezifisch kaufmännische Einrichtung der Buchhaltung und Bilanz gewährleistet. Beide sind mit der Verselbständigung der Erwerbswirtschaft zur Unternehmung entstanden. Zu diesem Bild paßt schließlich auch, daß das der Unternehmung zugeführte Geldvermögen Kapital genannt wird, an dem der Erfolg der Unternehmung in Gestalt der Rente gemessen wird. Unternehmung, Kapital, Buchhaltung und Bilanz gehören demnach zusammen: alle drei Begriffe ergeben sich, wenn der Kaufmann seinen Geschäftsbetrieb rechnerisch vom Haushalte trennt[1]).

---

[1]) Nun ist die Geldvermögens- und Rentabilitätsrechnung durch Buchhaltung und Bilanz sozusagen ein inneres Merkmal, das nicht ohne weiteres nach außen hin in die Erscheinung tritt. Auch hier macht Liefmann darauf aufmerksam, daß eine äußere Kennzeichnung bereits erfolgt ist: durch das Handelsgesetzbuch. In § 38 wird der Kaufmann verpflichtet,

„Bücher zu führen und in diesen seine Handelsgeschäfte und die Lage seines Vermögens nach den Grundsätzen ordnungsmäßiger Buchführung ersichtlich zu machen."

In § 39 HGB. heißt es:

„Jeder Kaufmann hat bei dem Beginne seines Handelsgewerbes seine Grundstücke, seine Forderungen und Schulden, den Betrag seines baren Geldes und seine sonstigen Vermögensgegenstände genau zu verzeichnen, dabei den Wert der einzelnen Vermögensgegenstände anzugeben und einen das Verhältnis des Vermögens und der Schulden darstellenden Abschluß zu machen.

Er hat demnächst für den Schluß eines jeden Geschäftsjahres ein solches Inventar und eine solche Bilanz aufzustellen; die Dauer des Geschäftsjahres darf zwölf Monate nicht überschreiten."

Das ist nichts anderes als die Durchführung der Geldrechnung für das Geschäftsvermögen, die Aufstellung einer Rentabilitätsrechnung, die Trennung zwischen Privatvermögen und Kapital. Der Gesetzgeber bringt hier in der Tat das charakteristische Merkmal der Unternehmung zum Ausdruck, und er umgrenzt diese Unternehmungen, indem er sagt: der Kaufmann ist zu alledem

b) Kredit. Die Vermögensmasse — das Kapital — einer Unternehmung kann dem Inhaber dieser Unternehmung allein gehören — er ist dann Eigentümer des gesamten Kapitals —, oder auch andere Personen haben einen Anteil an dem Vermögen, mit dem die Unternehmung arbeitet. Im ersteren Falle spricht man vom Eigenkapital der Unternehmung oder auch Kapital schlechthin. Dann ist Kapital gleich Eigenkapital, das sich zugleich mit dem Vermögen deckt. Im zweiten Falle verfügt die Unternehmung über eine Vermögensmasse, von der ein mehr oder weniger großer Teil anderen Personen gehört. Sofern diese anderen Personen — ebenso wie der Inhaber — Geldvermögen zum Zwecke des Geschäftsbetriebes eingeschossen haben, sich am Geschäft beteiligen wollen, sind ihre Geschäftseinlagen Bestandteile des eigenen Kapitals der Unternehmung, wie z. B. die Einlagen der Gesellschafter bei der offenen Handelsgesellschaft, die Einlagen der Kommanditisten bei der Kommanditgesellschaft zusammen mit dem Kapital des persönlich haftenden Komplementärs, das Stammkapital der G. m. b. H. und das Aktienkapital der Aktiengesellschaft. (Die Einlage des stillen Gesellschafters, die in das Vermögen des Inhabers des Geschäfts übergeht, stellt rechtlich keinen Kapitalanteil dar.) Sucht der Inhaber einer Unternehmung neues Kapital auf dem Wege der Gesellschaftsbildung heranzuziehen, so spricht man von Teilhaberkapital, das zusammen mit dem Inhaberkapital das eigene Kapital (oder eben das Kapital schlechthin) der Unternehmung bildet.

---

verpflichtet. Kaufmann im Sinne des HGB. ist aber, wer ein Handelsgewerbe nach § 1 Abs. 2 betreibt. Unternehmung ist also der kaufmännisch geführte Betrieb, wie er dem Gesetzgeber vorschwebt: Handelsgewerbe nach § 1 Abs. 2 und Buchführung und Bilanz nach §§ 38 und 39.

Zugleich sind damit auch die nichtunternehmungsweisen Betriebe abgegrenzt: „Die Vorschriften über die Firma, die Handelsbücher und die Prokura finden auf Handwerker sowie auf Personen, deren Gewerbebetrieb nicht über den Umfang des Kleingewerbes hinausgeht, keine Anwendung (§ 4 HGB.)."

Das sind die Minderkaufleute, die hier rechtlich durch das Fehlen der Vermögensrechnung und der Rentabilitätserwägungen von den eigentlichen Kaufleuten, den Unternehmungen, scharf getrennt sind. Es ist hinzuzufügen: nicht nur rechtlich, sondern auch betriebswirtschaftlich und nach dem Sprachgebrauch. Anders ist es hinsichtlich der Aktiengesellschaften. Für sie gelten ohne Rücksicht auf den Umfang und die Art ihres Betriebes die Vorschriften des HGB. und vor allem die über die Buchhaltung und Bilanz. Die Aktiengesellschaft ist also in jedem Falle eine Unternehmung. Das schließt nicht aus, daß die juristische Form der Aktiengesellschaft auch bei Nichterwerbsgesellschaften (z. B. für gemeinwirtschaftliche Betriebe) verwendet wird. In Wirklichkeit ist aber gerade die Aktiengesellschaft die vollkommenste Verkörperung der Idee der Unternehmung: indem die Aktionäre eine Kapitaleinlage in begrenzter Höhe leisten und einen Vorstand bestellen, wird sowohl die rechnerische Absonderung von den Haushaltungen der Beteiligten als auch die tatsächliche und rechtliche Verselbständigung der Erwerbswirtschaften bis zum Ende durchgeführt.

Anders liegen die Dinge, wenn die anderen Personen der Unternehmung Vermögenswerte überlassen, ohne die Absicht zu haben, sich am Geschäft zu beteiligen. Sie sind rechtlich Gläubiger, die Unternehmung ist Schuldner: die Vermögenswerte müssen zurückgezahlt werden. Diesen Vorgang nennt man Kredit: er ist die leihweise Überlassung von Vermögenswerten; die Leihe schließt die Rückgabe in sich. Die einer Unternehmung leihweise überlassenen Vermögenswerte können bei der Hingabe sowohl in Sachgütern — Rohstoffen, Maschinen, Waren, Werkzeugen oder Rechten: Lizenzen, Patenten — als auch in Geld — Münzen, Noten, Giroguthaben — bestehen. Es ist auch möglich, daß die Rückzahlung eines solchen Sachkredits in natura wie auch die Entrichtung der Leihgebühr — des Zinses — in Sachgütern, wie z. B. in Waren, Getreide, vereinbart werden. In der heutigen Verfassung der Volkswirtschaft tritt jedoch die Form des Sachkredits immer mehr zugunsten des reinen Geldkredits zurück, bei denen die Überlassung von Vermögenswerten in der Form des Geldes erfolgt und die Zinszahlung in Geld bestimmt wird. Ebenso erfolgt die Rückzahlung des Kredits in Geld. Selbst dort, wo in Wirklichkeit Sachgüter übergeben werden, wird in der Regel ihr Wert in Geld veranschlagt, erfolgt die Rückzahlung des Kredits gleichfalls in Geld. Wenn heute der Kaufmann seinen Abnehmern einen sog. Warenkredit gewährt, so heißt dies: der Kunde erhält die Waren sofort, braucht aber erst in einem späteren Zeitpunkt den Kaufpreis zu entrichten; gestundet = kreditiert wird lediglich die Zahlung in Geld. In Wirklichkeit liegt hier ein Geldkredit vor. Eindeutig tritt der Geldkredit beim Bankkredit in die Erscheinung: die Bank gewährt Kredit, indem sie ihrem Kunden Geld übergibt, Geld leiht in der Erwartung, daß die Rückzahlung gleichfalls in Geld erfolgt.

Es ist offenbar, daß ein erheblicher Unterschied zwischen eigentlichem Sachkredit und Geldkredit besteht. Im ersteren Falle erhält der Schuldner ein bestimmtes Gut, das er in Gebrauch nimmt und seinem Gläubiger zurückgeben muß. Beim Geldkredit erhält der Schuldner Geld, mit dem er sich die für seinen Betrieb erforderlichen Güter — Vermögensgegenstände — beschafft. Er gibt das Geld zurück, wenn er diese Güter durch Veräußerung vorher wieder zu Geld gemacht hat. Man könnte hier von einer uneigentlichen Leihe sprechen. Entscheidend ist aber, daß die Geldrechnung beim Sachkredit, vor allem beim reinen Geldkredit, den Begriff des Kapitals auch in den Kreditverkehr einschiebt. Für den Kreditgeber kann es sich um die Ausleihung von Kapital handeln, wenn er das hingegebene Geld als einen Teil seines in Geld veranschlagten Erwerbsvermögens auffaßt. Er leiht Kapital aus in der Form des Geldes: er stellt der Unternehmung x Mark in Form von barem Gelde oder einer Giroüberweisung zur Verfügung. Von hier aus ergibt sich die Bezeichnung Leihkapital für Kredit: am Markt wird Leihkapital gleich verleihbares Kapital angeboten. (Darauf ist in II. weiter einzugehen.) Auch vom Standpunkt der Unternehmung kommt die Übung auf, für die auf dem Kreditwege erhaltenen Güter — da sie in der Regel in Geld veranschlagt werden oder Geld sind — Kapital zu sagen. Zum Unterschied vom eigentlichen Kapital, vom Eigenkapital der Unternehmung, wird dieses von anderen Personen geliehene (nicht vom Teilhaber stammende) Kapital als Leih- oder Fremdkapital bezeichnet. Dann drücken Eigen- und Fremdkapital zusammen das Gesamtkapital der Unternehmung aus, das die abstrakte Bezifferung des Gesamtvermögens darstellt. Diese Namengebung und Begriffsabgrenzung mag für die Erklärung des Vermögensaufbaues einer Unternehmung sowie der Bilanzrechnung den Vorteil der Einfachheit haben, indem man in der linken Seite der Bilanz die Rechnung über die Güter, in der rechten Seite die Rechnung über die Ansprüche auf diese Güter in der abstrakten Form des Kapitals erblickt. Wirtschaftslogisch gibt es in der Unternehmung nur Kapital gleich Eigenkapital und Schulden. Schulden sind identisch mit Kredit. Der Kreditgeber verleiht Kapital, für ihn ist es Leihkapital. So sind Kredit und Leihkapital zwei Bezeichnungen für dieselbe Sache: einmal vom Standpunkt der Unternehmung, die einen Kredit in Anspruch nimmt, das andere Mal vom Standpunkt des Geldgebers, der Kredit gewährt, Kapital verleiht[1]).

2. Arten und Formen des Kredits.

a) Das Eigenkapital reicht für die Durchführung des Betriebes aus; regelmäßige Gewinne ermöglichen ein — wenn auch langsames — Wachsen der Betriebstätigkeit, erhöhen das zur Verfügung stehende eigene Kapital. Fremdes Kapital (= Kredit) ist nicht erforderlich — oder höchstens, wenn unvorhergesehene Stockungen den Ablauf der Betriebstätigkeit stören: Außenstände gehen wider Erwarten nicht rechtzeitig ein, der Absatz der Waren läßt nach, eine günstige Einkaufs-

---

[1]) In dem nationalökonomischen Schrifttum wird der Kredit gewöhnlich in einem allgemeineren Sinne definiert:

Vertrauen, daß eine wirtschaftliche Leistung erfüllt werde bzw. Verleihung von Gütern schlechthin (Schanz),

die Fähigkeit, über das Vermögen hinaus Güter oder Dienste anderer Wirtschaftssubjekte an sich zu ziehen (Hahn),

entgeltliche leihweise Güterübertragung und zeitlich differenzierter Leistung und Gegenleistung (Schmoller).

Wesentlich ist auch hier: das zeitliche Auseinanderstreben von Leistung und Gegenleistung, das ein Vertrauen zu dem Leistenwollen und Leistenkönnen des Entleihers voraussetzt. Betriebswirtschaftlich ist nur wichtig, daß die Unternehmung, die Kredit begehrt, dieses Vertrauen besitzt. Um das Versprechen der Rückzahlung erfüllen zu können, wird betriebswirtschaftlich die Einordnung des Kredits in die Betriebsführung von Bedeutung (vgl. 2).

gelegenheit soll ausgenützt werden. In allen diesen Fällen bedeutet die Beanspruchung von Kredit, die Verwendung fremden Kapitals neben dem Eigenkapital, eine außergewöhnliche Maßnahme, die der Betrieb ergreift, um über den vorübergehenden Mangel an eigenem Kapital hinwegzukommen. Entscheidend für diese Kreditbeanspruchung ist die alsbald erfolgende tatsächliche Rückzahlung und ferner, daß eine Wiederholung der Kreditbeanspruchung nicht vorauszusehen, zunächst auch nicht beabsichtigt ist. Kredit ist hier eine Kapitalreserve der Unternehmung.

b) Das für den Betrieb erforderliche Gesamtkapital wird nur zu einem Teil vom Eigenkapital gestellt. Letzteres wird so hoch bemessen, als es die finanzielle Sicherheit, Zahlungsbereitschaft und die Rentabilität — siehe unter 3 — bedingen. Der andere Teil des Kapitals wird durch Kredit (= fremdes Kapital) aufgebracht, das nun aber — zum Unterschied von a) — ständig vom Betrieb festgehalten und gebraucht wird. Praktisch wird der Kredit in diesem Falle verwendet, um Rohstoffe und Waren einzukaufen oder Löhne zu verauslagen. Aus dem Erlös der verkauften Waren kann der Kredit zurückgezahlt werden und wird er zurückgezahlt; er wird aber für den nächsten Einkauf oder für eine spätere Lohnzahlung von neuem in Anspruch genommen, weil ohne ihn der Betrieb nicht in der Lage ist, diese Auslagen zu machen. Dieser gewöhnlich als Umlaufs- oder als Zahlungskredit bezeichnete Kredit wird allgemein als kurzfristig angesprochen (weil er aus dem Warenverkauf zurückgezahlt werden kann), obwohl er für den Betrieb eine dauernde Erscheinung ist: er wird immer wieder von neuem in Anspruch genommen und muß in Anspruch genommen werden, solange der Betrieb das erforderliche Kapital nicht auf einem anderen Wege erhält. Für ihn gilt die Bezeichnung: Revolvingkredit.

Die Beweggründe für eine dauernde Ergänzung des Eigenkapitals durch fremdes Kapital — Kredit — sind: Mangel an Eigenkapital, Schwierigkeit der Beschaffung von Teilhaberkapital, leichte Erhältlichkeit des kurzfristigen Kapitals und Billigkeit des Fremdkapitals. Mit dem Vorteil, daß die Kosten des Kredits dauernd oder im Durchschnitt unter der für das Eigenkapital üblichen Rentabilitätsquote liegen, verbindet sich die günstige Möglichkeit, den Kredit genau dem Gesamtbedarf an Kapital anzupassen — siehe unter 3 —, während ein höheres eigenes Kapital unter Umständen längere Zeit brachliegen müßte. Vielleicht spricht auch die Absicht mit, im Laufe der Zeit immer weniger Kredit dieser Art in Anspruch zu nehmen und das eigene Kapital aus Gewinnen so zu stärken, daß schließlich die Kreditbeanspruchung — wie bei a) — zur Ausnahme wird. Aber allzuleicht werden solche Absichten durch das allen Betrieben mehr oder weniger innewohnende Streben, sich zu vergrößern oder die Umsätze zu steigern, zunichte gemacht — und es bleibt, wie es war: der Kredit wird zu einer dauernden Einrichtung des Betriebes, seine Rückzahlung stellt nur einen Zahlungsvorgang dar, der sich ständig wiederholt.

In welcher Form diese Kreditaufnahme erfolgt, hängt neben der Kreditwürdigkeit des Kreditnehmers und den Zwecken, die der Kreditgeber verfolgt, vor allem auch von den erforderlichen Kreditunterlagen und den jeweiligen Kosten ab. So stellt die Aufnahme eines Lombarddarlehens an der Börse den wohlfeilsten Weg der Kapitalbeschaffung dar, setzt aber den Besitz von erstklassigen Wertpapieren voraus, die dem Geldgeber zu verpfänden sind. Hiergegen ist die Lombardierung von Waren ebenso umständlich wie kostspielig und demzufolge wenig beliebt. Vorteilhafter ist die Diskontierung guter Geschäftswechsel, die die Banken als eine besonders liquide Form der Kreditgewährung ansehen. Mit den geringsten Kosten sind erstklassige Bankakzepte verkäuflich; für sie gilt der Privatdiskontsatz, der in der Regel 1 bis $1^1/_2$% unter dem offiziellen Diskontsatz der Notenbank bleibt. Verfügt ein Betrieb nicht über die genannten Unterlagen, so bietet die Form des offenen Buchkredits, den Banken und Lieferanten gewähren, eine ergiebige Möglichkeit, kurzfristigen Kredit zwecks Ergänzung des eigenen Kapitals aufzunehmen.

c) Während im Falle b) der Kreditgeber der Meinung sein kann und in der Regel ist, daß er einen kurzfristigen, aus dem Erlös der Warenverkäufe leicht und pünktlich rückzahlbaren Kredit gewährt, können Kreditgeber und -nehmer auch vereinbaren, daß der Kredit für eine längere Zeit gewährt werden soll. Der langfristige Kredit nimmt die Form des einfachen bzw. gesicherten Darlehens (Hypothek) oder der börsenmäßig gehandelten (Teil-)Schuldverschreibung (Obligation) an. Während bei der Hypothek die Kündigung des Darlehens von seiten des Kreditgebers in der Regel für einen Zeitraum von 5 bis 10 Jahren ausgeschlossen ist, verpflichtet sich der Schuldner bei der letzteren Form des langfristigen Kredits zur Rückzahlung frühestens nach Ablauf von 10 bis 20 Jahren und mehr, ohne daß der Gläubiger seinerseits ein Kündigungsrecht erhält. Doch ist der Gläubiger in der Lage, die Obligation an der Börse zu verkaufen, wenn er vorzeitig wieder in den Besitz seines hingegebenen Kapitals gelangen will.

Für den Betrieb bedeutet die Zeitdauer von 10 bis 30 Jahren, daß der Kredit nicht nur zur Beschaffung dauernder Anlagen, wie Ankauf von Grundstücken, Gebäuden, Maschinen u. dgl. verwendet werden kann, sondern daß er auch mit Bezug auf die betriebswirtschaftliche Verfügung dem Eigenkapital sehr nahe kommt, so nahe, daß sich in erster Linie gerade für diese langfristigen Kredite die Bezeichnung Fremdkapital, ja sogar Kapital schlechthin eingebürgert hat. Insbesondere dort, wo dieses Fremdkapital neben einem Eigenkapital steht, das in Wirklichkeit nur in einem übertragenen Sinne als ein eigenes anzusprechen ist: bei der Aktiengesellschaft ist es weitverbreitete Übung, sowohl die mittels Aktien als auch die auf dem Wege der Obligationen aufgebrachten Mittel als Kapital zu bezeichnen und z. B. von Kapital schlechthin zu sprechen, wenn es sich um die Aufnahme eines langfristigen Kredits — einer Anleihe — handelt; hier wird langfristiger Kredit gleich Kapital gesetzt, obwohl das Unterscheidungsmerkmal: die Rückzahlungsverpflichtung, zweifellos nur bei den Obligationen anzutreffen ist. Auf die Folgen dieser ungenauen Ausdrucksweise ist an anderer Stelle zurückzukommen; sie spielen bei den Mißverständnissen über die Kreditpolitik nach dem Kriege eine nicht unwesentliche Rolle.

d) Endlich kann die Unternehmung für fehlendes Kapital, das seiner Natur nach — Anlagen, Meliorationen — nur durch langfristigen Kredit ersetzt werden könnte, auch kurzfristigen Kredit aufnehmen, sei es, daß sie den richtigen Kredit nicht erhalten kann, sei es, daß die Kosten für den kurzfristigen Kredit geringer sind als die für den langfristigen oder gar für Eigenkapital. Die Besonderheit dieses Falles liegt darin, daß der Kreditgeber den Kredit als kurzfristig ansieht (und auch die Bedingungen entsprechend sind: kurzfristige Kündigung bzw. Festlegung der Rückzahlungsfrist). Entweder ist ihm nicht bekannt, daß der Kredit in Wirklichkeit langfristigen Zwecken dienen soll; vielleicht hat sich diese Verwendung für die Unternehmung auch erst später als zweckmäßig oder notwendig erwiesen. Oder: die Verwendung des kurzfristigen Kredits zu dauernden Anlagen ist dem Kreditgeber bekannt, er hofft jedoch, daß die Rückzahlung in nicht allzu ferner Zeit erfolgt aus Mitteln, die der Schuldner auf andere Weise erhält, sei es aus besonderen Gewinnen oder — in der Regel — aus anderweitiger Kapitalaufnahme. Es ist bekannt und für unser Thema von besonderer Wichtigkeit, daß die deutschen Banken in weitem Umfange und bewußt derartige, der Form nach kurzfristige, tatsächlich aber langfristige Kredite gewähren, in der Erwartung allerdings, daß ihre Rückzahlung in absehbarer Zeit aus dem Erlös eines Verkaufs von Aktien oder Obligationen erfolgt, mit anderen Worten: daß der an sich kurzfristige Bankkredit eines Tages von einer Kapitalbeteiligung bzw. einem langfristigen Kredit abgelöst wird. Genau genommen nimmt hier der Bankkredit die Rolle eines Zwischenkredits an, der nicht vom eigentlichen Schuldner, sondern von anderen Kapitalhingebern (Aktionären) oder Kapitalverleihern (Obligationären) zurückgezahlt wird. Natürlich kann die Ablösung auch ausbleiben; dann liegen die Mittel der Kredit gewährenden Bank fest, eine Kündigung des an sich kurzfristigen Kredites würde den Kreditgeber leicht in Verlegenheit bringen — weshalb sie meistenteils unterbleibt.

3. Die Verwendung von Kredit (insbesondere von langfristigem Kredit).

Für die Beanspruchung von Kredit kommen folgende Gesichtspunkte in Betracht:

An erster Stelle steht für den Kreditnehmer die Höhe der Kosten, zu denen der Kredit erhältlich ist. Solange die Kosten für den Kredit niedriger sind als die Ertragsquote für das eigene Kapital, wird der Anreiz bestehen, mit dem billigeren Fremdkapital zu arbeiten. Entweder wird in diesem Falle der Betrieb vergrößert oder das durch den Kredit ersetzte Eigenkapital wird anderweitig zu der höheren Ertragsquote angelegt. Beispiel: Eine Unternehmung mit 1 000 000 M. Gesamtkapital weise einen Reingewinn von 100 000 M. gleich 10% des Gesamtkapitals aus. Kredit ist für 6% jährlich (einschließlich aller Nebengebühren) erhältlich. Dann würde ein Fremdkapital in Höhe von 500 000 M. zu 6% = 30 000 M. kosten. Zur Verzinsung des restlichen eigenen Kapitals bleiben 70 000 M. übrig, das sind 14% auf 500 000 M. Die Beanspruchung von Kredit erhöht die prozentuale Verzinsung des eigenen Kapitals, wenn die Kreditkosten hinter der Ertragsquote für das Gesamtkapital zurückbleiben. Für gut rentierende Unternehmungen ist daher der Kredit ein Mittel, die Rentabilität des eigenen Kapitals zu steigern. Das ist von großer Bedeutung für solche Unternehmungen, deren finanzieller Ruf von dem günstigen Verhältnis von Eigenkapital und Ertrag in besonders starkem Maße abhängig ist: Aktiengesellschaften weisen infolge weitgehender Beanspruchung von Kredit höhere Dividenden auf ein entsprechend geringer gehaltenes Aktienkapital aus.

Die Vorteile erhöhen sich, wenn es den Unternehmungen gelingt, billigen Kredit auf längere Zeit zu erhalten bzw. wenn der Kreditgeber nicht in der Lage ist, je nach den wechselnden Marktverhältnissen die Kreditkosten zu erhöhen oder gar den Kredit zu kündigen, um das Kapital anderweitig günstiger anzulegen. Da außerdem die Hinausschiebung der Rückzahlungsfrist den Unternehmungen größere Freiheit in der Verfügung über das angeliehene Fremdkapital gewährt, so wird das Streben verständlich, nach Möglichkeit langfristigen Kredit an sich zu ziehen, sofern die Rentabilität die Kreditkosten als niedrig erscheinen läßt. Auf der anderen Seite mahnt die Rentabilität auch wieder zur Vorsicht. Dort, wo diese starken Schwankungen unterworfen ist oder in der Zukunft ungewiß erscheint, bedeutet die Verpflichtung zur Zahlung fester Zinsen eine Last, die unter Umständen nicht nur den ganzen Ertrag aufzehren, sondern die Unternehmung sogar zum Erliegen bringen kann. Der Vorbehalt, daß zwar dem Gläubiger kein Kündigungsrecht, wohl aber dem Kreditnehmer ein vorzeitiges Rückzahlungsrecht zustehe, begegnet dieser Möglichkeit nur theoretisch;

praktisch wird eine Unternehmung, deren Ertrag nicht mehr zur Deckung der Zinsen für das Fremdkapital ausreicht, in der Regel auch nicht mehr in der Lage sein, das Fremdkapital gerade dann zurückzuzahlen, wenn es drückend wird. So ergibt sich von hier aus eine vorsichtige Abgrenzung des Umfanges des an sich vorteilhaften langfristigen Kredits, um den möglichen Schwierigkeiten zu entgehen. Tatsächlich hat sich dort, wo die Unternehmungen in der Lage sind, frei nach dieser Überlegung zu verfahren, die Gepflogenheit herausgebildet, feste Zinslasten nur in Höhe etwa der Hälfte des Ertrages auf sich zu nehmen, der auch unter ungünstigen Verhältnissen erzielt wird. Daß der Kreditgeber aus leicht erklärlichen Gründen eine ähnliche Überlegung anstellt, hat der Verbreitung dieses Grundsatzes Vorschub geleistet. Als Ersatz für den nicht genehmen langfristigen Kredit kommt dann der kurzfristige Kredit in Frage, der den Vorteil besitzt, daß er eher abgestoßen werden kann, wenn die Rentabilität des Betriebes es erforderlich macht. Für die Beanspruchung des kurzfristigen Kredits kommen aber noch andere Gesichtspunkte in Frage, die unten zu erörtern sind.

Die verhältnismäßig niedrigen Kosten und die ungehinderte Verfügung über das fremde Kapital sind es jedoch nicht allein, die den Unternehmungen den langfristigen Kredit so begehrlich erscheinen lassen. Ursprünglich und vielfach auch heute noch bietet die Form des langfristigen Kredits die Möglichkeit leichter Kapitalbeschaffung. Dort, wo der Kapitalbesitzer nicht das Risiko eines schwankenden Ertrages, unter Umständen auch das Ausbleiben einer jeglichen Rente auf sein hingegebenes Kapital laufen will (wie beispielsweise bei den Beteiligungen am Eigenkapital der Unternehmung, insbesondere am Aktienkapital einer Aktiengesellschaft), kann er eine vielleicht geringere, dafür aber unveränderliche Verzinsung seines Kapitals erzielen, wenn er es als Darlehen ausleiht. Ausschlaggebend wird jedoch für ihn, daß mit dieser Form seiner Kapitalanlage auch eine größere Sicherheit verbunden ist: Verpfändung von Grund und Boden durch hypothekarische Eintragung (Hypothekenkredit). Der Kapitalgeber nimmt allerdings mit in den Kauf, daß er sich der Verfügung über sein Kapital auf lange Zeit begibt. Die Erfindung der mobilisierten Hypothek in Form der übertragbaren, börsenmäßig gehandelten Teilschuldverschreibung (Obligation) ist für den Kreditverkehr ein wahrhaft großartiges Ereignis: für den Kreditnehmer bleibt der Kredit langfristig wie bisher, während der Kreditgeber die Möglichkeit hat, seinen Anteil an dem hingegebenen Darlehen durch das Mittel des Börsenhandels wieder in Geld zu verwandeln. Wenn hierdurch erst das Leihkapital in großem Umfange seinen Weg zu den kreditbedürftigen Unternehmungen findet, so ist es ursprünglich die besondere Sicherheit, die letztere in der Verpfändung bestimmter Vermögensteile bieten und die das

Kapital geneigt macht, sich in der Darlehensform zu beteiligen. Allmählich konnten die Unternehmungen dazu übergehen, von einer formellen Verpfändung überhaupt abzusehen; aber dennoch ist die Vorstellung auf beiden Seiten geblieben: Obligationen können nur da ausgegeben werden, wo, entsprechend der langen Dauer der Kreditaufnahme, auch dauernde Anlagen vorhanden sind, die den Gläubigern eine reale — wenn auch nicht immer durch besonderen Akt bestätigte — Sicherheit bieten.

Daraus ergeben sich für die Beschaffung des langfristigen Kredits zwei bedeutsame Folgerungen. Langfristiger Obligationskredit ist in der Regel nur da erhältlich, wo die Unternehmung über entsprechende dauernde Anlagen verfügt. Tatsächlich ist der Obligationskredit in erster Linie bei den Transportunternehmen, Kohlenbergwerken, Hüttenwerken zu finden, überhaupt bei den Industriebetrieben, die dauernde Anlagen besitzen. Schwieriger wird es dagegen den Handelsunternehmungen, langfristigen Kredit zu erhalten, da sie mehr umlaufendes Kapital benötigen. (Bei dem Versuch, die Obligationen eines Handelsunternehmens in den Börsenhandel zu bringen, hat die Zulassungsstelle Schwierigkeiten mit dem Hinweis darauf gemacht, daß keine entsprechenden Anlageobjekte vorhanden seien.) Die Vorstellungen von der Deckung der Obligationen sind historisch zu erklären: die Ausbildung des Obligationenkredits ist vorzugsweise im Zusammenhange mit den Schwierigkeiten erfolgt, die sich bei der Finanzierung der ersten Eisenbahnunternehmungen ergaben; feste Verzinsung und besondere Sicherheit waren die letzten Mittel, um immer wieder neues Kapital aufzubringen. Grundsätzlich verfügt auch die reine Handelsunternehmung über eine dauernde Anlage: den durchschnittlichen Warenbestand, ohne den sie nicht leben kann. Allerdings sind die Waren leichter dem Zugriff der bedrängten Gläubiger entzogen als die mit dem Grund und Boden dauernd verbundenen Anlagen.

Das andere ist, daß nur solche Unternehmungen mit Erfolg Obligationenkredit aufnehmen können, die dem Börsenhandel — sei es durch ihre Aktien, die an der Börse gehandelt werden, oder durch sonstige Beziehungen, die sie mit der Börse verbinden — nahe stehen. So ist die Ausgabe von Obligationen in der Hauptsache auf Aktiengesellschaften beschränkt. Für die große Masse der nicht in der Aktiengesellschaftsform organisierten Unternehmungen kommt daher — so vorteilhaft auch im übrigen diese Kreditaufnahme ist — der Obligationenkredit nicht in Betracht. Sie sind auf andere Kreditquellen, vorzugsweise auf den Bankkredit, angewiesen, wenn sie nicht vorziehen, sich in eine Aktiengesellschaft umzuwandeln, um aus dem Obligationenkredit die gleichen Vorteile zu ziehen wie jene. Dennoch klafft eine Lücke: der großen Zahl von Einzelunternehmungen bleibt der billige, unter Umständen so vorteilhafte langfristige Kredit verschlossen, obwohl sie im Grunde die gleiche Sicherheit zu bieten vermögen. Die Bemühungen, diese Lücke durch genossenschaftlichen Zusammenschluß oder mit Hilfe besonderer Kreditorgane zu schließen, sind bisher über literarische Erörterungen nicht hinausgekommen[1]).

4. Die Verwendung von kurzfristigem Kredit.

Beim kurzfristigen Kredit spielen die Kosten selbstverständlich auch eine Rolle. Sie sind bei der Hauptform des kaufmännischen Kredits, dem Bankkredit, in der Regel sogar höher als beim langfristigen Kredit. Der kurzfristige Kredit bietet aber die Möglichkeit, die Kreditkosten dem Kapitalbedarf wie dem Ertrage des Betriebes besser anzupassen. Steigen die Kreditkosten oder übersteigen sie den Kapitalertrag, so kann der Kredit eingeschränkt oder zurückgezahlt werden. Ebenso wenn der Kapitalbedarf geringer wird oder vorübergehend weniger Kapital erforderlich ist. Mittels des kurzfristigen Kredits ist also die Unternehmung in der Lage, den Kapitalbestand in Übereinstimmung mit dem Kapitalbedarf und den Erträgen zu bringen. So kann es auch vorkommen, daß eine Unternehmung zum kurzfristigen Kredit greift, selbst wenn die Kosten die Rentabilitätsquote für das sonstige Kapital überschreiten. In diesem Falle dient der Kredit dazu, dem Betriebe über einen toten Punkt hinwegzuhelfen oder ihm eine technische oder wirtschaftliche Ausdehnung zu geben, ohne die eine Leistungsherstellung überhaupt nicht möglich und damit auch eine ausreichende Rentabilität des sonstigen Kapitals nicht gegeben ist. Natürlich liegt sonst auch beim kurzfristigen Kredit ein Vorteil darin, wenn durch ihn die Rentabilität des eigenen Kapitals erhöht wird. Das wird vor allem da erreicht, wo der Kredit immer nur für kürzere Zeit gebraucht wird, mit andern Worten: wo die mit dem Kredit bewerkstelligten Betriebsvorfälle schnell zur Abwicklung kommen und eine Rückzahlung ermöglichen (Handelsbetriebe). Dazu kommt, daß diese Betriebe in dem Wechsel ein Mittel besitzen, die Kosten des Kredits zu ermäßigen, indem sie ihre Geschäftswechsel zur Diskontierung bringen oder an Stelle des Leihkapitals den Akzeptkredit benutzen.

Für die Verwendung des kurzfristigen Kredits ist aber entscheidend: seine Eingliederung in die betriebliche Verfügung über das gesamte Kapital. Die Rückzahlungsverpflichtung zwingt die Unternehmungen, Mittel bereit zu halten, wenn der Zeitpunkt der Rückzahlung herankommt. So leicht dies ausgesprochen ist, so schwierig ist oft die praktische Durchführung; denn die angeliehenen Mittel sind im Betriebe

---

[1]) Vgl. die Vorschläge von Hecht betr. Gründung eines Zentralinstituts für den langfristigen gewerblichen Kredit. Berlin 1909.

verwendet (zum Ankauf von Waren, Bezahlung von Löhnen) und fließen nicht immer so zurück, wie es erwünscht ist. Dennoch haben sich gewisse Regeln herausgebildet, die die Zahlungsfähigkeit der Unternehmungen sichern sollen. Wird der Kredit lediglich zum Ankauf von Waren benutzt und soll der Verkauf der Waren die Mittel zur Einlösung liefern, so kann je nach dem Charakter der Waren — ob marktgängige oder schwerverkäufliche Rohstoffe, Halb- oder Fertigfabrikate, Großhandel oder Kleinhandel — kurzfristiger Kredit nur in entsprechender Höhe des Warenbestandes in Anspruch genommen werden; ein anderer Teil der Waren muß neben einem erfahrungsgemäß zu bestimmenden Kassenbestand vom eigenen Kapital aufgebracht werden, wenn Zahlungsschwierigkeiten vermieden werden sollen. Gewährt eine Unternehmung ihren Abnehmern dazu noch selbst Kredit, so wird sie versuchen müssen, die Höhe der aktiven Kredite sowie deren Rückzahlungsfristen in Übereinstimmung mit den genommenen Krediten zu halten. Aber auch in diesem Falle gilt es, für nicht vorauszusehende Stockungen Reserven in dem Kassenbestand oder im Warenvorrat verfügbar zu halten, weshalb letzterer gar nicht oder nur zu einem geringen Teil mit Kredit beschafft sein darf. So steht die Höhe des kurzfristigen Kredits, den eine Unternehmung in Anspruch nimmt, in einem bestimmten Verhältnis zu dem Kredit, den sie selbst gibt, sowie zu dem Warenbestand: beide müssen in ihrer Art und Zusammensetzung die Rückzahlung des genommenen Kredits gewährleisten. Daß die Zahlungsfähigkeit bei größter Ausnutzung des eigenen Kapitals (Umsatz) dann gegeben ist, wenn dieses zur Stellung des Kassenbestandes und zur Beschaffung des Warenbestandes verwendet und im übrigen der Gleichsatz vom Kredit gilt, d. h. genommener Kredit gleich gegebenem Kredit, hat Prinzhorn[1]) überzeugend nachgewiesen.

Nicht zuletzt ist der Umfang des aufzunehmenden Kredits auch von der Bereitwilligkeit der Kapitalbesitzer abhängig, ihre Kapitalien den Unternehmungen kurzfristig zu überlassen. Neben dem Entgelt, das sie erhalten, und der Pünktlichkeit der Rückzahlung, die sie nach der Art des Betriebes einschätzen (Großhandel, Kleinhandel, Industriebetrieb) kommt für die Kreditgeber vor allem auch die Sicherheit ihrer Darlehen in Betracht. Der Kreditgeber ist Gläubiger, er will nicht an der Unternehmung beteiligt sein, will also nicht das Kapitalrisiko eingehen. Er wird die Sicherheit in verschiedenen Umständen suchen. Zunächst in der Unternehmung selbst: gegenüber solchen Betrieben, die den Konjunkturschwankungen besonders ausgesetzt (Baugewerbe) oder sehr spekulativ sind (Metalle), werden die Kreditgeber zurückhaltend sein; das gleiche gilt insbesondere auch für

[1]) Die finanzielle Führung kaufmännischer Geschäfte. Berlin 1891.

solche Industriebetriebe, die nur eine oder wenige und nur gering absatzfähige Waren herstellen. Umgekehrt werden Betriebe, die verhältnismäßig gesicherte Überschüsse abwerfen, volkswirtschaftlich wichtige Leistungen hervorbringen und vielleicht noch ihren Geschäftsgang der öffentlichen Kritik unterstellen (Aktiengesellschaften), leicht kurzfristigen Kredit erhalten. Der Kreditgeber wird ferner die Kreditfähigkeit und -würdigkeit der Unternehmung an sich oder seines Inhabers prüfen, was wiederum nach Art des Betriebes (dauernde Anlagen im Industriebetrieb, Spekulationsengagements im Großhandel und Effektenverkehr) wie auch nach der Größe des Betriebes sehr verschieden ist. Endlich ist die Unternehmung von sich aus in der Lage, ihre Kreditfähigkeit zu erhöhen, indem sie dem Kreditgeber besondere Sicherheiten für die volle und pünktliche Rückzahlung des Kredits anbietet. Industrielle Betriebe wie auch die Großbetriebe des Kleinhandels (Warenhäuser) geben die Sicherheit durch eine Verpfändung ihres Grund und Bodens (Sicherungshypothek), Handelsbetriebe verpfänden lagernde, rollende oder verschiffte Waren (Rembourskredit) und sind dadurch in der Lage, im Verhältnis zum Eigenkapital sogar recht hohe Kredite zu erhalten. Durch Ausstellung eines Wechsels wird dem Kreditgeber die Wechselstrenge gegen seinen Schuldner in die Hand gegeben; nicht überall ist es freilich Gewohnheit, Wechsel auszustellen oder zu akzeptieren. Faßt man die Stellung von Sicherheiten ins Auge, dann dürften die Kreise des Kleinhandels und der kleinen Gewerbetreibenden am ehesten von dem kurzfristigen Kredit ausgeschlossen sein. Ihnen bleibt nichts anderes übrig, als durch Zusammenschluß (Genossenschaften) die Mittel und Wege zu finden, um den erforderlichen Kredit an sich zu ziehen.

Was jedoch die Unternehmungen leicht übersehen, ist: daß die Kredite, die sie suchen, nicht immer und ohne weiteres auch zur Verfügung zu stehen brauchen. Sie sind leicht geneigt, insbesondere den berufsmäßigen Kreditvermittlern Verständnislosigkeit für ihre Notwendigkeiten vorzuwerfen, wenn ein Steigen des Zinssatzes oder eine Zurückhaltung der Kreditgeber auf einen Mangel an verfügbarem Leihkapital hinweisen. Denn letzten Endes ist Umfang und Art der erhältlichen Kredite von der Menge der in der Volkswirtschaft vorhandenen Leihkapitals bzw. von der Organisation abhängig, die die Verbindung zwischen Kapitalverleihern und Kreditsuchenden herstellt. Davon wird in den nächsten Abschnitten ausführlich die Rede sein. Hier sei nur noch festgestellt, daß es in Deutschland vor dem Kriege weitverbreitete Gepflogenheit war, das Eigenkapital der Unternehmungen in erheblichem Umfange durch Beanspruchung von Kredit zu ergänzen, daß die Nachfrage nach Kredit im allgemeinen also groß war; ja, man kann sogar behaupten, daß es als Ausnahme anzusehen war, wenn eine Unternehmung ohne Kredit auszukommen vermochte. Dieser starke Kreditbedarf wird verständlich, wenn man sich der durch die Bevölkerungszunahme bedingten Entwicklung der deutschen Volkswirtschaft erinnert, die es zur Aufgabe machte, alle verfügbaren Kapitalien in den Dienst der Wirtschaft zu stellen. Ebenso bekannt ist, daß alle Anstrengungen dieser Art nicht ausreichten, um den schnell anwachsenden Kreditbedarf immer und rechtzeitig zu befriedigen, daß daneben noch zu banktechnischen Mitteln gegriffen werden mußte, um die vorhandene Leihkapitalmenge durch Schaffung künstlichen Kredits zu ergänzen. Die äußeren Zeichen dieser Anstrengung waren: Steigerung des Wechselumlaufs, Zunahme der Debitoren bei den Banken, Erhöhung der Zins- und Diskontsätze sowie die starke Beanspruchung der Mittel der Reichsbank.

B. Das Leihkapital.

1. Wesen und Bedeutung.

Kredit ist vom Standpunkt der Unternehmung: Schuldaufnahme. Der Gläubiger leiht von seinem Kapital aus, wenn er Kredit gewährt. Für ihn ist Kredit gleich Leihkapital. Die Kreditgewährung hängt also aufs engste mit der Erscheinung des Leihkapitals zusammen. Was ist Leihkapital und wie entsteht es? Die Beantwortung dieser Fragen führt zu den Kreditquellen bzw. zu der Organisation des Kredits.

Nicht verbrauchte Einkommensteile bilden das Vermögen. Letzteres ist die Gesamtheit von Gütern, über die jemand die Verfügungsgewalt hat. Wird das Vermögen werbend angelegt, so entsteht für den Besitzer eine neue Einkommensquelle: die Rente. Fließt diese Rente aus einer Unternehmungstätigkeit, so bezeichnet man dieses Vermögen als Kapital, sofern es als eine abstrakte Wertsumme aufgefaßt wird. Daneben spricht man in einem anderen — volkswirtschaftlichen — Sinne von Kapitalbildung. Man versteht darunter: allen Zuwachs an Vermögen schlechthin, d. h. ohne Unterschied, ob es werbend oder nichtwerbend ist. In der Regel geht dieser Vermögenszuwachs und — soweit die Ersparung aus dem Einkommen erfolgt —, geht die Kapitalbildung durch die Form des Geldes hindurch, indem das neue Kapital zunächst in Geld aufbewahrt wird. Von hier aus kann das Geldvermögen unmittelbar in Sachgüter umgewandelt werden; entweder werden Verbrauchs-, Gebrauchs- und Luxusgüter für die Haushaltswirtschaft oder Produktionsgüter für die Erwerbswirtschaft gekauft. (Für letztere wird wiederum das Wort: Kapital verwendet; man bezeichnet die Produktionsmittel, d. h. Güter, mit denen die Konsumgüter hervorgebracht werden, als Kapital im volkswirtschaftlichen Sinne.) Wenn der Inhaber einer Unternehmung seinen Vermögenszuwachs, der im Augenblick der Bereicherung noch nicht die Form des Geldes angenommen zu haben braucht (Waren) oder letztere überhaupt nicht annimmt (selbsterzeugte Produktionsmittel, Fabrikate), in seinem eigenen Betrieb beläßt oder verwendet, so tritt hierdurch gleichzeitig eine Erhöhung des eigenen Kapitals des Betriebes in dem in A. beschriebenen Sinne (Geschäftsvermögen in abstrakter Geldeinheit) ein. Der Vermögenszuwachs einer Person oder auch einer Unternehmung nimmt die Form des Leihkapitals an, wenn der Vermögensbesitzer, weil er selbst mit dem Vermögen nichts anzufangen versteht, dieses gegen Entgelt an einen andern ausleiht, der es in seinem Betrieb verwendet. Dann nimmt der letztere nach den Ausführungen in A. Kredit in Anspruch, während der Vermögensbesitzer einen Vermögensteil ausleiht. Dieser Vermögensteil wird in dem Augenblick zu Kapital, und zwar zu Leihkapital, wo die Absicht entsteht, mit der Ausleihung einen Ertrag zu erzielen, eine Rente zu vereinnahmen. Und wichtig ist endlich, daß — nach dem Sprachgebrauch, dem wir uns anschließen wollen — nur dann von Leihkapital die Rede ist, wenn dieses in der Form des Geldes verfügbar ist, also in Geld übertragen bzw. ausgeliehen und zurückgezahlt wird. Es handelt sich beim Kredit in diesem Falle um verleihbare bzw. auszuleihende und zu entleihende Geldkapitalien. Das ist gegenüber dem oben erwähnten Begriff des (volkswirtschaftlichen) Kapitals wohl zu beachten, wobei wiederum nicht zu übersehen ist, daß es letzten Endes den Kreditnehmern nur darauf ankommt, das Geld, das ihnen auf dem Kreditwege als Leihkapital überlassen wird, zur Beschaffung bzw. Erzeugung eben jener Produktionsmittel, des Kapitals in volkswirtschaftlichem Sinne, zu verwenden. Die Auseinanderhaltung der beiden eng verbundenen und verwandten Erscheinungen und Begriffe ist jedoch deshalb so wichtig, weil sich auf dem Leihkapital in dem hier umschriebenen Sinne der gesamte Geld- und Kapitalmarkt mit seinen wichtigen Organen, den Banken, aufbaut. Davon ist sogleich die Rede.

Der in der Geldform vorhandene Vermögenszuwachs, das zur Ausleihung bestimmte Geldkapital, kann noch andere Verwendungswege gehen. Eigentlich jeden, der den beabsichtigten Ertrag liefert, um deswillen die Ausleihung ja stattfindet. In Wirklichkeit kommen — neben der soeben erwähnten Ausleihung an die Unternehmungen — in der Hauptsache nur noch zwei Wege in Betracht. Erstlich: indem die Kapitalien öffentlichen oder ähnlichen Körperschaften gegen Aushändigung von Schuldurkunden (Anleihen) überlassen werden, in denen Entgelt, Rückzahlung und Kündigung allgemein für alle Gläubiger gültig geregelt sind. Man spricht in diesen Fällen von einer Kapitalanlage in Staats-, Kommunal- u. dgl. Anleihen. Der Besitzer von Geldkapital leiht dieses an die genannten Schuldner aus, in der Regel auf lange Zeit, meist ohne ein Kündigungsrecht zu erhalten, gewöhnlich nur gegen das Rückzahlungsversprechen des Schuldners. Diese Art des langfristigen Kredits wird durch den Börsenhandel mobilisiert und dadurch erst für die Gläubiger erträglich. Letzterer kann seine Anteile an der Börse verkaufen, jedoch nur, wenn ein anderer Kapitalbesitzer da ist, der bereit ist, den Anteil mit seinem Kapital zu erwerben. Es ist natürlich, daß dieser Verwendungsweg in starkem Wettbewerb mit der Ausleihung von Kapital an die Unternehmungen tritt: Höhe des Ertrages (Zinsen), Realisierbarkeit (Zurückverwandlung in Geld), Sicherheit, die der Schuldner bietet, und nicht zuletzt die Sachkenntnis und Bequemlichkeit des Kapitalverleihers geben den Ausschlag bei der Wahl der einen oder anderen Kapitalanlage.

Der zweite Weg ist der, daß die Leihkapitalbesitzer sachverständige Mittelspersonen veranlassen, die Ausleihung ihrer Kapitalien an die Kreditsucher, seien es nun private oder öffentliche, zu besorgen. Sie überlassen ihre Geldkapitalien berufsmäßigen Vermittlern, wie Banken, Sparkassen, Versicherungsgesellschaften, gegen feste Verzinsung oder sonstige Vorteile (Zahlungsverkehr) und gegen das Versprechen der Rückzahlung nach besonderen Vereinbarungen. Da diese Vermittler den Kreditvertrag in eigenem Namen abschließen und für die Entgegennahme der Leihkapitalien besondere Geschäftsformen eingerichtet haben — Depositenkonten — so kann man die Überlassung von Leihkapitalien an die Banken usw. als einen selbständigen Weg der Kapitalverwertung ansehen, zumal diese Vermittler überdies auch eine eigene Politik hinsichtlich der Weiterverwendung der ihnen überlassenen Kapitalien befolgen. Während sich der unmittelbare Verkehr zwischen Geldkapitalverleihern und -entleihern fast ausschließlich auf den langfristigen Kredit — in Gestalt von festen Darlehen, Hypothekendarlehen, Aktien und Obligationen — erstreckt, haben sich die Vermittlungsstellen, insbesondere die Banken, mehr und mehr zu Organen des kurzfristigen Kredits, des Kredits schlechthin, entwickelt. In Deutschland haben jedoch die Banken — wie schon betont — in mancherlei Gestalt Beziehungen zum langfristigen Kredit beibehalten.

Kapital (in weiterem Sinne) ist — gegenüber dem in den Unternehmungen tätigen Erwerbsvermögen — jedes Vermögen, das werbend angelegt wird, eine Rente erbringen soll, einerlei ob es im eigenen oder fremden Betrieb, in einer privaten oder öffentlichen Wirtschaft, einer Erwerbs- oder Haushaltswirtschaft verwendet wird. Das Entscheidende ist, daß es dem Eigentümer einen Ertrag, eine Rente abwerfen soll und zu diesem Zweck in der abstrakten Geldeinheit veranschlagt wird. (Spiethoff spricht deshalb zutreffend von Erwerbskapital.) Nicht kommt es bei dieser Begriffsabgrenzung darauf an, was der Kreditnehmer mit dem ihm überlassenen Kapital beginnt. Er kann es auch konsumtiven Zwecken zuführen; nur wird er sich bewußt sein müssen, daß er zur Rückzahlung des Kapitals wie zur Zahlung eines Entgeltes verpflichtet ist. Ebenso ist Leihkapital in diesem Sinne: alles zur Ausleihung bereitstehende Kapital, das sich sowohl den Unternehmungen als auch für sonstige Zwecke anbietet. Kapitalbildung ist dann jeder Vermögenszuwachs, der einer zinstragenden Anlage zugeführt werden soll oder kann. Es liegt auf der Hand, daß der Umfang des sich neubildenden Kapitals von ausschlaggebender Bedeutung für die Befriedigung des Kapitalbedarfs und damit auch des Bedarfs an Leihkapital ist. Die Kapitalneubildung ist abhängig von der Höhe der Einkommen im Verhältnis zu den Preisen, die für die Konsumgüter gelten, von sonstigen Einnahmen, die die Einzelwirtschaften aus Handelsgewinn, Konjunkturen und Spekulationen ziehen, ist letzten Endes davon abhängig, was an Ersparnissen alljährlich in der gesamten Volkswirtschaft zurückgelegt wird. Daraus folgt, daß die Kapitalbildung von Volkswirtschaft zu Volkswirtschaft verschieden sein muß und von Jahr zu Jahr Schwankungen aufweisen kann, je nachdem sich die genannten Voraussetzungen bzw. die Lebensgewohnheiten geändert haben oder nicht. In Deutschland wurde das Volkseinkommen (Helfferich) vor dem Kriege auf jährlich 40 Milliarden Mark geschätzt. Davon wurden 32 Milliarden Mark verbraucht, so daß 8 bis $8^1/_2$ Milliarden Mark als Kapitalzuwachs in Frage kamen.

2. Der Geld- und Kapitalmarkt.

Das Angebot von Leihkapital und die Nachfrage nach Leihkapital (gleich Kredit) bildet — zunächst rein gedanklich — den Markt für Leihkapitalien. Man könnte hierfür auch: Kreditmarkt sagen [wie es z. B. v. Beckerath vorschlägt[1])]. Jedoch ist dieser so bezeichnete Kreditmarkt = Markt für Leihkapitalien in der Wirklichkeit weder als ein einheitlicher Markt organisiert, noch als solcher überhaupt erkennbar, geschweige denn in faßbarer Weise abgesteckt. Er ist — wie gesagt — zunächst nur die gedankliche Zusammenfassung aller vorkommenden Leihkapital-(Kredit-)geschäfte zu einer Gesamtheit, mehr nicht. In Wirklichkeit vollziehen sich die einzelnen Kreditabschlüsse an sehr vielen, häufig nur lose miteinander in Verbindung stehenden Stellen, dazu in Formen, von denen nur wenige marktmäßige Gestaltung angenommen haben. Aus diesem Grunde scheint es mir in Übereinstimmung mit Spiethoff[2]) richtig zu sein, von der Bezeichnung Kreditmarkt Abstand zu nehmen, zumal die Geschäftswelt, also die Beteiligten selbst bereits einen anderen Ausdruck geprägt haben,

[1]) v. Beckerath, Herbert: Kapitalmarkt und Geldmarkt. Jena 1916. G. Fischer.

[2]) Spiethoff, A.: Der Begriff des Kapital- und Geldmarktes. Jahrbuch XLIV, S. 931.

für den sich ein bestimmter Vorstellungsinhalt herausgebildet hat: Kapitalmarkt. Genau genommen müßte es heißen: Leihkapitalmarkt. In der Tat versteht die Praxis unter Kapitalmarkt eben den Markt für Leihkapitalien. Bei näherem Zusehen ergibt sich jedoch noch eine Einschränkung. Es wird ein Unterschied zwischen Kapitalmarkt und Geldmarkt gemacht. Unterscheidungsmerkmale sind die Fristen, die für den Kredit bzw. das Leihkapital vereinbart werden. So ist der Kapitalmarkt im Sinne dieses Sprachgebrauches: der Markt für langfristige Leihkapitalien. Ihm sind zuzurechnen: Teilhaber-Kapitalien (obwohl gerade dieser Teil des Marktes als am wenigsten marktmäßig ausgestaltet anzusehen ist), ferner die Hypothekendarlehen als Hypothekenmarkt, endlich Aktien, Obligationen, Anleihen (auch Effekten genannt, die dem bestorganisierten Teil des Marktes: dem Börsenhandel angehören). Mit Geldmarkt wird dann die Gesamtheit der kurzfristigen Kreditgeschäfte, der Markt für kurzfristige Leihkapitalien, bezeichnet, als da sind: Wechseldiskont, Lombard-Kredit und Kontokorrent-Kredit. Hierbei hat der Geldmarkt an der Börse eine besondere Ausgestaltung erfahren, ihm gehört das Kreditgebiet des Börsenlombards (tägliches Geld, Ultimogeld, Reportgeschäft) sowie das Privatdiskontgeschäft an. Gelegentlich wird auch die Reichsbank mit ihren Geschäften als ein besonderer Teil des allgemeinen Geldmarktes angesprochen, so daß sich die Dreiteilung: Reichsbank, offener Geldmarkt und Geldmarkt der Börse ergibt. In allen Fällen handelt es sich um den Verkehr mit kurzfristigen Leihkapitalien. Die Bezeichnung Geldmarkt für einen Teil des Leihkapitalmarktes kann zu der mißverständlichen Auffassung führen, als ob es hier lediglich auf den Handel mit Geld im Sinne von Geldzeichen ankomme. Das ist selbstverständlich nicht der Fall. Trotzdem ist die Bezeichnung Geldmarkt nicht ganz abwegig: in Wirklichkeit wird hier Kapital in seiner flüssigsten Form, nämlich in Geld entliehen oder verliehen (worauf schon Mill aufmerksam gemacht hat). Daher ist es meines Erachtens auch nicht nötig, nach einer anderen Bezeichnung zu suchen, zumal — wie Spiethoff gegen v. Beckerath nachweist — eine allen wissenschaftlichen Anforderungen entsprechende Bezeichnung und Abgrenzung für dieses wichtige Gebiet der Volkswirtschaft nicht gefunden werden kann. Ich halte an der schon früher aufgestellten, sich dem Sprachgebrauch anschließenden Definition fest[1]): unter Kapitalmarkt ist der Markt für langfristige, unter Geldmarkt der für kurzfristige Leihkapitalien zu verstehen.

Die beiden Märkte, bei denen — wie gesagt — eine feste Gestaltung oder Abgrenzung nur in einzelnen Teilgebieten zu beobachten ist, zeigen die weitere Merkwürdigkeit, daß nicht nur ihre Organe — Kreditgeber,

[1]) Vgl. Prion, Das deutsche Wechseldiskontgeschäft. Leipzig 1908, S. 97.

Kreditnehmer, Vermittler — zum Teil dieselben sind, sondern auch daß sie in engster Verbindung miteinander stehen. Sie sind zwei Becken vergleichbar, bei denen fortgesetzt Wasser von dem einen in das andere und wieder umgekehrt fließt. So kann z. B. an sich langfristiges Leihkapital, das in der Form des Geldes zur Ausleihung bereit steht, vorübergehend auch in kurzfristiger Form am Geldmarkt angeboten und ausgeliehen werden. Es wird in langfristige Ausleihungen umgewandelt, wenn die Hingabe gegen Aktien, Obligationen, auch Hypothekendarlehen erfolgt. Dann fließt der Gegenwert vom Geldmarkt ab und dem neuen Schuldner zu. Ebenso finden in Umwandlung begriffene langfristige Leihkapitalien häufig am Geldmarkt eine Zwischenanlage, bis sie ihrer eigentlichen Bestimmung wieder zugeführt werden. Dazu kommt die Umformungstätigkeit der Kreditvermittler — wovon später noch die Rede ist —: sie nehmen kurz- und langfristige Geldeinlagen entgegen und bringen sie je nach ihrer Geschäftspolitik und den Anlagemöglichkeiten am Geld- oder Kapitalmarkt unter. Auf diese Weise können eigentliche Sparkapitalien in kurzfristige Geldmarktanlagen strömen, während kurzfristige Depositen auch zum Ankauf von Aktien usw. verwendet werden. Auch die Befriedigung an sich langfristiger Betriebskredite mittels kurzfristiger Depositen gehört hierher. So kann es dem Beobachter dieser Dinge erscheinen, als ob der Damm, der die Zweiheit der Becken erzeugt, in Wirklichkeit gar nicht vorhanden sei; dennoch ist die Abgrenzung eine ebenso deutliche wie bedeutungsvolle: das Hin und Her der Kapitalien stellt nur die Zu- und Abflüsse, den Ausgleich der Spiegel beider Becken dar, während der eigentliche Inhalt aus den beiden Arten von Leihkapitalien, den langfristigen und den kurzfristigen besteht. Die Fristen sind es, die die Scheidewand bilden; zu beiden Seiten der Scheidewand steht je ein Regulator, der die Zu- und Abflüsse bestimmt: die Zinssätze des Kapitalmarktes als der Preis für die Leihe von langfristigen Geldkapitalien und die Zinssätze des Geldmarktes als der Preis für die Leihe von kurzfristigen Geldkapitalien. Die Zinssätze zeigen das jeweilige Verhältnis von Angebot und Nachfrage von Kapitalien auf den beiden Märkten an und bewirken, daß — wenn es nötig und möglich ist — die Menge des Leihkapitals überhaupt zunimmt bzw. die Kreditansprüche im ganzen nachlassen, oder die Nachfrage bzw. das Angebot von einem Markt auf den anderen gelenkt wird. Fehlt die Nachfrage nach langfristigem Kapital, dann „drücken die beschäftigungslosen Kapitalien“, wie es in den Marktberichten heißt, auf den Geldmarkt; sie fließen wieder ab, wenn die Zinssätze hier zu niedrig werden, und drücken dann auch die Verzinsungsquote auf dem Kapitalmarkt nach unten. Andererseits wird eine starke Nachfrage nach langfristigem Leihkapital auch die kurzfristigen Kredite an sich ziehen, wenn ein genügendes Angebot von langfristigen Leihkapitalien im Augenblick oder dauernd nicht vorhanden ist — ein Zustand, der vor dem Kriege in Deutschland nicht selten anzutreffen war und zu den bekannten krisenhaften Erscheinungen auf dem Geldmarkt Veranlassung gab, wenn die kurzfristigen Kredite zurückgezogen oder anderweitig beansprucht wurden. Der Streit um die Diskontpolitik der Reichsbank, der seit 1907 die Gemüter bewegt und seinen literarischen Niederschlag in dem Plengeschen Buche „Von der Diskontpolitik der Reichsbank zur Herrschaft über den Geldmarkt" gefunden hat, wurzelte letzten Endes in den Störungen der Beziehungen der beiden Märkte: des Kapitalmarktes und des Geldmarktes.

C. Die Kreditgewährung.

Auf dem Markt für langfristige Leihkapitalien, auf dem Kapitalmarkt, kauft der Kapitalbesitzer Aktien und Anleihen, leiht er Hypothekendarlehen aus, beteiligt er sich an kaufmännischen Unternehmungen, legt er Kapital an. Der Sprachgebrauch verwendet hier weniger die Bezeichnung Kredit; er bevorzugt hingegen diese Bezeichnung, wenn es sich um kurzfristige Leihkapitalgeschäfte handelt. Insbesondere verbindet der Sprachgebrauch mit dem Worte Kreditgewährung die Vorstellung, daß kurzfristiges Leihkapital berufsmäßig zur Verfügung gestellt wird. Vornehmlich zwei Kreditquellen sind es, die für die berufsmäßige Kreditgewährung in Betracht kommen: der Lieferantenkredit und der Bankkredit.

1. Der Lieferantenkredit.

Der Käufer erhält die Ware gegen das Versprechen, den Kaufpreis in einem späteren Zeitpunkte an den Lieferanten zu zahlen. Dieser Kredit ist — selbst im Falle der Lieferung von dauernden Anlagen und Einrichtungen, für die Zahlungsfristen bis zu einem Jahre vereinbart werden können — kurzfristig (gegenüber Rückzahlungsfristen von 10—30 Jahren auf dem Markt für langfristige Leihkapitalien). In der Regel bis zum Ablauf von drei Monaten — spätestens jedoch nach dem Weiterverkauf der Ware — soll die gestundete Kaufpreissumme an den Lieferanten gezahlt werden. Die hier zu behandelnden Fragen sind: Woher nimmt der Lieferant die Möglichkeit und die Mittel für diese Kreditgewährung? Wodurch wird ihr mengenmäßiger Umfang bestimmt? Welche Wirkungen gehen von ihr aus?

Indem der Käufer den Kaufpreis für die Ware schuldig bleibt, leiht der Lieferant von seinem Kapital aus, das er in einem späteren Zeitpunkte in Geld zurückhaben will. Für den Abnehmer der Ware, den Kreditnehmer, bedeutet die Kreditbeanspruchung neues Kapital: da sein Kapital zum Ankauf der Ware nicht ausreicht, leiht er sich vom

Lieferanten Kapital hinzu. Seine Kaufkraft wird gestärkt; er ist jetzt in der Lage, die Ware zu kaufen. Da er nicht Geld, sondern sogleich die zu kaufende Sache, die Ware, erhält, so ist dem Kreditnehmer allerdings die Ausübung seiner neuen Kaufkraft genau vorgezeichnet. Trotzdem geht grundsätzlich von dieser Form der Kreditgewährung eine Beeinflussung der Preise aus, indem eben neue Käufer für die zum Verkauf stehenden Waren geschaffen werden. Praktisch erscheint zwar in vielen Fällen der Warenkredit nur als ein Mittel, um den Absatz der Ware in Gang zu halten oder zu bringen. Würde der Warenkredit nicht dazwischentreten, so wäre es möglich, daß der Absatz der Ware unterbliebe bzw. nur zu einem niedrigeren Preise erfolgte, was sich aus der folgenden Überlegung ergibt:

Für den Lieferanten der Ware bedeutet die Gewährung von Kredit offenbar, daß er einen Teil seines Kapitals, den Gegenwert der Ware, dem Käufer überläßt. So gesehen, scheint eine einfache Übertragung von Kapital auf einen anderen Betrieb vorzuliegen. Bei näherem Zusehen liegen die Dinge doch nicht so einfach. Zwar erleidet der Lieferant eine Einbuße an seiner Kapitalmenge, wenn er einen Teil ausleiht und erst später zurückerhält. Zu beachten ist aber, daß mit der Herstellung der Ware gleichzeitig neues Geld und — wie später zu zeigen sein wird — neues Kapital entstanden ist. Die Aufwendungen, die der Lieferant für die Herstellung oder Beschaffung der Ware gemacht hat, haben bei anderen Wirtschaften zur Bildung von Einnahmen (bei Betrieben) und von Einkommen (bei Einzelpersonen) geführt. Mit dieser Kaufkraft werden in der Regel Güter aus der vorhergehenden Produktionsperiode gekauft; Ersparnisse bilden dann die Vermögen, die in der gegenwärtigen Produktionsperiode als Kapital wirken können. Grundsätzlich ist also die aus der Herstellung der Ware entstandene Kaufkraft bereits in der Volkswirtschaft vorhanden. Zweifelhaft kann nur sein, ob diese Kaufkraft zu einer Vermögensbildung geführt hat, und ob das daraus entsprungene Kapital zeitlich und örtlich gerade für den Absatz der gefertigten Ware zur Verfügung steht. Die Aufwendungen für die hergestellte Ware entnimmt der Lieferant seinem Kapital; er legt sie einstweilen aus. So gewährt er im Grunde hier Kredit, der die oben gekennzeichneten Wirkungen hat, bis die endgültige Bezahlung der Ware durch den Konsumenten ihm die ausgelegten Mittel zurückbringt. Nur den Teil des Kaufpreises, der den Gewinn für den Lieferanten darstellt, leiht dieser neu an den Abnehmer aus; der Gewinn bildet sein Einkommen bzw. den Vermögenszuwachs, über den zu verfügen sich der Lieferant durch die Kreditgewährung einstweilen des Rechtes begibt.

Wenn man die einzelnen Fälle der Kreditgewährung systematisch nebeneinander zu stellen versucht, dann gehört der Lieferantenkredit in die Kategorie der komplizierten Kreditgewährung: nicht einfache Übertragung von Kapital, sondern Verauslagung der Produktionskosten bei der Warenherstellung und Ausleihung des kalkulierten Gewinnes. Da bei dieser Kreditgewährung schon vorher Kaufkraft in die Volkswirtschaft eingeströmt ist, so hängt die Beeinflussung der Preise durch die Kreditgewährung an den Abnehmer praktisch davon ab, in welcher Weise die mit der Warenherstellung erzeugte Kaufkraft Verwendung gefunden hat. Es ist denkbar, daß durch Verausgabung der Einkommen für andere Zwecke ein nur geringer Vermögenszuwachs entstanden ist, wie es auch denkbar ist, daß Einkommens- und Kapitalsteile in größerer Menge ruhen, in der Zeit, wo die Kreditgewährung vor sich geht. Auf der anderen Seite sind der Ausdehnung des Warenkredits durch die Kreditwürdigkeit der Abnehmer wie durch die Kapitalkraft der Lieferanten Grenzen gezogen, die dafür sorgen, daß von selbst eine mehr oder weniger genaue Angleichung an die volkswirtschaftliche Gesamtlage erfolgt.

Der Warenkredit schiebt die Rückerstattung der von dem Lieferanten verauslagten Aufwendungen wie die Verfügung über seinen kalkulierten Gewinn bis zur Bezahlung des Kaufpreises in Geld hinaus. Er setzt beim Lieferanten Kapital voraus und bindet dieses auf kürzere oder längere Zeit. So wird das Bestreben verständlich, dem Betrieb neues Kapital (auch auf dem Wege des Kredits) zuzuführen, oder die Kreditgewährung an die Abnehmer einzuschränken, wenn ersteres nicht gelingt. Dadurch wird dem Lieferantenkredit der Stempel des Unbeständigen und des Zufälligen aufgedrückt, das auf den kreditnehmenden Betrieb störend zurückwirkt. Dazu kommt, daß die Kosten (Zuschläge zu den Preisen) oder sonstige Umstände (Güte der Waren, Abhängigkeit vom Lieferanten) auch dem Kreditnehmer Veranlassung geben, sich nach einer anderen Kreditquelle umzusehen, die ihn von diesen Nachteilen befreit. Insbesondere wird dies für den häufigen Fall nötig, wo es dem Kreditnehmer nicht auf eine bestimmte Ware, sondern auf einen reinen Geldkredit ankommt. Diese andere Kreditquelle ist

2. Der Bankkredit.

Die Banken gewähren Kredit, indem sie den Kreditnehmern das Leihkapital in der Form des Geldes zur Verfügung stellen. Der Kreditnehmer erhält das allgemeine Tauschmittel: Geld; er ist jetzt in der Lage, die in dem Geld verkörperte Kaufkraft nach seinem Belieben zu verwenden — wenn nicht gerade besondere Abmachungen im Kreditvertrag eine bestimmte Verwendung: Warenankauf, Lohnzahlung u. a. m. vorschreiben. Da ferner die Banken die Kreditgewährung berufsmäßig pflegen, zum Teil einen Erwerb daraus machen, so wird es verständlich, wenn der Bankkredit in den Vordergrund des gesamten Kreditverkehrs rückt, um so mehr als die Banken zugleich wichtige Durchgangsstellen für die langfristigen Leihkapitalien sind. Der Bankkredit vervollständigt erst das Ineinandergreifen von Kapital und Kredit; er ist es, der in hohem Maße die Erfüllung der Aufgaben gewährleistet, die beide für den geregelten Ablauf der volkswirtschaftlichen Vorgänge übernommen haben. Allerdings erscheinen dem betrachtenden Auge die durch das Dazwischentreten des Bankkredits geschaffenen Verhältnisse jetzt kompliziert, wird das Verständnis für mancherlei Zusammenhänge erschwert. Da die kreditpolitischen Maßnahmen, die in der Gegenwart lebhaft besprochen werden[1]), in der Hauptsache an den Bankkredit anknüpfen, so gilt dies auch für diese. Zur Klarstellung diene das Folgende:

a) Der einfachste Fall ist gegeben, wenn die Bank eigenes Kapital zur Kreditgewährung verwendet (Aktienkapital der Aktienbank, Privatvermögen des Privatbankers): es findet eine Übertragung von vorhandenem, in einer voraufgegangenen Produktionsperiode entstandenem Kapital von einem Betriebe auf den anderen statt. Die eigentlichen Besitzer des Kapitals (Aktionäre, Privatbanker) verzichten auf eine anderweitige Verwendung: das Bankkapital wird auf dem Wege der Kreditgewährung der gewerblichen, industriellen, Handels- oder einer sonstigen wirtschaftlichen Tätigkeit zugeführt. Da die Kapitalbesitzer das Kapital für die Zwecke des Bankbetriebs zur Verfügung gestellt haben, die Kreditgewährung diesen Zwecken entspricht, ist es möglich, hier von einer einfachen Kreditgewährung zu sprechen. Damit soll gesagt sein, daß 1. vorhandenes Leihkapital (in der Form des Geldes) übertragen wird und 2. der persönliche Wille des Kapitalverleihers bei der Art der Ausleihung zum Ausdruck kommt. Man könnte hier noch unterscheiden zwischen der unmittelbaren und mittelbaren Kreditgewährung. Unmittelbare Kreditgewährung liegt vor, wenn der ursprüngliche Besitzer des Kapitals selbst die Ausleihung vornimmt, wie beispielsweise der Privatbanker, der eigenes Kapital verwendet, oder jede andere Person, die aus eigenem Kapital Kredit gewährt. Im Falle der Aktienbank handelt es sich um mittelbare Kreditgewährung, da nicht die Aktionäre, sondern die von ihnen errichtete Aktienbank die Ausleihung übernimmt. Doch hat diese Unterscheidung wenig Bedeutung, da die unmittelbare Kreditgewährung außerhalb der Bank — abgesehen vom Warenkredit — nur gelegentlich in Betracht kommt.

Die volkswirtschaftliche Bedeutung der einfachen Kreditgewährung liegt in folgendem: Leihkapital entsteht aus ersparten Einkommensteilen; es bedeutet, daß der Einkommensbezieher auf die Ausgabe seiner Kaufkraft, die sonst in der Regel auf dem Markte der Konsumgüter erfolgt, verzichtet hat. Indem das Leihkapital auf die kreditsuchenden Betriebe übertragen wird, entsteht eine Nachfrage auf dem

[1]) Vgl. die Ausführungen unter II und III, S. 44 u. 83.

Markt der Produktionsgüter (Rohstoffe, Waren, Werkzeuge, Maschinen), wird in der Auszahlung von Löhnen neues Einkommen geschaffen. Auf dem Markte der Produktionsgüter kann der Kredit preissteigernd wirken, wenn die Nachfrage groß oder dringlich wird. Wesentlich ist aber, daß — im Regelfalle — mit Hilfe des Kredits die Produktion verbessert, gefördert und ausgedehnt wird, so daß im weiteren Verlauf der wirtschaftlichen Entwicklung dem Markte mehr Produktions- und Konsumgüter zugeführt werden können (wenn auch die Herstellung von Produktionsmitteln die Entstehung von weiteren Konsumgütern zeitlich weiter hinauszuschieben vermag). So wird der sich aus der Herstellung von Produktionsgütern (Kapital im volkswirtschaftlichen Sinne) ergebende Umweg (vgl. Böhm - Bawerk, Artikel „Kapital" im Handb. d. Staatsw. Bd. V, S. 583) erst durch den Kreditverkehr, d. h. durch die Übertragung von Leihkapital auf die Betriebe zu einem vollendeten Mittel der modernen Produktionsweise. Diese Wirkungen des Kredits kommen voll zur Geltung, wenn die Banken die Aufgabe übernehmen, neben ihrem Eigenkapital auch die sonstigen in der Volkswirtschaft verfügbaren Leihkapitalien auf dem Kreditwege den Betrieben zuzuführen [vgl. b)]. Auf der anderen Seite trägt auch diese Kreditgewährung die Keime von Gefahren in sich, wenn beispielsweise der Kredit nur einseitig einzelnen Betrieben zugute kommt oder die Produktion zu stark ausgedehnt wird und eine Absatzstockung eintritt usw. Doch bleiben diese Gefahren in engsten Grenzen, solange sich die Kreditgewährung im Rahmen des eigenen Kapitals der Banken hält, wovon hier ausgegangen wird.

Hingegen liegt im Wesen des Kredits, daß das Kapital nach Ablauf der Kreditfrist an den Kreditgeber zurückgegeben werden muß. Soweit der Kreditnehmer mit dem geliehenen Kapital dauernde Anlagen erstellt, wird die oben gekennzeichnete Wirkung: Umwandlung von Geldkapital in Sachkapital (Kapital im volkswirtschaftlichen Sinn) erst dann vollkommen sein, wenn der Kredit für ihn langfristig ist. Wie sich die Banken mit dem langfristigen Kredit abfinden, wird unten zu erörtern sein. Aber auch der kurzfristige Kredit, zu dem die Banken in erster Linie neigen, kann eine produktionssteigernde Wirkung auslösen, wenn es mit seiner Hilfe gelingt, die Fertigstellung der Waren zu vollenden oder gar nur eine werterhöhende, d. h. die Konsumfähigkeit verbessernde Orts- oder Qualitätsveränderung herbeizuführen (Handelsbetriebe).

b) Nun beschränkt sich die Bank bekanntlich nicht nur darauf, eigenes Kapital bei der Kreditgewährung zu verwenden, sondern es stehen für diesen Zweck in der Regel weit größere Mengen fremder Kapitalien zur Verfügung. Indem die Bank Kapital in der Geldform von Dritten zur Aufbewahrung, Verzinsung oder Durchführung des Zahlungsverkehrs entgegennimmt, nimmt sie selbst zuerst Kredit in

Anspruch (Passivgeschäft), um mit den erhaltenen Kapitalien ihrerseits Kredit zu gewähren (Aktivgeschäft). Die Verbindung von passiven und aktiven Kreditgeschäften macht im eigentlichen Sinne erst das Wesen der Bank aus. So erscheint die Bank als Kreditvermittlerin. Aber sie ist eine Vermittlerin von ganz besonderer Art.

In erster Linie bestimmen die Mittel, die den Banken aus der Pflege des Depositengeschäfts zufließen, Art und Umfang ihrer Kreditgewährung, was in E. noch näher zu erläutern ist. Was aber nicht immer richtig erkannt wird, ist dies: daß durch die Verwendung gerade dieser Mittel die volkswirtschaftlichen Leistungen des Kredits um ein beträchtliches gesteigert werden, wenn man unter Depositen jene Kassenvorräte der Einzelwirtschaften versteht, die für kurze Zeit verfügbar oder als Unterlage für den von den Banken geführten bargeldlosen Zahlungsverkehr zu dienen bestimmt sind. Da die Kassenvorräte zugleich Bestandteile des Kapitals anderer Wirtschaften sind und hier die Aufgabe haben, die Zahlungsfähigkeit zu sichern, so müßten sie — wenn sich die Banken nicht einschöben — mehr oder weniger auch Kassenbestände bleiben, um ihre eigentliche Aufgabe erfüllen zu können. Eine unmittelbare Ausleihung würde unter Umständen die Betriebszwecke gefährden, in vielen Fällen auch gar nicht möglich sein, weil nicht immer zu übersehen ist, ob und wie lange sie entbehrlich sind. Indem die Banken jene Kassenvorräte an sich nehmen, für die pünktliche Rückzahlung aber Gewähr leisten, bleibt dem Betriebe nicht nur der Anspruch, sondern auch die Möglichkeit der jederzeitigen Verfügung gewahrt: die Depositen sind für die Betriebe auch fernerhin Zahlungsmittel und zugleich Bestandteile ihres Kapitals. Trotzdem leihen die Banken diese Depositen wieder aus, fußend auf der Erfahrung, daß trotz der verabredeten täglichen oder kurzfristigen Rückforderung ein Stamm von Depositen bei den Banken ständig verbleibt, der sich erhöht, je größer der Kreis derjenigen wird, die sich dem bargeldlosen Zahlungsverkehr der Banken anschließen. Offenbar wird durch diese Banktätigkeit die Wirksamkeit des vorhandenen Kapitals wesentlich gesteigert. Kapitalteile, die eigentlich für andere Zwecke des eigenen Betriebes gebunden sind, werden durch die Kreditgewährung andern Betrieben zur Verfügung gestellt, die sie ihrerseits zur Anschaffung von Produktionsgütern verwenden. Von hier aus kann es durchaus verständlich erscheinen, wenn die Meinung aufkommen konnte, daß durch den Kredit neues Kapital geschaffen werde[1]). Selbstverständlich bedeutet der Kredit für den kreditnehmenden Betrieb in

[1]) Daß die Verallgemeinerung dieses Ausspruches dahin, daß jeder Kredit schlechthin neues Kapital darstelle, ebensowenig haltbar ist wie die gänzliche Verneinung jeder kapitalartigen Wirkung, hat Hahn überzeugend nachgewiesen. (Artikel Kredit im Hdw. d. St.)

jedem Falle zusätzliches Kapital, ohne das er vielleicht gar nicht lebensfähig wäre. Aber auch volkswirtschaftlich gesehen, kann man m. E. zum mindesten sagen, daß die Weiterbenutzung der Kassenbestände mittels des Depositengeschäftes durch die ihnen gegenüberstehende kurzfristige Kreditgewährung wie Zusatzkapital wirkt, wenn auch im ganzen nicht neues Kapital entstanden ist. Die Banken befreien das betriebspolitisch für Zahlungen und Sicherheitszwecke gebundene Kapital von seiner Gebundenheit und führen es auf dem Kreditwege anderen Betrieben zur produktiven Verwendung zu. Man kann hier von einer mittelbaren Kreditgewährung mit der Wirkung einer gewissen Kapitalsteigerung sprechen.

c) Den Banken werden endlich nicht nur betrieblich gebundene Kassenvorräte (augenblicklich in Geldform verfügbare Betriebskapitalien) leihweise überlassen, sondern auch solche Kapitalien, die frei und für andere Zwecke verfügbar sind. Entweder sind dies Kapitalien, deren Besitzer eine unmittelbare Verwertung (durch Ausleihung) nicht herbeiführen können oder wollen und sie deshalb der Bank (gegen Verzinsung oder sonstige Vorteile) überlassen, oder solche Kapitalien, die einstweilen der Bank überlassen werden, bis sie eine endgültige Verwertung finden (Kapitalanlage). Indem die Banken diese Kapitalien zur Ausleihung bringen, bestimmen sie zugleich Art und Umfang ihrer Verwendung: ob dabei immer nach volkswirtschaftlich richtigen Gesichtspunkten verfahren wird, ist eine Frage für sich, die hier nicht weiter zu verfolgen ist. Wesentlich ist hingegen, daß ohne Zweifel große Teile dieser Kapitalien anderen Zwecken zugeführt werden, als sie es würden, wenn ihre Eigentümer selbst die Ausleihung vornähmen. Und ebenso sicher ist, daß in vielen Fällen die Ausleihung überhaupt unterbleiben würde, wenn sich die Banken nicht als Vermittler eingeschoben hätten.

Trotz alledem: so weit angeliehene Spar- oder sonstige Anlage suchende Kapitalien von den Banken zur Kreditgewährung verwendet werden, findet — wie in a) — nur eine Übertragung vorhandener Kapitalien auf andere Betriebe statt. Die Steigerungswirkung — wie bei b) — läßt sich hier nicht feststellen. Die Fähigkeit der Banken, auf dieser Grundlage Kredite zu gewähren, wächst im geraden Verhältnis zur Zunahme der den Banken zufließenden Leihkapitalien, jedoch mit einer sehr wichtigen — wiederum nicht immer beachteten — Einschränkung: bei der Ausleihung der den Banken überlassenen Leihkapitalien sind bestimmte Grundsätze in Rücksicht zu ziehen, die sich aus der Natur des Bankbetriebes ergeben. So ist es aus Gründen der eigenen Sicherheit und Zahlungsfähigkeit der Bank nicht möglich, etwa den gesamten Betrag der fremden Kapitalien oder diesen gar in einer einzigen Form zur Ausleihung zu bringen. Lange Übung und schmerzliche Erfahrungen haben die Banken gelehrt, auf Risikoverteilung ebenso zu achten wie auf die Haltung leicht realisierbarer Reserven. Sie gewähren lieber zahlreiche Einzelkredite an verschiedene Kunden, statt den ganzen Betrag nur einem einzigen Betriebe zu überlassen. Ist dieser Risikoausgleich nicht möglich, dann kann es vorkommen, daß die Bank nicht entsprechende Kreditgesuche zurückweisen muß und die Kapitalien in den Kassen müßig liegen. Es ist ferner üblich, die einzelnen Kredite auf möglichst viele Geschäftszweige und auf verschiedene Gegenden zu verteilen, um nicht in die Abhängigkeit einseitiger oder lokaler Konjunkturen zu geraten. Gründe der Liquidität und Rentabilität führen dazu, daß die Bank von den verschiedenen Formen, in denen eine Kreditgewährung möglich ist, so Gebrauch macht, daß sich ein bestimmter Aufbau ihres gesamten Kreditgeschäftes ergibt: Guthaben bei Banken, Börsendarlehen, Wechsel, Warenlombard, Kontokorrentforderungen, Effekten, Konsortialgeschäfte usw. Wenn auch der einzelnen Bank — nach der Eigenart ihres Kundenkreises — ein gewisser Spielraum in der Handhabung der bankbetrieblichen Grundsätze bleibt, so ändert das nichts an der wichtigen Tatsache, daß die Bank in der Verfügung über die fremden Kapitalien nicht frei, sondern an bestimmte Richtlinien gebunden ist. Auch die Möglichkeit der Bank, durch Festsetzung der Zins- und Provisionssätze sowohl die Form und Höhe der Kreditansprüche als auch Menge und Zusammensetzung ihrer fremden Kapitalien zu beeinflussen, ändert an dieser Tatsache nicht viel: indem die Leihkapitalien ihren Weg über die Bank nehmen, werden für ihre Ausleihung bankbetriebliche Gesichtspunkte maßgebend. Selbst wenn die Bank die Absichten und Wünsche der Kapitalbesitzer hinsichtlich der Verwendung der ihr überlassenen Kapitalien feststellen könnte und wollte, so ist sie doch nur im Rahmen der bankbetrieblichen Grundsätze in der Lage, danach zu handeln. Die Leihkapitalien erfahren durch den Bankkredit eine Umformung: man kann daher von einer mittelbaren Kreditgewährung mit umformender Wirkung sprechen (b: mit gesteigerter Wirkung).

D. Die Kreditschöpfung.

Nun verfügen die Banken noch über eine letzte Möglichkeit: sie können auch Kredit gewähren, ohne von anderer Seite die entsprechenden Leihkapitalien erhalten zu haben oder ihr eigenes Kapital zu benutzen. Sie schaffen von sich aus neue Zahlungsmittel, die sie ihren Kunden mit der Verpflichtung zur Rückzahlung überlassen. Die Kreditgewährung ist mit einer Geldschöpfung verbunden, oder — wie man auch sagen kann — auf dem Wege des Kredits wird neues Geld verausgabt. Während die Bank neues Geld ausgibt, erhält der Kreditnehmer Geld schlechthin; für ihn besteht der Unterschied, ob neues

Geld oder vorhandenes Leihkapital, nicht: der Kredit ist für ihn Leihkapital, das zu dem bisherigen Kapital ergänzend hinzutritt. Darüber hinaus bedeutet dieser Kredit aber Zuwachs an Geldkapital überhaupt: das in der Volkswirtschaft verfügbare Leihkapital wird um den Kredit vermehrt. Es ist deshalb angebracht, diese Art der Kreditgewährung — in Anlehnung an die damit verbundene Geldschöpfung — als Kreditschöpfung zu bezeichnen.

1. Notenkredit.

Der erste Weg, auf dem eine Kreditschöpfung vor sich gehen kann, ist die Ausgabe von Noten. Solange eine Notenbank Noten gegen Einlieferung von Währungsmetall (Gold) ausgibt, ist lediglich eine Umformung von Geld eingetreten: an die Stelle von Gold-(geld) ist das Notengeld getreten, die Noten sind „durch Gold gedeckt“. Anders, wenn die Notenbank Kredit gewährt und dem Darlehnsnehmer den Kredit in eigenen Noten auszahlt. In diesem Falle findet weder ein Austausch von Geld in dieser Form gegen Geld in anderer Form statt, noch wird vorhandenes Leihkapital übertragen, sondern es wird neues Geld geschaffen, das sich für den Kreditnehmer als Kredit darstellt. Die Schaffung von Geld ist möglich, weil die Noten der Bank als Geld gelten, sei es, daß der Verkehr sie als solches ansieht oder der Gesetzgeber es bestimmt hat. Jedenfalls entsteht aus dieser Geldschöpfung privatwirtschaftlich neues Kapital, über das der Empfänger genau so verfügen kann, als ob es sich um altes, der Bank vorher übertragenes Leihkapital handelt. Weil aber die Notenbank auf dem von ihr erzeugten Geld, ihren Noten, das Versprechen abgibt, die Note jederzeit auf Verlangen in Währungsmetall einzulösen — darauf beruhte vor dem Kriege das Notenausgaberecht —, wird sie regelmäßig nur in beschränktem Umfange und unter gewissen Voraussetzungen eine solche Kreditschöpfung, die Schaffung von Leihkapital auf dem Wege der Notenausgabe, vornehmen können. Beschränkt darum, weil die Notenbank bestrebt sein muß, den Betrag der ausgegebenen Noten in einem durch die Erfahrung bestimmten Verhältnis zur Höhe ihres Goldvorrats zu halten, um in der Lage zu sein, jederzeit die etwa zurückströmenden Noten auch einzulösen. Diese banktechnische Sicherheitsmaßnahme bewirkt indes nur eine mechanische Begrenzung der Geldschöpfung. Die Notenbank wird daher außerdem die Notenausgabe an die Voraussetzung zu knüpfen haben, daß die Geldschöpfung den wirtschaftlichen Bedürfnissen entspricht oder anders ausgedrückt, daß sie keine Störungen in der Volkswirtschaft hervorruft: Die Begrenzung muß organisch sein.

Die volkswirtschaftlichen Wirkungen dieser Art der Kreditgewährung, der Kreditschöpfung, sind zunächst dieselben wie bei der Kreditgewährung überhaupt: der Kreditnehmer erhält Leihkapital — wie beim Bankkredit üblich — in der Form des Geldes, mit dem er Rohstoffe und Waren kauft, Löhne bezahlt, Maschinen und Anlagen beschafft oder erzeugt, jedenfalls eine Nachfrage auf dem Markt der Produktionsgüter entwickelt, bzw. Einnahmen oder Einkommen in anderen Wirtschaften verursacht. Während jedoch bei der Kreditgewährung in dem früher umschriebenen Sinne — Übertragung von vorhandenem Leihkapital — die ursprünglichen Besitzer der Kapitalien auf die Ausübung der ihrem Kapital anhaftenden Kaufkraft von sich aus — Hahn sagt: freiwillig — verzichten, bleibt im Falle der Kreditschöpfung die sonstige in der Volkswirtschaft noch vorhandene Leihkapitalmenge unangetastet bestehen. Das ist für die volkswirtschaftliche Wirkung von entscheidender Bedeutung. Da bei der Kreditschöpfung (durch Ausgabe von neuem Geld) vorhandenes Leihkapital nicht verwendet wird, kann die Kaufkraft aus diesem Kapital sowohl auf dem Markte der Konsumgüter, als auch auf dem der Produktionsgüter (Produktionsmittel) weiter verausgabt werden und hier mit der aus der Kreditschöpfung neu hervorgehenden Kaufkraft in Wettbewerb treten. Damit sind die Voraussetzungen für eine Steigerung der Preise (besser: für eine Entwertung des Geldes, weil sich die Menge des Geldes vermehrt hat) gegeben, mit der Folge, daß bei steigenden Preisen die nominell (in Geld ausgedrückten) alten Kaufkraftgrößen mengenmäßig weniger kaufen können. Geldvermehrung ohne gleichzeitige Gütervermehrung bezeichnet man als Inflation. Man sieht, daß die Kreditgewährung (unter anderem) ein Mittel darstellt, um eine Geldvermehrung durchzuführen. So kommt es, daß man auch von inflationistischer Kreditgewährung spricht. Da wir — wie noch zu zeigen ist — das Wort Inflation für einen besonderen Fall der Geldschöpfung (Konsumtivkredit) verwenden wollen, so empfiehlt es sich, zunächst an der allgemeinen Bezeichnung: Kreditschöpfung — gegenüber Kreditgewährung — festzuhalten.

Es ist nämlich nicht zu übersehen, daß die Begleitumstände, unter denen die Kreditschöpfung erfolgt, dahin führen, daß sich der tatsächliche Eintritt und Umfang jener Wirkung verschieden gestalten. Zunächst: wenn das neue Geld, das bei der Kreditschöpfung entsteht, an Betriebe verliehen wird, die es zum Ankauf von Produktionsgütern verwenden (Produktivkredit), dann dient die zusätzliche Kaufkraft — wie man das neue Geld bezeichnet, das ohne gleichzeitige Gütervermehrung entstanden ist — zur Förderung der Güterherstellung. In einem späteren Zeitpunkt kommen neue Güter auf den Markt, so daß sich die Gütermenge der anfänglich gesteigerten Geldmenge wieder anpassen kann. Außerdem kommt in Betracht, daß mit der Rückzahlung der Kredite auf die Ausübung der aus der Warenherstellung entstehenden Kaufkraft verzichtet wird, indem der Verkaufserlös aus den Waren zur Einlösung der Noten dient. Endlich ist zu berücksichtigen, daß die gesamte aus dem wirtschaftlichen Tauschverkehr hervorgegangene Kaufkraft nicht immer und sofort auch zum Kaufen gelangt, vielmehr mehr oder minder beträchtliche Teile jeweilig ruhen, so daß die aus der Kreditschöpfung hervorgehende Kaufkraft teilweise Güter kaufen kann, ohne eine Preissteigerung bewirken zu müssen. So kann die Kreditschöpfung, die mit einer vorübergehenden Vermehrung von Geld verbunden ist, nicht nur für die Volkswirtschaft erträglich, sondern geradezu von günstigen Folgen begleitet sein, indem sie die Unternehmungslust anregt, die Güterherstellung steigert und so zur Verbesserung der Einkommenverhältnisse beiträgt. Auf der anderen Seite können sich, wenn die Kreditschöpfung das richtige Maß überschreitet — und das ist bei den geringen Hemmungen, die der Schaffung von Notengeld entgegenstehen, leicht möglich —, diese günstigen Folgen in ihr Gegenteil umkehren und tiefgreifende Störungen der gesamten Volkswirtschaft nach sich ziehen. Beispiele: Eine zu starke Ausdehnung der Produktion führt dazu, daß die Menge der Waren nicht mehr abgesetzt werden kann; oder die Steigerung der Preise und der Umsätze bedingen mehr Zahlungsmittel, die Deckung der umlaufenden Noten läßt nach, Diskonterhöhungen verteuern den Kredit, rufen neue Preissteigerungen und Absatzschwierigkeiten hervor, Kreditkündigungen schränken die Produktion ein, die Kaufkraft der Bevölkerung sinkt. Wenn in solchen Fällen (Krisen) durch verlustbringende Herabsetzung der Preise oder Hineinwachsen der Nachfrage in ein zu großes Angebot erfahrungsgemäß in absehbarer Zeit das gestörte Gleichgewicht zwischen Produktion und Konsumtion wieder hergestellt werden kann, so sind die Wirkungen der Kreditschöpfung verheerender und zugleich sichtbarer, wenn die Kreditschöpfung zu konsumtiven Zwecken erfolgt, also nicht eine Güterherstellung, das ist Vermehrung, sondern eine Gütervernichtung, das ist eine Verminderung der Gütermenge eintritt. Der Schulfall hierfür ist in der Kriegsfinanzierung gegeben, wenn der Staat zur Aufbringung der für die Kriegsführung benötigten Mittel den Notenkredit in Anspruch nimmt und die Volkswirtschaft von der Herstellung von Gütern für die menschlichen Bedürfnisse zur Herstellung von solchen Gütern übergeht, die durch die Kriegshandlungen vernichtet werden. In diesem Falle ist das Verhältnis von Geldmenge und Gütermenge dauernd gestört. Es ist deshalb kein Zufall, wenn die Bezeichnung Inflation in erster Linie für diesen aus der Kriegsfinanzierung hervorgehenden Zustand verwendet wird.

Ehe wir fragen, ob es möglich ist, den volkswirtschaftlich richtigen, d. h. erträglichen und nützlichen Umfang dieser Kreditschöpfung (für produktive Zwecke) in einwandfreier Weise zu bestimmen, empfiehlt es sich, vorher die sonstigen Wege der Kreditschöpfung zu betrachten.

2. Buchkredit.

Ohne Ausgabe von Notengeld können die Banken — sowohl die Notenbanken als auch vor allem die Depositen- bzw. Kreditbanken — auf dem Wege des Buchkredits Kredit auch dann gewähren, wenn ihnen Leihkapitalien für diesen Zweck nicht zur Verfügung stehen. Dabei ist es unwesentlich, ob dem Kunden der Betrag des ihm gewährten Kredits sofort auf seinem Konto gutgeschrieben wird (wie das nach einigen Schriftstellern in England vorkommen soll, von anderen aber bestritten wird), oder ob sein Konto jedesmal für den in Anspruch genommenen Kredit belastet wird. Wesentlich ist vielmehr, daß der Kunde aus diesem Kredit Zahlungen leisten kann, indem er beispielsweise von seinem Konto auf das Konto eines anderen Kunden übertragen läßt. In diesem Vorgang liegt, daß wiederum ein neues Geld — Giralgeld — entstanden ist, das allerdings nur innerhalb des Kreises der Kunden der Bank oder aller Banken, wenn sie zu einer Verrechnung verbunden sind, verwendbar ist, liegt ferner, daß in diesem Falle das Guthaben, das durch die Übertragung entstanden ist, die Folge der Kreditschöpfung ist, während sonst die Guthaben der Kunden der Bank die Mittel zur Kreditgewährung verschaffen. Solange mit der Kreditbeanspruchung oder der Verfügung über die aus den Übertragungen entstandenen Guthaben keine Auszahlung von barem Geld (Noten, Währungsmünzen) verbunden ist, stellt der Buchkredit der Banken neues Leihkapital dar, braucht vorhandenes Leihkapital nicht in Anspruch genommen zu werden. Der Buchkredit vermehrt die Geldmenge — durch Hinzutritt von Giralgeld — genau wie im Falle des Notenkredits.

Wird aus dem Buchkredit die Zahlung von barem Geld beansprucht, dann kann die Bank den verlangten Betrag aus eigenen Beständen entnehmen oder sich die Zahlungsmittel dadurch verschaffen, daß sie andere Kreditansprüche oder Forderungsrechte veräußert (Rediskontierung von Wechseln). In diesem Augenblick stellt der Buchkredit keine Kreditschöpfung mehr dar, sondern nur noch eine einfache Kreditgewährung, indem vorhandenes Geld übertragen oder anderes Leihkapital in Geld zurückverwandelt wird. Wenn bei Beschaffung der baren Zahlungsmittel die Notenbank veranlaßt wird, neue Noten auszugeben, dann liegt zwar formal und banktechnisch die Kreditschöpfung bei der Notenbank, ursächlich und historisch aber in dem Buchkredit, den die Bank ihrem Kunden gewährt hat. Die Erfahrung lehrt, daß sich die Vorgänge tatsächlich in der Regel so abspielen: zuerst pflegt sich der Kreditbedarf bei den Kreditbanken bemerkbar zu machen, die ihn mit eigenem Kapital, dann mit den ihnen zur Verfügung stehenden Fremdkapitalien, endlich durch Beanspruchung der Notenbank zu befriedigen suchen.

Die Ausmündung der Buchkredite in Noten kann vermieden werden, je mehr das Giralgeld die Rolle des Zahlungsmittels übernimmt, je mehr also die Zahlungen auf dem Wege der Übertragung von einem auf ein anderes Konto erfolgen bzw. eine Verrechnung auch unter den Banken bargeldlos möglich ist. In ausgesprochenem Maße ist dies in England der Fall, wo die Note als Zahlungsmittel zurücktritt und die Verrechnung mittels Schecks (Clearingverkehr) üblich ist. Hier vollzieht sich auch die Neuschöpfung von Kredit fast ausschließlich auf dem Wege des Buchkredits. Sie findet ihren Niederschlag in dem Anwachsen der Bankvorschüsse bzw. den diesen Krediten gegenüberstehenden Bankdepositen. Die Geldvermehrung kommt in der Zunahme des Giralgeldes zum Ausdruck. Solange das Giralgeld in Notengeld (Währungsgeld) umzuwandeln im Belieben der Zahlungsempfänger steht, bleibt der Umfang der Kreditschöpfung in gewissen Grenzen: die Banken müssen bei der Gewährung von Buchkredit darauf Rücksicht nehmen, daß die Umwandlung in bare Zahlungsmittel jederzeit verlangt werden kann. Sie sind daher gehalten, ihre Verpflichtungen in einem gewissen Verhältnis zu ihren Anlagen und baren Mitteln zu halten, mit andern Worten: die Zahlungsfähigkeit der Bank bestimmt die banktechnische Grenze der Kreditschöpfung. Sie wird gefunden auf Grund einer auf Erfahrung beruhenden Bankpolitik. Hinzu kommt die Frage nach der volkswirtschaftlichen Tragfähigkeit der Kreditschöpfung, von der unten die Rede ist.

3. Der Akzeptkredit.

Eine Abart des Buchkredits stellt der Kredit dar, der in Form des Wechselakzeptes gegeben wird. Sofern eine bestehende Forderung in die Form eines Wechsels überführt wird (Warenwechsel) ist die ursprüngliche Art des Kredits maßgebend (Warenkredit, siehe oben: Lieferantenkredit). Anders, wenn der Wechsel benutzt wird, um ein neues Schuldverhältnis zu schaffen: jemand gewährt einer andern Person Kredit, indem er als Akzeptant auf einem Wechsel das Versprechen abgibt, zu einem späteren Zeitpunkt — nach drei Monaten — einen bestimmten Betrag — die Wechselsumme — zu zahlen (Kredit- oder Finanzwechsel). Berufsmäßig wird der Akzeptkredit von den Banken gepflegt, weshalb das Bankakzept als der typische Vertreter dieser Art der Kreditschöpfung angesehen wird. Der Kunde kann das Zahlungsversprechen der Bank unmittelbar zu Zahlungen verwenden, indem er es an seinen Lieferanten weitergibt. In diesem Fall ist wiederum neues Geld entstanden, der Wechsel dient als Zahlungsmittel. Doch unterscheidet sich dieses Zahlungsmittel von der Note dadurch, daß es nicht wie letztere ein allgemeines Zahlungsmittel ist, das für alle Zahlungen verwendet werden kann; auch gegenüber dem Giralgeld hat es eine beschränktere Verwendungsmöglichkeit. Das Bankakzept übt die Rolle eines Zahlungsmittels nur in bestimmten Schichten des Zahlungsverkehrs aus, vorzugsweise im Großhandel. So kommt es, daß es bald nach Umwandlung in Geld strebt, d. h. es wird diskontiert, um die gebräuchliche Form des Zahlungsmittels: Noten- oder Giralgeld dagegen einzutauschen. Die Diskontierung, d. h. der Ankauf des Bankakzeptes kann aus vorhandenem Leihkapital erfolgen, wenn Banken ihre Reserve oder andere Betriebe ihre verfügbaren Kapitalien in solchen Wechseln (Privatdiskonten) „anlegen“ (ausleihen). Die Diskontierung wird zu einer Beanspruchung des Notenkredits oder des Buchkredits führen, wenn diese Mittel nicht ausreichen. Dann endet die Kreditschöpfung schließlich wieder bei der Notenausgabe. Es ist auch möglich, praktisch sogar sehr häufig, daß die Umwandlung des Bankakzeptes in Geld vor der ersten Verwendung durch den Kreditnehmer stattfindet, das Bankakzept in diesem Fall lediglich ein bevorzugtes Mittel zur Geldbeschaffung darstellt, und die Kreditschöpfung allein davon abhängig ist, ob die Diskontierung aus bereitstehendem Leihkapital erfolgt oder neues Geld geschaffen wird.

Nichtsdestoweniger: die Banken haben in dem Akzept, das sie ihren Kunden an Stelle des baren Geldes geben, ein Mittel, Kredit zu gewähren, ohne daß sie auf anderes Kapital zurückgreifen müssen. Mit gutem Recht ist das Bankakzept als die Note der Privatbanken bezeichnet worden (Spiethoff). Das Bankakzept hat gegenüber der Banknote noch den Vorzug, daß es ein vielgebrauchtes Werkzeug des internationalen Zahlungs- und Kreditverkehrs darstellt und als Träger des Leihkapitalverkehrs von Land zu Land dient. Indem das Bankakzept an einem ausländischen Platz zum Diskont gebracht wird, wird ausländisches Kapital in Devisen verfügbar, das der Diskontant im Inlande weiter ausleihen kann. In dem internationalen Ausgleich von Kapitalangebot und Kapitalnachfrage spielte daher das Bankakzept (vor dem Kriege) eine große Rolle. Aber schließlich ist auch hier zu beachten, daß der Entstehung bzw. dem Umlaufe von Bankakzepten bestimmte Grenzen gezogen sind: in der Diskontierungsbereitschaft anderer Stellen (vor allem der Notenbanken, die Finanzwechsel als Deckung ihrer Noten ablehnen) und nicht zuletzt in der eigenen Sicherheit der akzeptleistenden Bank, der ein hoher Betrag von akzeptierten Wechseln gefährlich werden kann, wenn die Kunden, für deren Rechnung der Wechsel akzeptiert (denen der Kredit gewährt) worden ist, nicht rechtzeitig die Mittel für die Akzepteinlösung zur Verfügung stellen.

4. Die Frage war zurückgestellt worden: inwieweit soll und kann der Nachfrage nach Kredit durch Kreditschöpfung, d. h. der Schaffung neuen Geldes entsprochen werden? Gibt es ein Mittel, den volkswirtschaftlich erträglichen und erwünschten Umfang der Kreditschöpfung

jeweils zu bestimmen bzw. zu erkennen? Da — wie gezeigt — die Kreditschöpfung mit der Schaffung neuen Geldes zusammenhängt, führt die Beantwortung dieser Fragen in die Lehre vom Gelde, von der Geld- und Bankverfassung.

Von Bendixen[1]), der diesen Fragen nachgegangen ist, stammt der Satz: die Geldvermehrung müsse der Warenvermehrung entsprechen; denn Geld sei, was kaufend zu Markt gehe; erfolge keine Warenvermehrung, so müsse die Geldvermehrung als zusätzliche Kaufkraft die Preisbildung stören. Klassisch sei eine Geldschöpfung zu bezeichnen, die einer Warenvermehrung entspreche. Dieser Satz soll im Grunde nicht anderes bedeuten, als daß die Preisbildung nicht von der Geldseite her gestört werden soll, daß nur soviel Geld geschaffen werden darf, als Waren zu kaufen vorhanden sind. Sieht man zunächst einmal ganz davon ab, daß die Gegenüberstellung von Geld und Waren zu eng ist — man begreift das Geld besser als Anteil am Sozialprodukt der Volkswirtschaft —, so entsteht die Schwierigkeit bei der Frage: woran ist zu erkennen, ob die Übereinstimmung von Geldvermehrung und Warenvermehrung jeweils gegeben ist? Wie läßt sich der Grundsatz: kein Geld ohne gleichzeitige Warenvermehrung, verwirklichen? Bendixen hat hierauf die Antwort gegeben: der dem Verkäufer einer Ware zustehende Verkaufserlös kann, wenn der Verkäufer nicht sofort bezahlt, unbedenklich durch den Notenkredit flüssig gemacht, d. h. in Zahlungsmittel umgewandelt werden. In diesem Falle ist ein Gut, nämlich die verkaufte Ware, der Volkswirtschaft zugeführt worden und der vollzogene Verkauf ist ein Beweis dafür, daß das Gut auch geeignet ist, dem Konsum zugeführt zu werden. Seinen sinnfälligen Ausdruck findet dieser Vorgang in der Ausstellung eines Wechsels, den der Verkäufer auf den Käufer zieht und der sich als wirklicher Warenwechsel kennzeichnet. Dieser Warenwechsel ist von der Notenbank zu diskontieren, der Diskontant erhält dadurch das ihm aus dem Verkauf zustehende Geld; wird der Wechsel eingelöst, so erhält die Notenbank das verauslagte Geld zurück.

Bendixen bringt die Schaffung von Geld in Zusammenhang mit dem Verkauf von Waren. Er hat ferner den kurzfristigen Kredit im Auge, der durch die Umwandlung von Warenwechseln in Noten flüssig gemacht werden soll. Wie man sieht, handelt es sich bei dieser Geldschöpfung um die Vorwegnahme einer in Zukunft fällig werdenden, aber schon aus dem Verkaufsakt entstandenen Kaufkraft. Darin liegt zweifellos ein brauchbarer Gedanke: die Schaffung neuer Kaufkraft — durch die Diskontierung des Warenwechsels — vollzieht sich im Rahmen einer Kaufkraftmenge, die durch den schon erfolgten Verkauf von Waren bestimmt ist. Diese Kaufkraft ist aus dem Verkehr hervor-

[1]) Wesen des Geldes. Leipzig 1908.

gegangen, sie ist von einer Warenvermehrung begleitet — nach Bendixen: klassisches Geld —; sie hat für den Warenverkäufer nur den einen Fehler, daß sie erst in Zukunft fällig ist und er vorher nicht darüber verfügen kann. Über diese Schwierigkeit hilft die Diskontierung des Warenwechsels hinweg; sie legt dem Warenverkäufer die erst später fällig werdende Kaufkraft sofort in die Hand. Was Bendixen jedoch hier schon übersieht, ist, daß die Aufwendungen, die der Warenverkäufer für die Anschaffung oder Herstellung der Ware gemacht hat, in anderen Wirtschaften bereits zu Einkommen und Kapital geführt haben, jedenfalls zu einer Kaufkraft, die in der Volkswirtschaft vorhanden, sich nur nicht gerade im Besitz des Käufers befindet. (Siehe oben S. 23.) Wenn daher die Notenbank dem Warenverkäufer neues Geld auf Grund der Warenwechseldiskontierung aushändigt, findet in Wirklichkeit doch eine Geldvermehrung statt, die über die Warenvermehrung hinausgeht. Gewiß: dadurch, daß die ausgegebene Note eine zukünftige Kaufkraft eskomptiert, in Geld umwandelt, tritt ein sehr zu begrüßender Vorgang ein: die Spannung, in die das Kapital des Verkäufers geraten ist, wird gelöst; der Betrieb kann weiter arbeiten, von neuem an die Herstellung der soeben verkauften Ware gehen. Außerdem hat die Notenbank die Gewißheit, daß sie nur einen kurzfristigen Kredit gewährt hat, daß bei Einlösung des Wechsels entweder die früher ausgegebenen Noten zurückfließen oder ihr anderes Geld übergeben wird, mit dem die Einlösung der Noten erfolgen kann. Das sind alles volkswirtschaftlich, betriebswirtschaftlich und banktechnisch gleich vorzügliche Einrichtungen, die sich aus der Diskontierung der Warenwechsel ergeben. Aber die Annahme, daß mit Hilfe der Wechseldiskontierung klassisches Geld geschaffen werde, daß, im Sinne Bendixens, die Geldvermehrung der Warenvermehrung entspreche, trifft — auch theoretisch — nur bedingt zu.

Dazu kommt, daß der Bendixensche Vorschlag: Schaffung von Geld zur Diskontierung von Warenwechseln die Kreditschöpfung für langfristige Zwecke, also für die Errichtung von Produktionsanlagen vollkommen ausschließt. Nun ist es banktechnisch durchaus richtig, daß die Ausgabe von Noten nicht für langfristige Anlagekredite in Frage kommen kann, da sonst die Einlösung der Noten gefährdet wird. Dennoch ist nicht einzusehen, warum nicht auch die Schaffung von Produktionsanlagen für die Volkswirtschaft erträglich, ja erwünscht sein soll, selbst wenn dabei zu dem Mittel der Kreditschöpfung gegriffen werden muß. Im Gegenteil: man kann es unter Umständen sogar als notwendig bezeichnen, daß in einem gegebenen Augenblick bestimmte Produktionsanlagen gewissermaßen durch eine Kreditschöpfung „vorweggenommen" werden, bis in einem späteren Zeitpunkt die „künstlichen Kredite" mit nunmehr vorhandenem Leihkapital zurückgezahlt werden. Allerdings steht in diesem Falle nicht fest — und das ist der große Unterschied (und Nachteil zugleich) gegenüber dem vollendeten Warenumsatz bei der Geldschöpfung durch Wechseldiskontierung —, ob auch in einem späteren Zeitpunkt entsprechendes Leihkapital wirklich zur Verfügung steht bzw. es überhaupt dazu kommen wird, daß die Produktionsanlagen absatzfähige Waren liefern, die die Zurückziehung der Kaufkraft ermöglichen. Dieses Risiko — auf das auch Ad. Weber hinweist — ist zweifellos vorhanden und wird zu einer vorsichtigen Handhabung der Kreditschöpfung mahnen, ändert aber nichts an der Tatsache, daß auch hier die Absicht der Kreditnehmer letzthin auf die Schaffung von Gütern gerichtet ist, mit denen die Kredite zurückgezahlt werden sollen. Auch aus volkswirtschaftlich-politischen Gründen ist es nicht unbedingt notwendig, die Kreditschöpfung für Anlagen gänzlich zu unterbinden. Denn wie oben (S. 32) ausgeführt, befindet sich stets ein Teil der aus dem Verkehr hervorgegangenen Kaufkraft in einer Art Ruhezustand (Kassenvorräte, Geldaufspeicherung), so daß die auf dem Wege der Kreditschöpfung neuentstehende Kaufkraft an die Stelle der ruhenden tritt, wenn sie — im Sinne von Bendixen — kaufend zu Markte geht. Aber selbst hiervon abgesehen, kann unter Umständen ein volkswirtschaftliches Bedürfnis vorliegen, durch Kreditschöpfung Kapital für eine Produktionssteigerung zu schaffen, selbst wenn dadurch im Augenblick eine Preisstörung verursacht wird, die sich bei gesteigerter Gütermenge wieder ausgleicht. Daß für die langfristige Kreditgewährung die Notenbank nicht in Frage kommen kann, wurde schon erwähnt; es muß Aufgabe der sonstigen Banken sein, die Befriedigung dieses volkswirtschaftlichen Bedürfnisses mit den banktechnischen Voraussetzungen der Kreditgewährung in Einklang zu bringen.

Es ist festgestellt worden, daß die Schaffung von Geld auf Grund der Diskontierung von Warenwechseln streng genommen der Theorie der „klassischen" Geldschöpfung nicht gerecht wird. Aber auch abgesehen hiervon stößt die Durchführung dieses Grundsatzes in der Praxis auf große Schwierigkeiten. Zunächst nehmen nicht alle Kaufpreisstundungen die Form des Wechsels an; viele Käufer akzeptieren grundsätzlich nicht, in bestimmten Geschäftszweigen ist die Ausstellung von Wechseln verpönt. Dazu kommt, daß es häufig ganz unmöglich ist, den Wechsel daraufhin zu erkennen, ob er wirklich als Warenwechsel anzusehen ist; denn auch Bankakzepte können an die Stelle von Warenforderungen treten, wenn der Käufer der Ware seinem Lieferanten ein Bankakzept übersendet. Vor allem aber ist es möglich, daß durch den Verkauf einer und derselben Ware leicht mehrere Wechsel entstehen, die alle als Warenwechsel gelten und in Geld umgewandelt werden, obwohl dieselbe Ware nur durch verschiedene Hände gegangen ist.

Dann ist so und so oft mal neues Geld geschaffen worden; die Warenmenge hat aber offensichtlich nicht die „entsprechende" Vermehrung erfahren. Wo liegt nun die volkswirtschaftlich richtige Grenze?

Die Ausführungen zeigen, daß es ein sicheres Mittel zur Erkennung des zulässigen Umfangs der Zusatzkredite nicht gibt und nicht geben kann. Will man letztere nicht ganz verneinen (Currency-Theorie), so bleibt nichts anderes übrig, als den Gesamtzustand der Volkswirtschaft daraufhin zu prüfen, ob die Kreditzuführung im ganzen mangelhaft, hinreichend oder übermäßig ist. Und wenn auch die deutsche Notenbankverfassung, die der Lehre von der Banking-Theorie nachgebildet ist, die Ausgabe von Noten tatsächlich mit der Diskontierung guter Handelswechsel verbindet, so bedeuten nicht zuletzt sowohl die Vorschrift der Metalldeckung als auch die Einrichtung der Notensteuer eine tiefgreifende Durchbrechung des reinen Prinzips der Umwandlung von Warenwechseln in Noten. Letzten Endes muß es der Kunst der Bankleitung überlassen bleiben, den richtigen Umfang der Kreditschöpfung zu bestimmen. In der Handhabung der Diskontpolitik hat die Bank das Mittel, um die Nachfrage nach Kredit zu beeinflussen. Die Kreditbeanspruchung wird unlohnend, wenn es nicht gelingt, die Zinsenlasten aus den Produktionserlösen soweit hereinzuholen, daß die Rentabilitätsquote des Unternehmungskapitals nicht dauernd unter eine gewisse Grenze sinkt. Die Diskontpolitik der Notenbank gestaltet sich um so schwieriger, d. h. ihre Wirksamkeit wird beeinträchtigt, je mehr sich die Nichtnotenbanken von dem Notenkredit lösen, und in der Lage sind, eine eigene Kreditschöpfung auf dem Wege des Buchkredits zu betreiben. Die Folge dieser Entwicklung ist, daß die Notenbank immer mehr in eine Art von Reservestellung einrückt, um in der Lage zu sein, dem sich aus dem Buchkreditverkehr der Banken ergebenden Zahlungsmittelbedarf (in Noten) gegebenenfalls befriedigen zu können. Gleichzeitig wachsen die Nichtnotenbanken über ihren privatwirtschaftlichen Charakter hinaus in die verantwortungsvolle Aufgabe hinein, ihre Kreditpolitik in engstem Einvernehmen mit der Notenbank nach dem Gesamtbedürfnis der Volkswirtschaft einzurichten. Doch sind diese Gedankengänge hier nicht weiter zu verfolgen.

Lediglich auf die Feststellung kommt es an: daß die Banken über das vorhandene Eigen- und Fremdkapital hinaus in der Lage sind, weitere Kredite zu gewähren, indem sie zu dem Mittel der Kreditschöpfung greifen, d. h. ohne Übertragung vorhandener Leihkapitalien von sich aus neuen Kredit, neues Kapital zu schaffen. Das Ausmaß dieser Kreditschöpfung ist aber abhängig: 1. von den Wirkungen, die die neue zusätzliche Kaufkraft in der Volkswirtschaft hervorruft, 2. von den banktechnischen Voraussetzungen, die die Zahlungsfähigkeit der Banken sichern sollen. Der Gedanke, der vielfach außerhalb der Bankkreise anzutreffen ist, erscheint abwegig, als könnten die Banken jeden Kreditanspruch, unbekümmert um seine Größe, befriedigen.

E. Die Dauer der Kredite.

Stellt man den in C. und D. gekennzeichneten Bankkredit dem Kreditbedarf der Betriebe gegenüber, wie er in A. geschildert worden ist, so findet man, daß sich nicht nur Art und Umfang der gesuchten und angebotenen Kredite nicht ohne weiteres decken, sondern sich endlich auch bezüglich der Dauer der Kredite mehr oder weniger große Abweichungen ergeben.

1. Die den Banken in Gestalt von Depositen zufließenden Leihkapitalien sind in der Regel täglich, zum mindesten aber innerhalb kurzer Zeit (mit achttägiger, ein- bis dreimonatiger Kündigung) rückforderbar. Sie stellen, wie ausgeführt, vorübergehende in Geld verfügbare Betriebskapitalien (Kassenvorräte) oder Einkommensteile von Privatpersonen dar, die jeden Augenblick ihren eigentlichen Zwecken wieder zugeführt werden können. Demgegenüber sind die den Banken ferner zuströmenden Sparkapitalien an sich frei und demnach nicht unbedingt kurzfristiger Natur. Die Besitzer dieser Kapitalien wollen entweder von der Bank eine dauernde Rente (höheren Zinssatz bei längerer Kündigungsfrist) beziehen oder im geeigneten Augenblick eine andere Anlage für die der Bank vorübergehend überlassenen Kapitalien finden. Dadurch aber, daß mit der Bank eine Kündigungsfrist von etwa einem Monat bis zu höchstens einem Jahr oder ein innerhalb dieser Zeit liegender fester Rückzahlungstag vereinbart wird, nehmen auch diese Kapitalien für die Bank den Charakter von kurzfristigen Leihkapitalien an (wenn man unter „langfristig“ den Zeitraum von 10—30 Jahren versteht, wie er bei Hypotheken oder Obligationen üblich ist). So arbeitet die Bank im Grunde lediglich mit kurzfristigen Leihkapitalien, die sie — einem betriebspolitisch erprobten Grundsatz zufolge — auch nur kurzfristig wieder ausleihen kann, wenn sie ihre eigene Sicherheit und Zahlungsfähigkeit nicht gefährden will.

Von hier aus kann man zu dem Schluß gelangen, daß die Banken eigentlich auch nur den Kredit gewähren können und dürfen, der in A. unter 2a gekennzeichnet worden ist: den Kredit, der von den Betrieben in außergewöhnlichen Fällen zur vorübergehenden Verstärkung ihres Kapitals beansprucht und tatsächlich nach kurzer Zeit zurückgezahlt wird (Reservekredit). So wünschenswert es vom Standpunkt einer volkswirtschaftlichen Liquidität auch sein mag, daß die Betriebe möglichst mit eigenem Kapital und höchstens mit langfristigem Leihkapital arbeiten und den Bankkredit nur als Reserve für außergewöhnliche Fälle betrachten, praktisch geht die Fähigkeit der Banken, Kredite zu gewähren, doch erheblich weiter. Zunächst lehrt die Erfahrung, daß dort, wo ein gut organisiertes und richtig geleitetes Bankwesen besteht, selbst dann ein gewisser Stamm von fremden Leihkapitalien verbleibt, wenn letztere täglich rückforderbar sind oder mit kurzer Kündigungsfrist zurückgefordert werden können. Nicht nur die Möglichkeit daß sich Abhebungen und Neueinzahlungen täglich oder in kurzen Zwischenräumen kompensieren oder die Verfügungen über die Guthaben durch Überschreibung von einem Konto auf das andere Konto erfolgen können, sondern auch die Tatsache ist nicht außer acht zu lassen, daß in einer aufsteigenden Volkswirtschaft mit einer Vermehrung der Einkommen und Steigerung der Kapitalbildung auch im allgemeinen die fremden Gelder bei den Banken steigen werden. In der Tat läßt sich dieses Anwachsen der fremden Gelder überall dort, wo die Volkswirtschaft nicht zur Stagnation verurteilt ist oder noch zu sehr in der Naturalwirtschaft steckt, leicht nachweisen. Über diesen Stamm von fremden Geldern kann die Bank durchaus verfügen; sie kann sogar ständig darüber verfügen, ja sie würde in Verlegenheit kommen, wenn sie diese fremden Kapitalien nur zur Befriedigung des Bedarfs der Betriebe an jenen Reservekrediten verwenden könnte.

So ist die Bank in der Lage, auch den Kreditansprüchen im Falle 2b zu genügen: die Betriebe arbeiten ständig mit Kredit, mit zusätzlichem Kapital, und zwar zur Ergänzung des Eigenkapitals, um dem Betrieb die Kapitalmenge zuzuführen, deren er zur Erfüllung seiner Aufgaben bedarf. Es ist daher nicht richtig zu sagen: dieser Ergänzungskredit sei nur formell kurzfristig, in Wirklichkeit durch ständige Erneuerung von langer Dauer, während die zur Kreditgewährung verwendeten Depositen der Banken kurzfristig seien und daher für eine solche Kreditgewährung nicht in Frage kommen könnten. Es wird dabei übersehen, daß sich die fremden Leihkapitalien, die den Banken zur Verfügung stehen, gleichfalls als eine Art fortgesetzter Erneuerungen von Krediten darstellen, die die Kunden den Banken (im Passivgeschäft) gewähren. In Wirklichkeit ist auf dieser Grundlage eine vollkommene Übereinstimmung zwischen dem aktiven und passiven Kredit geschaffen, wie sie die bankpolitischen Grundsätze fordern. Auch der Hinweis ist nicht stichhaltig, daß sich in kritischen Zeiten die Unrichtigkeit dieser „falschen" Banktheorie immer wieder offenbare: dann nämlich, wenn der Abziehung der Depositen eine Kündigung der Kredite folgen müsse, die die Betriebe in Verlegenheit bringe. Der Einwand übersieht, daß es in kritischen Zeiten durchaus nicht üblich ist, die Depositen von den Banken zurückzufordern, wenigstens nicht im gesamten oder in einem nennenswerten Umfange. Die Erfahrung lehrt vielmehr, daß in solchen Zeiten die Neigung der Betriebe sich liquide zu halten, die Zahlungsfähigkeit zu sichern, eher wächst, was zur Folge hat, daß Kassenvorräte angesammelt werden und daß die Depositen bei den Banken wachsen. Nur wenn ein Mißtrauen gegen eine bestimmte Bank oder gegen die Banken insgesamt aufkommt, ist damit zu rechnen, daß alle Gläubiger erscheinen werden, um ihre Guthaben abzuheben. Wenn sich allerdings eine Bank lediglich auf diesen Fall einstellen soll, dann sieht sie besser von jeder Art der Kreditgewährung ab, hört aber damit auch auf, eine Bank zu sein. Handelt es sich hingegen um die Folgeerscheinung volkswirtschaftlicher Entwicklungen, daß die den Banken zur Verfügung stehenden Kreditmittel knapp zu werden drohen, dann sind es in erster Linie die wachsenden Kreditansprüche und nicht so sehr die sich verringernden Depositen, die die Fähigkeit der Banken zur Kreditgewährung beeinträchtigen. Natürlich gehört zu dem Inhalt der bankbetrieblichen Grundsätze, daß eine gewisse Vorsicht bezüglich der Verwendung der Depositen am Platze ist; man wird gut daran tun, bei der Schätzung über den wahrscheinlichen Abfluß von Depositen alle Möglichkeiten ins Auge zu fassen und ihn lieber zu hoch als zu niedrig annehmen. Die Ansammlung von leicht greifbaren Kassenreserven (Börsenlombard, Privatdiskonten) trägt dieser Vorsorge Rechnung.

Ganz anders verhält es sich mit den Sparkapitalien, die der Bank mehr mit Rücksicht auf den Zinsertrag überlassen werden. Wenn auch wiederum die Erfahrung vorliegt, daß ein gewisser Bestand an diesen Kapitalien ständig bei der Bank verbleibt, ja in gewöhnlichen Zeiten, unterstützt durch eine entsprechende Zinspolitik, gleichfalls die Neigung hat, zu wachsen, so haftet doch auf der anderen Seite gerade diesen Kapitalien das Merkmal großer Unbestimmtheit und Unberechenbarkeit an. Sie können plötzlich und ohne ersichtlichen Grund zur Kündigung bzw. zur Abhebung gelangen, wenn es den Eigentümern beliebt, sie einer anderen Verwendung zuzuführen: Anlage in Effekten oder in Hypotheken, Kauf von Grundstücken usw. Insbesondere in Zeiten lebhafter Kapital- und Kreditnachfrage können sie — angelockt durch höhere Erträge — anderen Anlagen zuströmen, und zwar in einem Augenblick, wo sich die Banken vor steigenden Kreditansprüchen gestellt sehen, bzw. die Rückzahlung alter Kredite auf besondere Schwierigkeiten stößt. Die Banken schützen sich gegen diese Möglichkeiten, indem sie erstlich mit den Einzahlern die Innehaltung bestimmter Kündigungsfristen vereinbaren, und zweitens durch Gewährung höherer Zinsen die Einzahler veranlassen, auf die Verabredung solcher Kündigungsfristen einzugehen, bzw. die Kündigung und Rückforderung der Sparkapitalien zu unterlassen oder hinauszuschieben.

2. Aus der Natur der den Banken zur Verfügung stehenden Kreditmittel (Leihkapital und Kreditschöpfung) geht hervor, daß sie eigentlich langfristige Kredite (A. unter 2c) gar nicht oder nur in sehr beschränktem Umfange gewähren können. Theoretisch könnte wohl das

eigene Kapital der Banken dafür verwendet werden. Die Festlegung des eigenen Kapitals würde aber in den meisten Fällen ein wenig lohnendes Geschäft bedeuten, wenn nicht gleichzeitig mit einer solchen Anlage der Zweck verfolgt würde, die Durchführung des eigentlichen Bankbetriebs: die rationelle Verwendung der fremden Gelder zu fördern oder gar erst zu ermöglichen. Auch Verluste, die den Banken aus der Gewährung langfristiger Kredite in erheblichem Umfange erwachsen sind, haben bewirkt, daß sie sich von dieser Aufgabe, die sie sich ursprünglich gestellt hatten, mehr und mehr zurückgezogen haben. So dient heute das Eigenkapital der Banken praktisch anderen Zwecken: Erwerb von Grundstücken, Beteiligungen bei anderen Banken, vor allem auch als Reserve für das Risiko aus der Kreditgewährung, als Sicherheit für die Gläubiger der Bank. Daß daneben noch ein Spielraum für eine besondere Art von langfristigen Krediten verbleibt, wird sogleich zu zeigen sein.

Zunächst folgt aus dieser Sachlage, daß die Betriebe gezwungen sind, ihren Bedarf an langfristigem Kredit außerhalb des eigentlichen Bankkredits — am Kapitalmarkt — zu decken, indem sie Teilhaberkapital aufnehmen, Aktien oder Obligationen ausgeben, Hypotheken oder sonstige Darlehen zu erlangen suchen. Von dieser Kapital- bzw. Kreditbeschaffung können die sog. Kapitalgesellschaften — Unternehmungen in Form der Aktiengesellschaft und der Gewerkschaft — in bevorzugter Weise Gebrauch machen: sie finden für den Absatz ihrer Aktien, Kuxe und Obligationen einen wohlorganisierten Markt: die Börse; die nicht in der Form der Aktiengesellschaft bzw. der Gewerkschaft organisierten Unternehmungen (Personalgesellschaften: Offene Handels-, Kommanditgesellschaft, G. m. b. H. und Einzelunternehmung) ziehen aus dieser Marktorganisation unmittelbar nur geringen Nutzen. Einen organisierten Markt für Teilhaberkapitalien gibt es in Deutschland — und auch anderwärts — nicht (oder nur an einzelnen Orten); der Ausgleich von Angebot und Nachfrage findet in der Regel innerhalb des eigenen Familien- und Bekanntenkreises der beteiligten Personen, daneben auch in dem Anzeigenteil der großen Zeitungen, seltener durch Vermittlung lokaler Banken und Bankers statt. Beim Hypothekendarlehen kann man zwar von einem gut organisierten Markt für erststellige Darlehen sprechen; doch können gerade die industriellen Betriebe, die die größte Nachfrage nach langfristigem Kredit entwickeln, von dieser Einrichtung wenig oder keinen Gebrauch machen, da industriell bewirtschaftete Grundstücke in der Regel von der Beleihung ausgeschlossen sind. So wird es erklärlich, daß die Betriebe die Neigung zeigen, ihren Bedarf an langfristigem Kredit vorzugsweise am Effektenmarkt zu befriedigen; das gilt auch für die Einzelunternehmungen und Personalgesellschaften, die bei starkem Kapital- und

Kreditbedarf versuchen, an den organisierten Leihkapitalmarkt heranzukommen, indem sie sich in eine Kapitalgesellschaft (Aktiengesellschaft) umwandeln.

Bei diesem Umwandlungsvorgang (Gründung) leisten die deutschen Banken in weitem Maße hilfreiche Hand. Sie sind bereit, den Betrieben das Kapital, das sie vom Kapitalmarkt (für langfristige Leihkapitalien) aufzunehmen gedenken, gewisssermaßen vorzustrecken, indem sie ihnen in dem Augenblick Kredit gewähren, wo sie das Geldkapital (zur Verbesserung, Vervollständigung und Erweiterung der Betriebseinrichtungen) benötigen. Die Banken erwarten, daß die Rückzahlung dieser Kredite in einem nicht zu fernen Zeitpunkte aus den Kapitalien erfolgt, die mittels Ausgabe von Aktien oder Obligationen am Kapitalmarkt beschafft werden sollen. Die gleichen Zwischenkredite gewähren die Banken auch an bestehende Aktiengesellschaften, ebenfalls in der Hoffnung, daß die Rückzahlung aus einer späteren Kapitalerhöhung erfolgen soll. Da es für die Gewißheit dieser Rückzahlung sehr darauf ankommt, die Absatzmöglichkeit der Aktien, Kuxe, Obligationen richtig einzuschätzen, diese aber von mancherlei Voraussetzungen (Rentabilität des Betriebes, Lage des Geld- und Kapitalmarktes, allgemeine wirtschaftliche Lage) abhängig ist, die nur schwer im voraus zu ergründen sind, so ist bei dieser Art von Kreditgewährung die Gefahr von Kapitalverlusten wie der Festlegung von Bankmitteln besonders groß. Schmerzliche Erfahrungen haben bei den deutschen Banken zur Befolgung des Grundsatzes geführt, daß der Umfang dieser — quasi — langfristigen Kredite in einem bestimmten Verhältnis zum Eigenkapital der Bank stehen bzw. nur einen Teil von diesem ausmachen soll.

So ergibt sich die interessante Erscheinung, daß zwar der Bankkredit grundsätzlich nur zur Deckung des Bedarfes an kurzfristigem Kredit zur Verfügung steht, daß aber in sehr vielen Fällen der kurzfristige Bankkredit zugleich das Durchgangstor zum Kapitalmarkt, dem Markt für langfristige Leihkapitalien, darstellt, die Vermittlungs- und Schöpfungstätigkeit der Banken also auch auf dieses Gebiet übergreift. Das schließt nicht aus, daß sich die Betriebe auch unmittelbar an den Kapitalmarkt wenden können, was jedoch in Deutschland nicht als Regel anzusehen ist.

II. Deutsche Kreditpolitik 1919—1922[1]).

A. Der „Kredit“bedarf der Unternehmungen.

In der Nachkriegszeit macht sich bei den Betrieben ein gewaltig ansteigender Kreditbedarf bemerkbar. Oder ist es etwa ein Kapitalbedarf? Soweit die Betriebe eine Erweiterung oder Verbesserung ihrer Anlagen

[1]) Schmollers Jahrbuch 47. Jahrgang (1924), S. 163—205.

und Einrichtungen vornehmen, ist ihre Lage nicht anders als früher: sie haben mehr Kapital im ganzen nötig, das sie entweder aus eigenem Vermögen (als Eigenkapital) oder auf dem Wege des langfristigen Kredits (als Leihkapital) aufbringen müssen. In gleicher Weise mag auch der Bedarf an kurzfristigem Kredit gestiegen sein. Die entsprechende Gliederung gilt auch für den Fall der Neugründungen, deren Zahl man nicht unterschätzen darf; bei einer ziffernmäßigen Erfassung ist freilich zu berücksichtigen, daß vielfach Personen und Kapital aus eingegangenen bzw. stillgelegten Betrieben in andere Betriebe hinübergewechselt sind, die dann als Neugründungen gelten. Im ganzen und in Mengen gesehen, dürfte jedoch dieser Kapital- und Kreditbedarf beträchtlich hinter dem der Vorkriegszeit zurückgeblieben sein. Ausgedrückt in entwerteter Mark können und werden auch diese Beträge nicht wenig ins Gewicht fallen.

Ausschlaggebend für den Kreditbedarf in der Nachkriegszeit ist jedoch die Geldentwertung. Die Betriebe brauchen mehr Geld gleich mehr Mark zur Sicherstellung eines mengenmäßig nicht erhöhten Umsatzes. Nicht das Sachvermögen der Betriebe wird vermehrt, sondern mehr Mark ist erforderlich, um den Umsatz des Sachvermögens in Gang zu halten. Diese markmäßige Erhöhung des Betriebskapitals tritt deshalb als Kreditbedarf auf, weil die Betriebe anfänglich nicht erkannt haben, daß ihre buchmäßigen Gewinne in Wirklichkeit nur Scheingewinne waren, die nicht zur Wiederbeschaffung oder Erzeugung der verkauften Leistungen ausreichten, und weil ihnen später der Weg zur Berechnung von Wiederanschaffungspreisen von der Gesetzgebung verbaut worden ist. Die den Wiederbeschaffungspreis schlechthin ausschließende Preistreibereiverordnung wird in der weiteren Darstellung als eine gegebene Tatsache hingenommen[1]). Sie bildet die eine und

[1]) Ich bin als einer der ersten für die Durchbrechung des starren Systems der Anschaffungspreise eingetreten und habe schon Frühjahr 1920 die Berücksichtigung der Geldentwertung bei der Kalkulation gefordert, als die Handelskreise noch völlig im unklaren über die Bedeutung der Scheingewinne waren. Die gleiche Ansicht ist später in dem bekannten Urteil des Kölner Wuchergerichts vom Januar 1922 und in den „Grundsätzen“ des Reichswirtschaftsministeriums zum Ausdruck gekommen. Ich möchte aber auch diese Gelegenheit (15. Oktober 1923) — wie jede, die sich geboten hat — benutzen, um zu erklären, daß ich mich mit der gleichen Entschiedenheit gegen die Anwendung der Kalkulation nach Wiederbeschaffungspreisen ausgesprochen habe. Nicht so sehr deshalb, weil es schwierig ist, die Höhe der Wiederbeschaffungskosten immer und in jedem Augenblick richtig zu ermitteln, sondern aus volkswirtschaftlichen Erwägungen heraus: solange die Inflation anhält, d. h. durch eine Geldvermehrung und ohne gleichzeitige Warenvermehrung eine Überkonsumtion besteht, mehr verzehrt, als hergestellt wird, die Volkswirtschaft im ganzen vom Kapital und nicht vom Ertrag lebt, solange ist es ein Ding der Unmöglichkeit, daß die Betriebe samt und sonders einfach nach dem Grundsatz der Wiederbeschaffungskosten arbeiten. Die

hauptsächlichste Ursache von Scheingewinnen; die andere liegt in einer fehlerhaften Betriebspolitik oder in einer plötzlichen, über jede Voraussicht hinausgehenden Preissteigerung, die die Durchführung an sich richtiger und gesetzmäßiger Betriebsmaßnahmen verhindert hat.

Da nicht alle Betriebe von diesem Hindernis in gleicher Weise getroffen werden oder vor ihm haltgemacht haben, so ist der Einfluß der Geldentwertung auf den Kreditbedarf sowohl von Wirtschaftszweig zu Wirtschaftszweig als auch von Betrieb zu Betrieb sehr verschieden. Er wird grundsätzlich im Kleinhandel, wo der Käufer einer Erhöhung der Preise am ehesten widerstrebt, größer sein als im Großhandel oder in der Industrie, wo man dem Abnehmer eine Preiserhöhung leichter

---

Betriebe erwidern: wenn wir nicht nach Wiederbeschaffungskosten kalkulieren, fehlen die Mittel zum nächsten Einkauf; da die fehlenden Mittel auf die Dauer nicht anderweitig beschafft werden können, muß notwendigerweise eine Einschränkung des Betriebes eintreten. Dadurch muß die Versorgung des Konsums leiden, Arbeiter und Angestellte müssen entlassen werden. Alles dies kann nur verhindert werden, wenn die Substanz der Betriebe erhalten bleibt, die Aufrechterhaltung der Betriebe ist daher eine volkswirtschaftliche Notwendigkeit. Demgegenüber ist zu sagen: in einer verarmten und ständig ärmer werdenden Volkswirtschaft geht es eben nicht an, daß allen Betrieben — man denke an die ständig neu hinzukommenden — das Recht gegeben wird, sich von der allgemeinen Verarmung auszunehmen. Die Folge der Substanzsicherungspolitik muß sein, daß diejenigen Kreise, die nicht in der Lage sind, ihre — geistige und materielle — Substanz zu erhalten, die Konsumenten in ihren verschiedenen Abstufungen, die Lasten der Verarmung allein tragen müssen. Nun mag man über das Untergehen einzelner Bevölkerungsschichten denken, wie man will — die Arbeiter und Beamten werden mit Hilfe ihrer Organisationen schon dafür sorgen, daß ihr Anteil an dem volkswirtschaftlichen Ertrag nicht allzu sehr verkürzt wird. Die Lohnsteigerungen müssen aber um so schneller und um so nachhaltiger auf die Preissteigerung einwirken, je kleiner der Kreis derjenigen wird, auf die die Verarmung abgewälzt werden soll und je mehr die Warenvermehrung hinter der Geldvermehrung zurückbleibt, also die Inflation fortschreitet. Dieser Verzweiflungskampf ist seit Mitte September 1923 in vollem Gange, und sein Ende ist Plünderung und Totschlag. Goldrechnung und Goldkalkulation tragen für die Zuspitzung der wirtschaftlichen Lage ihr voll gerütteltes Maß von Schuld. So wichtig die Kalkulation zum Wiederbeschaffungspreis für den einzelnen Betrieb ist: eine Unmöglichkeit in einer sich selbst verzehrenden Volkswirtschaft.

Der Einwand, daß bei Nichtzulassung von Wiederbeschaffungspreisen der Betrieb auf die Dauer nicht weiterarbeiten kann, daß in dem berühmten Beispiel des Nagelhändlers schließlich nur ein Nagel zum Aufhängen übrigbleibt, ist durchaus richtig. Aber es ist falsch, nun versuchen zu wollen, die Verarmung auf einzelne Bevölkerungsschichten abzuwälzen. Es sei denn, daß man durch Verschärfung der Preissteigerung eine Beschleunigung des allgemeinen Zusammenbruches herbeiführen will. Oder: man läßt die Wiederbeschaffungspreise zu und nimmt den Betrieben auf dem Wege der Steuer so viel von ihrer Substanz, daß der Staat die Inflation nicht zu steigern braucht. Da auch dieser Weg nicht ohne Schwierigkeiten gangbar ist, bleibt nur ein Mittel übrig, rechtzeitig die politischen Konsequenzen aus dem zerrütteten Geldwesen zu ziehen. Das ist inzwischen — leider zu spät — geschehen.

zumuten kann. Entsprechend wird die Fertigindustrie mehr als die rohstofferzeugenden Betriebe unter der Zusammenschrumpfung des Betriebskapitals gelitten haben. So gewiß es ferner ist, daß die größere Zahl von Betrieben von der Rückwirkung der Geldentwertung auf den Kapitalbedarf betroffen worden ist und keine geringe Zahl von Betrieben unter der ganzen Schwere dieser Erscheinung zu leiden hat oder gehabt hat, ebenso gewiß ist, daß auch mancher Betrieb — nicht nur zeitweise — von einem Kreditbedarf verschont geblieben ist; sei es, daß er durch geschickte Leitung (oder günstige Umstände) oder durch verständnisvolle Anpassung an die neuen Verhältnisse (Umgehung der Preistreibereiverordnung) nur „buchmäßige“ Scheingewinne erzielt hat.

Die Geldentwertung ist nicht die einzige Ursache des Kapital- und Kreditbedarfs, den man, da er nur eine geldliche: eine markmäßige, keine sachliche Erhöhung des ursprünglichen Betriebsvermögens darstellt, als „unecht“ kennzeichnen kann. Wenn infolge der verkürzten Arbeitszeit oder für Leistungen, die die Betriebe im staatlichen Interesse (Steuerablieferung) auf sich nehmen, oder wenn für die Bewältigung der großen Massen von Papiergeld (Lohnzahlungen) mehr Arbeitskräfte bei sonst unveränderten Produktionsergebnissen (Mengen) gebraucht werden, so erhöht sich das durchschnittlich erforderliche Kapital, das nach der eingetretenen Entwertung des Geldes in jeweils größeren Papiermarkbeträgen aufzubringen ist. Ferner hat der Rückgang der Arbeitsleistungen die Notwendigkeit zur Folge, das Betriebskapital zu erhöhen, wenn der Fehlbetrag durch die Einstellung von neuen Arbeitskräften oder Maschinen wieder wettgemacht werden soll. Unterbleibt diese Ausgleichung, geht gar die Zahl der Arbeitskräfte überdies noch zurück, oder werden Produktionsanlagen ausgeschieden, so ist der Kapitalbedarf — auch in entwerteter Mark — entsprechend geringer. (Naturgemäß erleiden in diesem Falle die Leistungen des Betriebes eine Einbuße, — nicht aber unter allen Umständen auch die Gewinne, die sogar echte Gewinne darstellen können.) Man kann diesen Kapitalbedarf der Nachkriegszeit — zum Unterschied von 1. dem echten Kapitalbedarf und 2. dem Geldentwertungskapitalbedarf — 3. als den sozialen Kapitalbedarf bezeichnen, der sich von dem eigentlichen Kapitalbedarf dadurch unterscheidet, daß er — wie Nr. 2 — eine sachliche Vergrößerung des Betriebes oder der Leistung nicht herbeiführt, sondern höchstens den alten Sachbestand zu sichern versucht.

Wirkliche Vergrößerungen und Verbesserungen des Betriebes rufen — wie gezeigt — einen echten Kapitalbedarf hervor. Dabei können die einzelnen Teile des Gesamtkapitals (Kapital = Eigenkapital, langfristiger Kredit = Leihkapital und kurzfristiger Kredit = Kredit schlechthin) von dieser Ausdehnung getroffen werden, und zwar so, daß alle drei Bestandteile des Gesamtkapitals entsprechend erhöht werden.

Der Betrieb hat dann sowohl einen Kapital- als auch einen Kreditbedarf. Es ist auch möglich, daß er mit einem von beiden oder dreien auskommt, also nur das (eigene) Kapital erhöht oder eine Anleihe (Leihkapital) aufnimmt bzw. Kredit in Anspruch nimmt — genau wie in der Vorkriegszeit. Daneben läuft aber die zweite Erscheinung: sowohl dieser neue Kapital- und Kreditbedarf als auch das Geld, in dem die Umsätze des alten Sachvermögens erfolgen, werden infolge der Geldentwertung in einer größeren Menge Papiermark benötigt. Ist nun dieser Geldentwertungsbedarf ein Kapital- oder Kreditbedarf? Eigentlich beides. Denn wenn ein Betrieb bis dahin mit Eigenkapital, langfristigem Leihkapital und mit kurzfristigem Kredit gearbeitet hat, und wenn — angenommen — dieser Zustand in ebensolcher Weise beibehalten werden soll, dann ist augenscheinlich, daß alle drei Gruppen des Gesamtkapitals eine markmäßige Erhöhung erfahren müssen, wenn die Unternehmungen nicht zum Wiederbeschaffungspreis kalkulieren dürfen. In der Praxis ergibt sich allerdings eine gewisse Reihenordnung in dem Auftreten des Bedarfs, hervorgerufen durch die zeitlich auseinanderfallende Umsetzung der Vermögensteile in Geld, indem sich zuerst die Folgen der Geldentwertung im Umlaufsvermögen und dementsprechend zuerst im kurzfristigen Kredit bemerkbar machen. Erst wenn Ersatzbeschaffungen im Anlagevermögen erforderlich werden, wird mehr das Eigenkapital bzw. das langfristige Leihkapital berührt. Dazu kommt die durch die Geldentwertung selbst wieder veränderte Finanzpolitik der einzelnen Unternehmung: wo man wegen der Ungewißheit über die künftige Geldwertentwicklung vor der Vermehrung langfristiger Schulden zurückschreckt, oder gar auf eine vorzeitige Rückzahlung der bestehenden bedacht ist, oder zur Herbeiführung einer größeren finanziellen Sicherheit eine Verringerung oder nicht entsprechende Vermehrung der kurzfristigen Kredite anstrebt, da wächst in gleicher Menge der Bedarf an Eigenkapital, der in erster Linie am Effektenmarkt, und zwar mittels Ausgabe von Aktien Befriedigung sucht und findet.

Es ist also nicht richtig, einseitig von „Kapital"bedarf oder gar nur von „Kredit"bedarf und demgemäß von einem Kapitalmangel oder von einer Kreditnot, wie weiter unten noch festzustellen sein wird, zu sprechen. Wohl kann der zweifellos mit vorliegende Kapitalbedarf seinen Weg — wie im Frieden — über den Bankkredit nehmen, indem die Banken vermittelnd die Ausgabe von Aktien und Obligationen besorgen. Das ändert jedoch nichts an der Tatsache, daß die Geldentwertung sowohl einen Bedarf nach in Papiermark höherem Kapital (eigenem wie angeliehenem) als auch einen solchen nach Kredit erzeugt. Diese Feststellung ist für die im folgenden zu erörternden Fragen nach der Deckung dieses Bedarfs sowie nach den Maßnahmen, die diesem Zwecke dienen (Kreditpolitik) von entscheidender Bedeutung, wie noch zu zeigen sein wird.

Hier verdient darauf hingewiesen zu werden, daß es allerdings in der Praxis meist sehr schwer ist, die beiden Reihen des Bedarfs immer richtig zu erkennen und auseinanderzuhalten, zumal das Streben der Betriebe hinzukommt, den jeweils auftretenden Bedarf — gleichviel welcher Art er ist — mit möglichster Beschleunigung und auf dem sich gerade darbietenden vorteilhaftesten Weg zur Befriedigung zu bringen. So bietet sich dem Beschauer von außen her durchaus das Bild, daß sich der durch die Geldentwertung ausgeweitete und hervorgerufene Kapital- und Kreditbedarf in wechselnder Stärke und Reihenfolge, scheinbar regellos, beiden Märkten, dem Kapital- wie dem Geldmarkt, mitteilt, hier alle Unterschiede verwischend.

Über „die Finanzpolitik der Unternehmung im Zeichen der Scheingewinne“ habe ich mich an anderer Stelle ausgesprochen[1]). Zu erwähnen ist in diesem Zusammenhange nur, daß die Erscheinung der Geldentwertung (mit ihren Folgen) nicht ohne Einfluß auf die Finanzierungsgrundsätze der Unternehmungen geblieben ist. So sind zahlreiche Betriebe dazu übergegangen, die langfristigen Kredite (Anleihen, Obligationen, Hypotheken) nicht nur nicht zu erhöhen, also der Geldentwertung entsprechend heraufzusetzen, sondern — im Gegenteil — diese Schulden zur Rückzahlung zu bringen. Selbst in den Fällen, wo der vertragliche Zeitpunkt der Kündigung noch nicht gegeben war, ist vielfach eine vorzeitige Rückzahlung geglückt, wenn dieser Erfolg auch mit der Zahlung eines mäßigen Aufgeldes an den Gläubiger erkauft werden mußte. Die Gründe für die Massenkündigung langfristiger Kredite sind: die zu den geringen Markbeträgen in keinem Verhältnis mehr stehenden, ständig steigenden Kosten des Zinsen- und Tilgungsdienstes, ferner die Überlegung, daß die ehemals erhaltene vollwertige Goldmark jetzt mit Leichtigkeit in entwerteter Papiermark zurückgezahlt werden kann, während die dagegen früher beschafften Anlagen und Einrichtungen als Sachwerte dem Betriebe verbleiben. In diesem Verfahren liegt offenbar eine durch nichts gerechtfertigte Bereicherung der Betriebe, die auf Kosten der Markgläubiger geht. Ob jedoch ein gesetzlicher Eingriff diese Ungerechtigkeiten jemals wieder gutzumachen vermag, ist nach den Erfahrungen früherer Zeiten wie mit Rücksicht auf die durch die lange Dauer der Inflation bewirkten Verschiebungen in den Schuldverhältnissen sehr zu bezweifeln. Nichtsdestoweniger trägt die Furcht vor einer gesetzlichen Regelung mit dazu bei, die Rückzahlung der alten Schulden zu beschleunigen.

Die günstigen Ergebnisse, die die Betriebe bisher mit den langfristigen Anleihen erzielt haben, müßten sie — so sollte man meinen — veranlassen, auch weiterhin von dem Mittel der langfristigen Schulden

[1]) Mitteilungen der Gesellschaft für wirtschaftliche Ausbildung E. V. Berlin: Julius Springer 1922.

Gebrauch zu machen — der Geldentwertung entsprechend in höheren Nennbeträgen —, die sie eben später von neuem in entwertetem Gelde zurückzahlen könnten. Wenn sich diese Überlegung bis heute (November 1923) zwar als richtig erwiesen hat und die Betriebe mit der Aufnahme von Anleihen wiederum ein gutes Geschäft gemacht hätten, so war doch die Ungewißheit über die Geldentwicklung zu jeder Zeit so groß, daß dieser Umstand für die Anleihepolitik ausschlaggebend wurde, ganz abgesehen davon, daß sich für festverzinsliche Anleihen, die in entwerteter Mark zurückgezahlt werden, durchaus nicht immer genügend Abnehmer gefunden hätten. Weil zu keiner Zeit die Hoffnung ganz aufgegeben werden konnte, daß der Geldwert wieder eine Besserung erfahren und diese Besserung in die Zeit der Anleihedauer fallen würde, mußte das mit langfristigen Anleihen einzugehende Risiko für die Betriebe als sehr groß erscheinen, und dies um so mehr, als das andere Geldbeschaffungsmittel, das sich als ebenso bequem wie vorteilhaft erwiesen hatte, nach wie vor zur Verfügung stand: die Aktie. Wenn trotzdem die Statistik in den Jahren 1920 und 1921 noch 2,3 bzw. 1,6 Milliarden Mark, im Jahre 1922 gar 10,5 Milliarden Mark als Emission festverzinslicher Papiere aufweist, so liegt das darin, daß vor allem die Elektrizitätsindustrie von dem Mittel der Anleihen in verhältnismäßig großem Umfange Gebrauch gemacht hat.

Als Hauptmittel der Kapitalbeschaffung diente in der Nachkriegszeit die Aktie. Diese Quelle floß nicht zuletzt deshalb so ergiebig, weil die Erwerber der Aktien in der Möglichkeit der Kurssteigerung anfänglich eine Gewinnchance, später ein gewisse Anpassung an die allgemeine Geldentwertung erblickten. Das Zusammenströmen der Leihkapitalien am Aktienmarkt (auch aus festverzinslichen Papieren und anderen Anlagen) wurde allerdings in starkem Maße durch die Bedingungen gefördert, zu denen die neuen (jungen) Aktien zur Ausgabe gelangten. Obwohl die Kurse der Aktien fast aller Gesellschaften immer höher stiegen, war es weitbereitete Übung, die jungen Aktien ohne Ausnützung des Agios den Aktionären zu pari zum Bezuge anzubieten, denen dadurch ein sich von Zeit zu Zeit wiederholendes, günstig zu verwertendes Bezugsrecht zufloß. Für diese Agiopolitik war hauptsächlich der Gesichtspunkt maßgebend, die (Papiermark-) Dividenden auf das zu verwässernde Aktienkapital niedrig erscheinen zu lassen und die Aktionäre auf dem Wege über das Bezugsrecht für ihre Sachwerte zu entschädigen in Summen, die der Finanzkraft des Unternehmens natürlich verloren gehen. Man kann also hier nur bedingt von Kapitalbeschaffung reden. Außerdem unterbleibt bei dieser Agiopolitik die Bildung von ausreichenden Reserven, die den Betrieben bei einem Wechsel der Konjunktur zustatten kommen könnten. Es ist allerdings nicht zu übersehen, daß die Ausgabe von Aktien zu einem niedrigen Kurse oder gar von sogenannten Gratisaktien verschiedentlich auch das einzige Mittel darstellte, um eine Überfülle von Gewinnen in verschleierter Form zur Ausschüttung zu bringen. Trotz scharfer und berechtigter Kritik wird die Ausnutzung des Agios erst zu Beginn des Jahres 1922 üblich, allerdings weniger in der Form, daß der Bezugspreis der jungen Aktien dem Kursstand der alten Aktien besser angepaßt wird — wohl tritt durchweg eine kleine Erhöhung des Ausgabekurses ein —; die Ausnutzung des Agios kommt vielmehr darin zum Ausdruck, daß von den neu auszugebenden Aktien den Aktionären jeweils nur ein bestimmter Teil zum Bezuge angeboten wird, der andere Teil jedoch einem Bankkonsortium oder einer sonstigen Stelle zur sogenannten bestmöglichen Verwertung überlassen wird. Das soll bedeuten, daß ein Verkauf der Aktien zum Börsenkurse angestrebt wird, und daß, wenn auch hierbei ein gewisser Druck auf die Kurse unvermeidbar ist, die Ausnutzung des Agios nun in vollkommener Weise erreicht wird. Auf diese Weise läßt sich — je nach dem Stande der Kurse — leicht das 1000- und 1 000 000fache des Nominalkapitals hereinholen[1]). Hingegen ergibt sich aus diesem Verfahren der Hinweis, daß die Statistik über Neugründungen und Kapitalserhöhungen immer weniger die wirkliche Beanspruchung des Kapitalmarktes erkennen läßt, je mehr die Übung des freihändigen Verkaufs um sich greift. Das

Nominalkapital	der Neugründungen	der Kapitalerhöhungen
betrug nach der Frankf. Ztg.	in Millionen Mark	
im Jahre 1920	1 169	7 520
„ „ 1921	6 526	19 229
„ „ 1922	12 695	46 030

Was die Aktie in der Gegenwart als Finanzierungsmittel so sehr geeignet macht, das ist ihr Charakter als Teilhaberpapier. Nicht nur, daß sich die Zahlung von Dividenden den Gewinnergebnissen des Betriebes leichter anpassen läßt — gegenüber der festen Verzinsung bei den Anleihen —, sondern vor allem: daß keinerlei Rückzahlungspflichten auf dem Betriebe lasten, die bei den nicht vorherzusehenden Geldwertschwankungen leicht zu Schwierigkeiten führen können. Das gesamte Risiko — sowohl des Zurückbleibens des Kurswertes hinter der allgemeinen Geldentwertung als auch des stärkeren Kursrückganges bei einer Geldwertbesserung — trägt einzig und allein der Aktionär (genauer der Aktionär, der in den entscheidenden Wendepunkten die Aktien abstößt oder erwirbt). Dazu kommt, daß die Ausmerzung der aus der Geldwertbesserung entstehenden buchmäßigen oder echten Verluste ebenso einfach wie erfolgreich von den Betrieben auf die Aktionäre ab-

[1]) Auf die Verwendungs- und Buchungsmöglichkeiten der so beschafften Kapitalien ist hier nicht weiter einzugehen. Vgl. Die Finanzpolitik der Unternehmung a. a. O. S. 108ff.

gewälzt werden kann, indem das Aktienkapital gegebenenfalls herabgesetzt wird — Kapitalverdickung im Gegensatz zur Kapitalverwässerung, — wenn die Reserven zur Deckung der Unterbilanz nicht ausreichen. Die Gesamtheit aller dieser Vorzüge, die sich in der Aktie vereinigen, in Verbindung mit der ständig wachsenden, durch die Inflation künstlich genährten Menge des Anlage suchenden Leihkapitals sind es, die die umfangreichen Kapitalerhöhungen der Aktiengesellschaften auf Grund der Massenausgabe von jungen Aktien ermöglicht und zugleich die große Zahl der Umwandlungen von Einzelunternehmungen in die Aktiengesellschaftsform wie endlich die nicht minder zahlreichen Neugründungen von Aktiengesellschaften in der Nachkriegszeit gefördert haben. Die Personalbetriebe (Einzelkaufmann, Offene Handelsgesellschaft) sind hinsichtlich der Auffüllung ihres Kapitals fast ganz auf den kurzfristigen Kredit angewiesen, wodurch die Nachfrage nach solchem gleichfalls beträchtlich wächst.

Trotz der glänzenden Ergebnisse, die die Betriebe mit der Ausgabe von Aktien erzielt haben, hat es nicht an Versuchen gefehlt, ein den Geldwertschwankungen noch mehr angepaßtes Finanzierungsmittel zu erfinden: die kündbare und rückzahlbare Vorzugsaktie. Ihr liegt der Gedanke zugrunde, daß sich bei einer Geldwertbesserung überflüssige Geldkapitalien ansammeln, die durch Einziehung der Vorzugsaktie ausgeschüttet werden können. Doch haben nur wenige Gesellschaften (AEG) von der Ausgabe kündbarer Vorzugsaktien Gebrauch gemacht. Maßgebend für die geringe Anwendung sind wohl die Überlegungen gewesen, erstens: daß eine Geldwertbesserung nicht unbedingt auch einen Geldkapitalüberfluß zur Folge zu haben braucht, ferner: daß im weiteren Verlauf der Geldentwertung die Hoffnung auf eine Änderung dieser Entwicklung von Tag zu Tag geringer geworden ist.

Mit Rücksicht darauf, daß der Kapital- und Kreditbedarf in der Regel plötzlich und in großer Stärke auftrat und ferner die Übung fortbestand, auch im Falle einer Ausgabe von Aktien zunächst auf den Zwischenkredit der Banken zurückzugreifen, kam dem Bankkredit in der Nachkriegszeit steigende Bedeutung zu, je länger die Geldentwertung anhielt. Dazu gesellten sich die Ansprüche einer großen Zahl von Nichtaktiengesellschaften, die ausschließlich auf ihn angewiesen waren. Nicht ohne Einfluß auf den Bedarf an Bankkredit blieben endlich die Veränderungen, die die Geldwertschwankungen in der Kreditpolitik der Betriebe selbst hervorriefen. Die Erkenntnis, daß der Betrieb bei fortschreitender Geldentwertung an seinen außenstehenden Forderungen Verluste, an seinen Schulden hingegen Gewinne erzielte, führte zur Ausnutzung der sich hieraus ergebenden Möglichkeiten, mit der Wirkung natürlich, daß Gegenmaßnahmen des Betroffenen nicht lange auf sich warten ließen. So versuchte man seinerseits die Zahlungen an die Lieferanten hinauszuschieben, während man selbst auf kurze Fristen oder Barzahlung, vielfach auf Vorauszahlung bestand und dort, wo dies nicht angängig erschien, den gewährten Kredit durch Wiedereinführung des Wechsels auf die Banken abzuwälzen sich bemühte. So viel Kredit, wie nur erhältlich war, von anderer Seite in Anspruch zu nehmen, selbst aber jede Kreditgewährung abzulehnen oder zum mindesten die Höhe der außenstehenden Forderungen in Einklang zu halten mit den aufgenommenen Krediten, wurde im weiteren Verlauf der Geldentwertung oberster Betriebsgrundsatz. Die ununterbrochene Nachfrage nach Waren sowie die in Aussicht stehende Rückzahlung in entwerteter Mark ließen die Gefahr, daß die Abdeckung Schwierigkeiten bereiten würde, so leicht nicht aufkommen. Schließlich kam es jedermann nur noch darauf an, jede sich darbietende Kreditmöglichkeit auszuschöpfen — bis die Banken und die Reichsbank ausgeschöpft waren und man begann, über Kreditnot und Kreditpolitik zu sprechen.

B. Die Deckung des Kapital- und Kreditbedarfs.

1. Vorbemerkung. Betrachtet man die Befriedigung des Kapital- und Kreditbedarfs im einzelnen, so ist vorweg zu nehmen, daß im späteren Verlauf das Schlagwort von der „Kreditnot" aufgekommen ist, das besagen soll, daß die vorhandenen Kreditmöglichkeiten nicht ausreichten, um die starke Nachfrage nach Kredit zu decken. Daß es sich nicht allein um eine Kreditnot handeln konnte in dem Sinne, daß es lediglich an kurzfristigem Kredit fehlte, ist schon unter 1. dargetan. Um das Wesen, den Umfang und die Mittel zur Beseitigung der angeblichen Kreditnot richtig würdigen zu können, ist es von Wichtigkeit, folgendes vorher noch festzustellen.

Das erste: Bedarf an einer zusätzlichen Menge von Papiermarkkapital entsteht, wenn es einem Betriebe nicht gelingt, so viel Geld aus dem Verkauf seiner Leistungen zu erzielen, als nötig ist, um dieselbe Leistung von neuem herzustellen. Bleibt bei steigenden Preisen der Verkaufspreis einer Ware hinter den neuen Einkaufspreisen für Rohstoffe oder andere Waren zurück, so hat der Betrieb mehr fortgegeben, als er wiederbeschaffen kann. Er hat seine Substanz verringert; mit dem hinter der Wiederbeschaffung zurückbleibenden Verkaufserlös kann er nur einen Teil der abgegebenen Ware wieder ersetzen. Drei Wege zur Wiederauffüllung des im Verkaufserlös entstehenden Fehlbetrages bieten sich den Betrieben dar: 1. Die Aufzehrung eigener Reserven (an baren Mitteln oder an billig erworbenen Rohstoffen aus früherer Zeiten) — ein nur vorübergehend wirkendes Mittel, 2. die Vermehrung des Eigenkapitals durch Einschießung neuer Papiermarkbeträge — ein nur beschränkt anwendbares Mittel, 3. die Aufnahme von fremdem Papiermarkkapital, wozu in gewissem Sinne auch die Ausgabe von Aktien zu rechnen ist — das beliebteste und erfolgreichste Mittel der Nachkriegszeit. Der

Umfang des so auftretenden Kapitalbedarfs ist naturgemäß in erster Linie von dem Verhältnis von Verkaufspreis und Wiederbeschaffungspreis abhängig, das — wie schon betont — von Betrieb zu Betrieb verschieden ist. In zweiter Linie wirkt jedoch auf die Höhe des Kapitalbedarfs in besonderem Maße auch der Gang der Geldentwertung ein: ob sie allmählich oder sprunghaft verläuft. Bei allmählich vor sich gehender Geldentwertung, insbesondere wenn sie mit zeitweiligem Stillstand wechselt, ist es möglich, daß für den einzelnen Betrieb Verkaufspreis und Wiederbeschaffungspreis nicht auseinanderfallen bzw. der Unterschied zwischen beiden nicht immer groß ist. Anders jedoch, wenn eine sprunghafte Entwertung des Geldes einsetzt und in wenigen Tagen eine solche Erhöhung der Warenpreise eintritt, daß sich das Mißverhältnis zwischen Erlös und Wiederbeschaffungspreis plötzlich und in erheblichem Maße vergrößert.

Das andere: Der Kapitalbedarf geht, soweit er Geldentwertungs- und sozialer Bedarf ist, nur auf die Erlangung von Geldkapital, ausgedrückt in der entwerteten Mark, also in steigenden Papiermarksummen. Eine Erweiterung und Vergrößerung der sachlichen Produktionsmittel kommt nicht in Frage; mit den erhöhten Geldsummen soll lediglich der bisherige oder sogar ein eingeschränkter Betrieb weitergeführt werden. Der gewaltige Kapitalbedarf der Nachkriegszeit ist also zunächst und in der Hauptsache eine Erscheinung des Geld- und Kapitalmarktes, weniger oder gar nicht eine solche des Gütermarktes. Selbstverständlich hat die Erlangung oder Nichterlangung der benötigten Geldsummen eine Rückwirkung auf den Gütermarkt zur Folge: soweit die Betriebe das erforderliche Mehrkapital in Papiermark erhalten, können sie auch ihre Rolle auf dem Warenmarkte weiter spielen. Es ist nicht so wie in früheren, normalen Zeiten, wo die Erscheinungen am Geld- und Kapitalmarkt mehr die Widerspiegelung (oder Eskomptierung) der Vorgänge auf dem Gütermarkt waren, insofern, als das Leihkapital aus den Ersparnissen der Wirtschaft stammte und zu vermehrter Güterherstellung verwendet wurde. In der Inflation stellen die riesenhaften Anforderungen an den Kapitalmarkt nichts anderes als die Auswirkungen der Geldentwertung auf die Betriebe dar; sie dienen, wie gesagt, nur dazu, den Umfang der sachlichen Produktionsmittel und den bisherigen Umsatz der Erzeugnisse weiterzuführen. Um Papiermarkkapitalien handelt es sich bei dem Kapitalbedarf der Nachkriegszeit, wenn man von den wenigen Fällen sachlicher Neuschöpfungen oder Vergrößerungen absieht. Und das entscheidende: diese Papiermarkkapitalien stellen nur zu einem geringen Teil wirkliche Ersparnisse dar; sie entstehen vielmehr in großem Umfange aus der Inflation, aus der künstlichen Neuschöpfung von Geld, und gelangen auf Wegen zu den Kreditsuchenden, die weiter unten zu beschreiben sind.

Das Letzte: ein Mißverhältnis von Angebot und Nachfrage nach Papiermarkkapital und -kredit (Kreditnot) ist nicht nur heute oder gestern (1923) zu beobachten gewesen, es ist nach dem Kriege schon einige Male in die Erscheinung getreten. [illegible] die Entwicklung zu diesem Mißverhältnis sowie die Lösung der Spannung nicht immer in der gleichen Weise vor sich gegangen ist, auch die Mittel und Maßnahmen, die zur Behebung der Nöte Verwendung fanden, jeweils verschieden waren, so scheint es zweckmäßig und lehrreich zugleich zu sein, sowohl den Gesamtablauf der einzelnen Notfälle kennenzulernen als auch den wichtigsten Grundfragen eine besondere Betrachtung zu widmen.

In der Nachkriegszeit lassen sich vier *Perioden* der Geldentwertung auseinanderhalten, die sich durch die Umstände, die zu ihrer Entstehung geführt haben, wie durch die Besonderheiten ihres Ablaufs voneinander unterscheiden. Ihr Beginn wird jedesmal durch eine plötzliche und starke Steigerung der Devisenkurse gekennzeichnet, die zugleich das erste Zeichen für den sich bald darauf einstellenden Kapital- und Kreditbedarf der Betriebe bedeutet.

Die erste Periode beginnt November 1919: der Dollar steigt auf 50 M. gegen 9 M. Höchstkurs im Jahre 1918;

die zweite Periode beginnt Juni 1921: der Dollar steigt von 69 M. auf 310 M. im November;

die dritte Periode beginnt Juni 1922: der Dollar steigt von 290 M. auf 1134 M. im August und 7589 M. im Dezember 1922;

die vierte Periode setzt mit dem Zusammenbruch der Stützungsaktion für die Mark, April 1923, ein; sie wird in einem besonderen Aufsatz behandelt werden (s. S. 83ff.).

2. Die *erste Geldentwertungsperiode* ab November 1919. Die erste plötzliche und scharfe Senkung des Geldwertes tritt mit der Wiedereröffnung des Handels mit dem Auslande ein. Von allen Hilfs- und Zahlungsmitteln beraubt, gibt Deutschland sein letztes Kreditmittel gegen die mit Heißhunger erwarteten Waren hin: die einströmenden Waren werden in der Hauptsache mit deutschen Banknoten bezahlt. Die Menge der vom Ausland aufgenommenen Noten drückt den Kurs der Mark auf den zehnten Teil des Friedenswertes (den fünften Teil des Wertes zur Zeit des Waffenstillstandes) herab. Die Entwertung setzt sich bis Februar 1920 fort; der Dollar erreicht das fast 25fache seines Friedenswertes (100 M.). Die Großhandelspreise folgen bis zu dieser Zeit langsam auf das 20fache gegenüber der Friedenszeit.

Der Deckung des sich hieraus ergebenden Geldentwertungsbedarfs kommen verschiedene, als günstig zu bezeichnende Umstände zugute. Zunächst verfügen die meisten Betriebe noch über erhebliche Barguthaben aus der Zeit des Krieges; letztere gehen allerdings schnell zu Ende. An Stelle der Barguthaben treten daher bald wieder Kredite

(Debitoren bei den Berliner Banken Ende 1919: 9,3 gegen 4,5 Milliarden Ende 1918), die die Banken deshalb noch leicht zu gewähren imstande sind, weil andere, in der Kriegswirtschaft freigewordene Gelder, noch bei ihnen stehen. Die Depositen der acht Berliner Großbanken betragen Ende 1919 39 Milliarden Mark gegen 20 Milliarden Mark Ende 1918. Ihre Höhe ist beeinflußt von den erheblichen Beträgen, die aus dem Verkauf der ausländischen Wertpapiere stammen, und vor allem von den großen Summen, die den Besitzern von Unternehmungen in den abgetretenen Gebieten als Entschädigungen zufließen. Zum größeren Teil suchen diese Geldkapitalien endgültige Anlage am Effektenmarkt; sie tragen hier wesentlich mit dazu bei, die erste größere Effektenhausse (z. B. Phönix Dezember 1919: 270, Mai 1920: 450) ins Leben zu rufen, und bereiten gleichzeitig den Boden für die Kapitalerhöhungen und Neugründungen, die Ende 1919 und Anfang 1920 in großem Umfange vorgenommen werden. (Dezember 1919 bis April 1920: 2520 gegen 240 Millionen Mark in der entsprechenden Zeit des Vorjahres.) Dazu greift mehr und mehr das Bestreben um sich, festverzinsliche Papiere, vor allem Kriegsanleihe, abzustoßen und den Gegenwert in Aktien, in denen man eine Kurssteigerung erwartet, anzulegen. Unter den Depositen fangen die ausländischen Guthaben an, einen größeren Raum einzunehmen, während die leicht durchzuführenden Kapitalerhöhungen den Banken gleichfalls neue Mittel in Gestalt von Guthaben zuführen. Das Angebot von Leihkapital wird ferner dadurch verstärkt, daß die zum erstenmal deutlich in Erscheinung tretende Spannung zwischen äußerem und innerem Geldwert zu starken Aufkäufen von seiten des Auslandes führt (Waren, Grundstücke, Betriebe, festverzinsliche Papiere, dann Effekten), bei denen — wenn auch noch zu Schleuderpreisen — große Posten Marknoten nach Deutschland zurückströmen. Endlich tritt als Folge der gestiegenen Preise auch die Erhöhung der Nominaleinkommen ein, von denen sich Teile wiederum als Depositen bei den Banken niederschlagen oder auch mit neugebildetem Kapital den lebhaft gewordenen Effektenmark aufsuchen.

Für die weitere Entwicklung des Kapitalbedarfs ist dann entscheidend, daß die Geldentwertung bald und auf längere Zeit zum Stillstand kommt: der Kurs des Dollars geht bis Juni 1920 auf 39 M. (nach 99 M. im Februar) zurück, um sich dann — allerdings unter erheblichen Schwankungen — von Oktober 1920 bis Juni 1921 auf einer Höhe von etwa 60—70 M. zu halten, während die Großhandelspreise bis zu jenem Zeitpunkte kaum eine Änderung aufzuweisen haben. Es tritt die erste Stabilisierungskrise ein, die sich in einer Zurückhaltung der Käufer, einer Stockung des Absatzes sowie hier und dort schon in Verlust bringenden Verkäufen äußert. Im ganzen vermögen die Betriebe ihr Kapital jedoch intakt zu halten, in vielen Fällen gehen sogar die Scheingewinne in echte Gewinne über.

Wir sehen also, daß die Überwindung des ersten Geldentwertungsbedarfs lediglich deshalb ohne sichtbare Stockungen und Störungen vor sich gegangen ist, weil eine Reihe mehr zufälliger Umstände das erforderliche Papiermarkkapital zur Verfügung stellte. Freilich kam dieses „flüssige" Geld in der Hauptsache aus dem Schoße der Reichsregierung, die die Entschädigungen an die Besitzer von Unternehmungen und ausländischen Wertpapieren sowie den Rückkauf der Kriegsanleihe mit der Ausgabe von Reichsschatzanweisungen finanzierte. Wie sehr aber diese Geld- und Kapitalschöpfung „genügte", geht daraus hervor, daß die Debitoren bei den acht Berliner Großbanken von Ende 1919 bis Ende 1920 von 9,3 auf nur 15,5 Milliarden Mark weiterstiegen, während sich die Anlage in Reichsschatzanweisungen im gleichen Zeitraum von 23,0 auf 37,2 Milliarden Mark erhöhte. Mehr als 25% des Gesamtbetrages der ausgegebenen Reichsschatzanweisungen lagen damals bei diesen acht Banken, die darin nicht weniger als 60% ihrer fremden Gelder angelegt hatten.

3. Die zweite Geldentwertungsperiode setzt nach dem Londoner Ultimatum (21. Mai 1921) ein, das den Blütentraum einer ruhigen Weiterentwicklung der deutschen Wirtschaft jäh zerstörte. Der Dollar steigt im Juni 1921 von 63 M. auf 75 M., unter der Nachwirkung der ersten Reparationsmilliarde bis Oktober auf 150 M., um im November den Höhepunkt mit 320 M. (8. November) zu erreichen.

In dieser Zeit stößt die Befriedigung des Kapitalbedarfs schon auf gewisse Schwierigkeiten. Das Fehlen der erheblichen Entschädigungssummen, die dem Markt in der ersten Periode zu Hilfe kamen, macht sich fühlbar. Dazu kommt, daß die Vorschriften der Preistreibereiverordnung von den Betrieben schärfer beobachtet werden müssen und infolgedessen der Kapitalbedarf allgemeiner wird. Eine Ausnahme machen die Exportbetriebe, die bei vermehrter Verwendung der Fakturierung in ausländischer Währung und steigenden Wechselkursen große Papiermarkeinnahmen erzielen. Mit Rücksicht auf die nur langsam nachfolgenden Großhandelspreise — sie steigen bis Anfang 1922 nur auf das Doppelte des vorjährigen Standes — entstehen hier sogar erhebliche echte Gewinne. Da hier, wie auch anderwärts, die Neigung wächst, flüssiges Papiermarkkapital in Devisen anzulegen, und da gleichzeitig die Einkommenssteigerungen anfangen, hinter den Preissteigerungen mehr und mehr zurückzubleiben, verringert sich der Zustrom von Leihkapitalien zur Börse, was zu einer Einschränkung der Emissionen führt. Durch Rediskontierung erheblicher Mengen Reichsschatzanweisungen verschaffen sich die Banken bei der Reichsbank flüssige Mittel, die sie in der Kreditgewährung an Handel und Industrie verwenden.

Dennoch wäre in dieser Periode schon eine empfindliche Lücke in der Befriedigung des steigenden Kapital- und Kreditbedarfs eingetreten, wenn nicht wieder eine unerwartete Hilfe von außen gekommen wäre: Kauf deutscher Effekten von seiten des Auslandes. Je höher die Wechselkurse stiegen, um so wohlfeiler mußten dem Auslande die in Mark bewerteten deutschen Effekten erscheinen. So lassen sich schon im Monat August die ersten Aufkäufe beobachten, die eine allgemeine Lebhaftigkeit des Börsenverkehrs nach sich ziehen; im Oktober geht die Bewegung von (französischen) Käufen in oberschlesischen Werten aus, der im November — bei höchsten Devisenkursen — umfangreiche Käufe in allen möglichen Papieren folgen. Die Abstoßung großer Posten deutscher Effekten zu steigenden Kursen bringt den inländischen Verkäufern erhebliche Mengen Papiermarkkapitals, das wiederum zum Ankauf anderer Papiere oder junger Aktien verwendet werden kann. In großen Summen können die von den Banken gewährten Kredite am Kapitalmarkte zur Ablösung gebracht werden, zumal bei rückläufigen Wechselkursen die Einkommensteigerungen anhalten, wodurch sich das Angebot von Leihkapitalien erhöht. Die Emissionen nehmen — trotz des vorübergehenden Kurssturzes am 1. Dezember 1921 — in den Monaten November 1921 bis Januar 1922 einen großen Umfang an. Erst im Februar 1922 läßt die Aufnahmefähigkeit des Marktes wieder nach; die Bezugsrechte der jungen Aktien werden allgemein unter pari gehandelt, ein Zeichen, daß die Unterbringung von Aktien auf Schwierigkeiten stößt. Die weitere Entwicklung greift schon in die nächste Periode über.

Wie in der ersten Periode die Entschädigungssummen zum Ausgleich und zur Vermeidung einer Zuspitzung am Geld- und Kapitalmarkt beigetragen haben — bis die den Wechselkursen nachhinkende Inflation das Angebot von Leihkapitalien von selbst vergrößert —, so haben in der zweiten Periode die im Besitze des Auslandes befindlichen Marksummen (Noten und Guthaben) die Krise, d. h. eine wirkliche Stockung in der Zuführung von Geldkapital, verhindert. In beiden Fällen ist deutsches Sachvermögen in den Besitz des Auslandes übergegangen. Während aber im ersten Falle eine einfache Ablieferung an die Entente erfolgte (ausländische Wertpapiere, Abtretung deutscher Gebiete), für die die Besitzer mit künstlicher Kaufkraft entschädigt wurden, wächst der zweite Vorgang bezeichnenderweise aus der Wirtschaft selbst heraus: indem die für die Erlangung von Importgütern vorläufig in Zahlung gegebenen Banknoten (da Ausfuhr und Kredite nicht ausreichten, um den Fehlbetrag der Zahlungsverpflichtungen zu decken) dazu übergehen, deutsche Waren, Grundstücke, Maschinen, Betriebe, schließlich Effekten und hier vor allem Aktien zu kaufen, ist erst der eigentliche Austausch von Gütern, die Bezahlung der eingeführten Waren mit deutschen Gütern zu Ende geführt. Der Anreiz zum Kauf entsteht, wenn diese deutschen Verkaufsobjekte dem Ausländer billig erscheinen, also ihre Preise hinter der Steigerung der Devisenkurse zurückgeblieben sind. Nunmehr löst sich auch das Rätsel des Kapitalbedarfs und seiner Deckung: die Steigerung der Devisenkurse, die den erhöhten Kapital- und Kreditbedarf hervorruft, liefert zugleich das Mittel zu seiner Deckung, indem das Ausland Markkapitalien zur Verfügung stellt. Was noch fehlt, liefert die Inflation von innen heraus. Kommt es zu einer Stockung auf dem Geld- und Kapitalmarkt, so bedeutet eine Steigerung der Wechselkurse das Heilmittel, indem der Export deutscher Güter und der Verkauf unbeweglicher Vermögensstücke Devisen (d. h. neue Einkaufsmöglichkeiten) und Mark zurück ins Inland bringt. Auf diese Weise braucht es zunächst nicht zu einer wirklichen Krise, d. h. zu einer Nichtbefriedigung des Kapital- oder Kreditbedarfs zu kommen. Allerdings ist die inflationistische Wechselkurssteigerung ein sehr gefährliches Mittel: es fragt sich eben, wie lange eine Volkswirtschaft imstande ist, von ihrem Vermögen (nicht nur von ihren Produktionsüberschüssen) abzugeben, um diese Wirkung zu erzielen. Jedenfalls verbirgt sich hinter diesem Vorgang, der vielen infolge des Geldschleiers nicht immer sofort erkenntlich ist, die einfache Tatsache, daß die deutsche Volkswirtschaft von ihrer Substanz abgeben muß, um auf einer schmaleren Grundlage eine Zeitlang weiterleben zu können.

Im weiteren Verlauf der Inflation, d. h. also der fortschreitenden Verarmung, spielt denn auch dieses Heilmittel, der „Ausverkauf", bald in dieser oder jener Form, in diesem oder jenem Umfange, immer aber mit der Wirkung eines vorübergehenden Ausgleichs, eine große Rolle. Wenn anerkannt wird, daß die Wirtschaft ohne dieses Heilmittel nicht weiterbestehen kann — solange die Inflation anhält —, dann erscheinen die Maßnahmen, die die Wirtschaft und der Gesetzgeber gegen den Ausverkauf des deutschen Volksvermögens ergreifen, in einem anderen Lichte.

C. Die Zeit von Mitte 1922 bis zum Ruhrkrieg.

Die dritte Geldentwertungsperiode, deren Eigenart es angebracht erscheinen läßt, ihr einen besonderen Abschnitt zu widmen, wird eingeleitet mit dem Ausgang der Pariser Bankierkonferenz vom Juni 1922, die alle Hoffnung auf eine Deutschland von außen her zuteil werdende Hilfe vernichtet. Die zersetzenden Kräfte der Reparationszahlungen — Sach- und Geldleistungen — kommen ungehemmt zur Auswirkung. Der Dollar steigt im Monat Juni 1922 von 272 M. auf 374 M., im Juli auf 670 M., im August auf 1800 M., um im Oktober auf das mehr als 1000fache seines Friedensstandes, auf 4500 M., zu gelangen. In beträchtlichem Abstande hierzu folgt die Steigerung der Preise im Inland; bis zum Jahresschluß bleibt beispielsweise die Großhandelsziffer ständig um mehr als die Hälfte hinter der Steigerung der Devisen zurück, d. h. sie erreicht im Januar 1923 erst das 500fache der Friedensziffer. Daß diese Spannung keine zufällige war, braucht nach den Ausführungen über die Bedeutung der Wechselkurse für eine inflationistische Wirtschaft nicht mehr betont zu werden. Was hingegen auffallen muß, das ist die Größe der Spannung: sie spiegelt den Grad der Zersetzung und Verwirrung wieder, in die die deutsche Volkswirtschaft unter dem Druck der Reparationslasten und Sanktionen geraten ist.

Für die besondere Darstellung der dritten Geldentwertungsperiode spricht auch noch, daß die Erscheinungen auf den einzelnen Kreditgebieten eine ausgeprägtere Form annahmen, daß sie mehr in die Tiefe gehen und für die Beteiligten stärker fühlbar werden, sowie endlich, daß die bis dahin mehr passive Haltung der Kreditorgane in ein aktives Handeln übergeht; es beginnt zugleich die Zeit der kreditpolitischen Maßnahmen. Daher empfiehlt es sich, die einzelnen Kreditgebiete besonders zu betrachten, und zwar soll dies in der Weise versucht werden, daß — soweit dies möglich — gleichzeitig der historische Ablauf der gesamten Erscheinungen dieser Periode jeweils mit berücksichtigt wird.

1. Der Geldmarkt.

a) Der Bankkredit. Die Stabilität des Geldwertes in den Monaten März, April und Mai 1922, hervorgegangen aus der Hoffnung, daß bei einer vernünftigen Regelung der Reparationslasten die deutsche Volkswirtschaft doch nicht als verloren anzusehen sei, hatte die Bildung inflationistischen Leihkapitals eingeschränkt. An der Börse ließ, wie schon S. 58 betont, die Aufnahmefähigkeit für Aktienemissionen nach; bei den Banken gerät jetzt die Ablösung der Kredite ins Stocken, außerdem stehen erhebliche Mengen Spekulationskredite aus, die gleichfalls wegen des Daniederliegens des Börsengeschäftes nicht zur Abwicklung kommen. In dieser Verfassung sehen sich die Banken plötzlich einem gewaltig ansteigenden Kapital- und Kreditbedarf der Betriebe gegenübergestellt. Ihre Lage wird durch die Zunahme der Depositen, auf die der stabile Geldwert gleichfalls verlangsamt eingewirkt hat, kaum verbessert. Für die Zuspitzung der Verhältnisse wird entscheidend, daß der gesamte Geldentwertungsbedarf in diesem Augenblick auf die Banken anstürmt; einerlei, ob es sich um die schließliche Erhöhung des eigenen bzw. Aktienkapitals oder des langfristigen Leihkapitals oder endlich des kurzfristigen Kredits handelt: in diesem Augenblick begehren alle Betriebe, soweit sie den Weg zur Bank finden, sowohl die Kapital- als auch die hinsichtlich der Regelung des Kapitals schlechter dastehenden Personalgesellschaften Kredit von den Banken, und zwar in der nämlichen Form des einfachen Kontokorrent- (Buch-) Kredits. Da die Banken aus Gründen ihrer eigenen Liquidität und Sicherheit die ihnen zur Verfügung stehenden Mittel nicht einseitig und in vollem Umfange im Kontokorrentkredit hergeben können, sie vielmehr genötigt sind, die herkömmliche Gliederung und Zusammensetzung ihrer aktiven Geschäfte (Bankguthaben, Wechsel, Schatzanweisungen, Lombards, Reports, Debitoren) zu beachten, so kann es nicht wundernehmen, wenn jetzt eine Zurückhaltung in der Kreditgewährung eintritt und zu weit gehende Kreditgesuche abgelehnt werden. In der Tat kommt die Kreditgewährung in den Monaten Juni und Juli 1922 ins Stocken; gar mancher Betrieb muß den Bittgang zu seiner Bank umsonst tun: die Kreditnot ist da — und damit auch der Streit über die Ursachen und die Mittel zu ihrer Abstellung bzw. Linderung.

Daß es sich in Wirklichkeit nicht nur um eine „Kredit"not handelt in dem Sinne, daß lediglich kurzfristige Kredite verlangt und nicht gewährt werden, ist schon an anderer Stelle (vgl. 1) ausführlich dargelegt worden. Die plötzliche Steigerung der Devisenkurse und der Warenpreise ruft bei allen Betrieben das Bestreben wach, sich zunächst um jeden Preis Geldmittel zu beschaffen; die endgültige Ordnung ihres finanziellen (Kapital-) Aufbaues tritt im Augenblick zurück. Schon aus diesem Grunde ist es nicht angängig, den Banken den Vorwurf zu machen, daß sie zu jener Zeit ihre Aufgaben nicht erfüllt hätten. Wohl ist der Einwand möglich, daß sich die Banken auf diesen Fall der ruckweisen Zusammenballung der Kreditansprüche etwas mehr hätten vorbereiten können, wenn sie in der Gewährung von Spekulationskrediten zurückhaltender gewesen wären. Aber ohne den Spekulationskredit der Banken wäre dann schon früher der massenhafte Absatz junger Aktien unmöglich geworden und damit zugleich die Ablösung der großen Kredite aus der letzten Geldentwertungsperiode. Doch ist die Frage, ob damals zu viel oder zu wenig Spekulationskredit gewährt worden ist, letzten Endes eine Tatsachenfrage, die sich ohne genaue Kenntnis der inneren Vorgänge in den einzelnen Bankbetrieben nicht einwandfrei beantworten läßt. Bernhard[1]) macht den Banken in diesem Zusammenhang weiter den Vorwurf, daß sie die Warnungen der Industriellen vor der zu erwartenden Kreditnot nicht genügend gewürdigt hätten. Wie schon mehrfach betont, sind die Banken gar nicht in der Lage, den gesamten, durch die Geldentwertung hervorgerufenen Kapital- und Kreditbedarf auf dem Wege der ihnen zur Verfügung stehenden Kreditmittel zu befriedigen. Dazu kommt, daß das plötzliche Anschwellen der Kreditgesuche — wie die Erfahrung gelehrt hat — stets die Folge einer ebenso plötzlich eingetretenen Steigerung der Wechselkurse ist, deren Eintritt und Ausmaß bekanntlich nachher jedermann vorausgesehen hat. Entscheidend ist endlich, daß die Kapitalnot — eine solche liegt in der Hauptsache vor — die Folge einer ganz bestimmten Lagerung der die Wirtschaft beeinflussenden Faktoren ist (Steigerung der Wechselkurse — Anwachsen des Kapitalbedarfs — Nachhinken der Preise, der Einkommen, der Inflation und der Kapitalbildung), und daß die Zusammenballung aller

---

[1]) Plutus vom 19. Juli 1922.

Kapital- und Kreditansprüche in der einen Form des Kontokorrentkredites die äußerliche Zuspitzung dieser Wirtschaftslagerung ist. Die Banken konnten wissen, daß eine Entspannung der Krise in dem Augenblick eintreten mußte, wo sich die Steigerung der Devisenkurse auf die Zuflüsse des Kapitalstromes ausgewirkt haben würden: auf die Erhöhung der Einkommen, die den Umsatz der Waren zu steigenden Preisen in Gang bringt und das Anlage suchende Leihkapital vermehrt, sowie auf die Zunahme des Exports bzw. des Überganges deutschen Sachvermögens in ausländischen Besitz, wodurch der Gegenwert in Mark für den inländischen Kapital- und Kreditbedarf verfügbar wird.

Die Heilmittel sind denn auch nicht ausgeblieben[1]). Die Erhöhung der Einkommen ist bald gefolgt; der Lohn eines ungelernten Arbeiters steigt von Juli bis Dezember 1922 um mehr als das 10fache (von Januar bis Juli 1922 nur um das $2^1/_2$fache). Die Vermehrung der schwebenden Schulden, stark beeinflußt von den Reparationszahlungen, geht in großem Ausmaß vor sich: von 320 Milliarden Mark im April 1922 auf 2100 Milliarden Mark Ende Dezember 1922. Das Börsengeschäft wird schon Ende Juli lebhafter; der August steht im Zeichen einer Valutahausse, der Flucht in die Sachwerte; im Oktober erreichen die Kurse im Durchschnitt etwa das 7fache ihres Standes vom Anfang Juli. Wahllos und in großen Posten kauft das Ausland die billigen deutschen Effekten — wieder geht ein Stück deutscher Volkswirtschaft als Tribut der Inflation auf das Ausland über, aber die Spannung am Geld- und Kapitalmarkt ist gelöst. Allerdings greift dieses Mal eine neue Kraft ein: die Reichsbank, die aus dem Born ihres Notenkredits Leihkapital in großer Menge hervorzaubert, was unter II weiter zu verfolgen ist.

Hinsichtlich des Bankkredits ist nur noch nachzutragen, daß die Fähigkeit der Banken, Kredite zu gewähren, nicht zuletzt auch von der Entwicklung beeinflußt wird, die sich in dem Umfang und vor allem

---

[1]) In einer unter der Überschrift „Am Scheidewege“ in der Zeitschrift „Die Bank“ (Jahrg. 1922, S. 767) veröffentlichten Aufsatz bezeichnet Lansburgh diesen Zustand als den kritischen Punkt der Währungsfrage, „an dem sich entscheiden muß, ob die Währung geordnet werden oder ob sie ihrem endgültigen Verfall entgegengehen soll“. Es ist der Zustand, bei dem infolge plötzlicher Steigerung der Devisenkurse der Außenwert der Mark um ein beträchtliches tiefer steht als der Inlandswert, den Lansburgh als den Realwert (gegenüber dem Spekulationswert) bezeichnet. Indem die Kaufkraft durch Schöpfung künstlichen Geldes dem Spekulationswert der Mark angepaßt wird, ist es um die Währung geschehen, d. h. die inländische Preissteigerung folgt und ruft eine neue Umwälzung in der Wirtschaft hervor. Es ist richtig: die Befestigung des Geldwertes kann nur eintreten, wenn in einem solchen Augenblick der Geldwertentwicklung die Schaffung zusätzlicher Kaufkraft abgebremst wird. Angesichts der ungeordneten außenfinanziellen Verhältnisse war damals noch nicht mit einer Änderung der Inflationspolitik zu rechnen. So war es möglich, auch dieses Heilmittel gegen die Kreditanspannung in Rechnung zu stellen.

in der Art und Zusammensetzung ihrer fremden Gelder durchsetzt. Die langfristigen Einlagen erfahren eine starke Verminderung. Endlich kommen auch die alten Kunden der Banken zu der Einsicht, daß es ein schlechtes Geschäft ist, den Geldwert der Depositen dahinschwinden zu sehen. Auch die kurzfristigen Depositen gehen stark zurück, da jedermann das Bestreben zeigt, sein Geld in Sachwerten anzulegen. Wenn trotzdem markmäßig eine Erhöhung der kurzfristigen Depositen eintritt, so liegt das daran, daß die Geldentwertung überall höhere Ziffern nach sich zieht, so auch bei den Kassenvorräten, die die Betriebe in dem notwendigsten Umfang auf die Banken übertragen, und vor allem daran, daß die Markguthaben, die das Ausland in Deutschland unterhält, einen steigenden Anteil an den Depositen der Banken ausmachen. Über die Höhe dieses Anteils lassen sich ziffernmäßige Angaben kaum machen, zumal er großen Schwankungen unterworfen ist. Lansburgh schätzt, daß Ende 1921 nicht weniger als ein Drittel der gesamten fremden Gelder der Banken sofort fällige Guthaben des Auslandes darstellt. Banktechnisch haben sich somit die ehemals teilweise langfristigen Sparkapitalien der Banken in kurzfristige Auslandsguthaben verwandelt, die einen ganz anderen Charakter als die eigentlichen Depositen tragen; sie stellen nicht wie diese Kassenvorräte dar, sondern flüssige Kapitalien, die in jedem Augenblick und in erheblichen Beträgen den Banken wieder entzogen werden können. So müssen bei ihrer Verwendung und Anlage auch andere Gesichtspunkte beachtet werden. Die Banken sehen sich gezwungen, große Teile gerade dieser Kapitalien in bar oder in leicht greifbaren Mitteln flüssig zu halten. Praktisch kommen daher die ausländischen Guthaben für die Kreditgewährung im eigentlichen Sinne gar nicht oder nur in beschränktem Umfange in Betracht. Sie werden vielmehr börsenmäßig angelegt, und sie sind es gerade, die für die Stellung der Banken am Geldmarkt der Börse von ausschlaggebender Bedeutung werden.

b) Der Geldmarkt der Börse. Es ist festgestellt worden, daß die Banken dem einseitig in der Form des Kontokorrentkredits auftretenden Kredit- und Kapitalbedarf nicht gewachsen waren und nicht gewachsen sein konnten. Auf der anderen Seite mußten sie — angesichts der sich ausbreitenden Kapitalklemme — das Bestreben haben, sich selbst nach Möglichkeit liquide zu halten. Dazu kam die Umschichtung der fremden Gelder, hervorgerufen durch das Anwachsen der Auslandsguthaben, die gleichfalls zur vorsichtigen Verwendung der Bankmittel mahnte. Diese Entwicklung der Bankpolitik ruft auf dem Geldmarkt der Börse, der bis dahin ganz unter dem Einflusse einer künstlichen, durch die Inflation hervorgezauberten Geldflüssigkeit stand, zu Beginn der dritten Geldentwertungsperiode eigenartige Erscheinungen hervor. Weil die Banken nur einen Teil ihrer fremden Mittel im Kontokorrentgeschäft und in ähnlichen Krediten hergeben können und wollen, sind sie nach wie vor in der Lage, an der Börse als Geldgeber aufzutreten und hier ihre Ausleihungen in der Form des sogenannten „täglichen Geldes" sowie des Ultimo- bzw. Reportgeldes fortzusetzen. Sie benutzen diese Anlagen, um zur Sicherung ihrer Liqudität sofort oder in kurzer Zeit realisierbare Reserven in der Hand zu haben. So kommt es, daß trotz des nicht unerheblichen Kreditbedarfs der Börsenkreise die Zinssätze für die Börsendarlehen auch während der Zeit der Kapital- und Kreditnot auf fast unveränderter Höhe verharren. Der Satz für tägliches Geld stellt sich an der Berliner Börse:

im Monatsdurchschnitt des Jahres 1921 auf	3,72—4,1%
im Durchschnitt der Monate Januar bis Juni 1922 auf	4,5—4,9%
im Durchschnitt für die Monate Juli bis Dezember 1922 auf. .	5,4—9,2%

Schon zu Anfang des Jahres 1922 waren die Banken dazu übergegangen, die Provisionssätze für die gewährten Kredite in die Höhe zu setzen. So mußten um diese Zeit bezahlt werden: an Zinsen 1—2% über Lombardsatz (früher: über Diskontsatz) der Reichsbank zuzüglich 2—3% Provision für das Vierteljahr, so daß sich in der Regel die Kosten für den Kontokorrentkredit auf mindestens 10% stellten. Im weiteren Verlauf der Kreditanspannung ist es den Banken ein leichtes, diese Kosten weiter heraufzusetzen. Während der eigentliche Zinssatz dem Reichsbankdiskont- oder Lombardsatz angepaßt bleibt, werden die Provisionssätze ständig erhöht oder auch neue erfunden, wie z. B. die Kreditbereitstellungsprovision. Um aber die Provisionssätze nicht ziffernmäßig so hoch erscheinen zu lassen, verändert man nach und nach die Berechnungsgrundlagen: statt pro Semester oder pro Quartal wird schließlich die Berechnung der Provision pro Monat üblich. Oder man rechnet neben der eigentlichen Kreditprovision noch eine besondere Umsatzprovision, gewährt aber den Kredit nur für eine kurze Zeit (8 Tage), so daß reine Zinsen, Kreditprovision und Umsatzprovision im letzten Viertel des Jahres 1922 insgesamt bis zu 50% Jahreszinsen und mehr für die Kreditbeanspruchung ausmachen. Über die betriebspolitische Rechtfertigung dieser Zins- und Provisionspolitik der Banken habe ich mich an anderer Stelle ausführlich geäußert[1]).

Hier ist die Feststellung zu machen, daß in der Zeit der Kreditspannung ein erheblicher Unterschied in den Zinssätzen für den Börsenkredit und den Kontokorrentkredit entsteht, und daß sich diese Spanne im weiteren Verlauf als sehr nachhaltig erweist. Obwohl in Anlehnung an die Diskonterhöhungen der Reichsbank auch die Zinssätze für die Börsendarlehen gegen Ende des Jahres 1922 bis auf 9,4% erhöht werden, bleibt die Spanne von 40—50% bestehen, weil sich die reinen Zinskosten im Kontokorrent-

---

[1]) Zeitschrift für Handelswissenschaft und Handelspraxis 1923, Dezemberheft.

kredit in gleicher Weise erhöhen. Daß diese Erscheinung viel Aufsehen erregen und besonders von denen als merkwürdig empfunden werden mußte, die auf den teueren Kredit bei den Banken angewiesen waren oder gar diesen nicht einmal erhielten, wird nicht weiter wundernehmen. Es kommt hinzu, daß die Geldgeber in beiden Fällen sogar dieselben sind. Dennoch ist die Erklärung für die Erscheinung ebenso einfach wie ihre Feststellung: Die Betriebe, bei denen sich infolge der plötzlichen Geldentwertung ein starker Kapitalbedarf bemerkbar macht, können von den günstigen Zinssätzen an der Börse deshalb keinen Gebrauch machen, weil sie erstlich nicht über die Unterlagen verfügen, die Voraussetzung für die hier erhältlichen Kredite sind: wie erstklassige Wertpapiere oder Reichsschatzanweisungen, ohne deren Hingabe und Verpfändung an der Börse Kredite nicht erhältlich sind. Ferner sind die Betriebe meist auch nicht in der Lage, das Versprechen der täglichen oder pünktlichen Rückzahlung zu einem bestimmten Termin zu übernehmen. Da die Geldgeber in den Börsenausleihungen des täglichen Geldes oder des Monatsgeldes Anlagen erblicken, die frei von jeglichem Risiko sind und pünktlich zurückgezahlt werden, so sind beide Bedingungen — Unterlagen und Rückzahlung — gleich unerläßlich für sie. Welch große Bedeutung die Banken diesen Bedingungen gerade in der kritischen Zeit der Kreditklemme beigelegt haben, geht daraus hervor, daß in den Monaten Juni/Juli 1922 nicht nur eine strengere Auswahl der Kreditnehmer getroffen wird, sondern sich auch ein Unterschied in der Höhe der Zinssätze herausbildet, je nachdem, ob die Unterlagen aus erstklassigen Wertpapieren oder Reichsschatzanweisungen oder nur aus Industrieaktien bestehen. (In einem Bericht der Zeitschrift: „Die Bank“ aus dem Monat Juli heißt es: Tägliches Geld gegen gute Sicherheit $4^3/_4$%, bei guter Aktienunterlage $5^1/_2$%, bei schlechterer $6^1/_2$%.) Auch von dem niedrig stehenden Privatdiskontsatz können die meisten Betriebe keinen Gebrauch machen, da sie nicht über die Wechsel verfügen, die zu diesem Satz verkäuflich sind. So bleibt ihnen nicht anderes übrig, als ihre Zuflucht zum Kontokorrentkredit zu nehmen, und da stoßen sie auf das Unvermögen der Banken und auf die ziffernmäßig hohen Zinskosten.

So bildet sich die weitere Erscheinung heraus, daß nicht nur eine erhebliche Spanne in den Zinssätzen entsteht, sondern daß auch ein Ausgleich zwischen beiden Teilen des Geldmarktes nicht eintritt, der in normalen Zeiten leicht durch Beschaffung der Unterlagen, vor allem der Bankakzepte, die als Privatdiskonten an dem Geldmarkt der Börse untergebracht werden, herbeigeführt wird. Der tiefere Grund für dieses Auseinanderstreben der Zinssätze liegt jedoch in der Diskontpolitik der Reichsbank. Solange bei der Reichsbank durch Rediskontierung von Reichsschatzanweisungen zum offiziellen Diskontsatz oder bei den

Darlehenskassen durch Verpfändung von Wertpapieren zum Lombardsatz Kredit in unbeschränktem Umfange erhältlich ist, bestimmen diese Sätze auch die Höhe der Zinssätze der Börsendarlehen nach oben hin, da sie auf den gleichen Unterlagen beruhen. In Wirklichkeit bleibt der Satz für tägliches Geld noch ein wenig unter dem Diskontsatz der Reichsbank, da für die Anlage von Geld in Reichsschatzanweisungen bei deren Beschaffung von der Reichsbank ebenfalls ein etwas niedrigerer Satz als der offizielle Diskontsatz berechnet wird, und ferner die Anlage als tägliches Geld für den Geldgeber den Vorteil der täglichen Verfügbarkeit hat. Im ganzen aber wird die Höhe der Zinssätze am Geldmarkt der Börse von den Zinssätzen der Reichsbank maßgeblich beeinflußt: der Börsenkredit hat unmittelbaren Anschluß an die nie versagende Geldfülle der Reichsbank gefunden. Nun kam es nur noch darauf an, diesen Anschluß auch an den immer mehr anschwellenden Kreditbedarf von Handel und Industrie herzustellen — was dann auch bald geschah. Vorher ist jedoch noch einer anderen Erscheinung zu gedenken, die sich am Geldmarkt herausbildet:

c) Das Devisenleihgeschäft. Zur Vervollständigung des Gesamtbildes von dem Kapitalbedarf in der dritten Geldentwertungsperiode und seiner Deckung ist zuerst nachzutragen, daß nach dem Scheitern der Bankierkonferenz nicht nur im Ausland das Vertrauen zur Mark erschüttert wird, sondern auch im Inland die Hoffnung auf eine Besserung der Lage überhaupt dahinschwindet. Jetzt wird die Flucht aus der Mark allgemein; an die Stelle des Hamsterns von Marknoten tritt der Kauf von Devisen. Die Betriebe suchen die Wertbeständigkeit ihres Kapitals durch die Anlegung einer Betriebsreserve in Devisen sicherzustellen, ein Vorgang, der in weitem Umfange auch auf solche Betriebe und Personen übergreift, die sonst mit Devisen nichts zu tun haben. Die erste Folge dieser beginnenden Umstellung auf eine andere Währung ist, daß große Mengen Marknoten ins Ausland gehen, die Wechselkurse gesteigert werden und das Wachsen der Depositen bei den Banken auch von dieser Seite aus ins Stocken kommt. Die Folge hiervon ist, daß die Fähigkeit der Banken, Kredite zu gewähren, von neuem beeinträchtigt wird, daß aber auch weniger Kapital für den Effektenmarkt zur Verfügung steht, ja, daß die Betriebe selbst wieder mit neuen Kreditansprüchen an die Banken herantreten, weil sie sich nicht gern von ihren Devisen trennen möchten. Hier greift zwar der Ablieferungszwang für die aus dem Export oder aus Valutazahlungen hereinkommenden Devisen ein; es ist aber ein offenes Geheimnis, daß die Betriebe lange Zeit in der Lage waren, die ablieferungspflichtigen Devisen im freien Markt wieder zurückzukaufen. Auch die zahlreichen Verordnungen, die sich gegen den Erwerb von Devisen richten, haben nicht vermocht, die privaten Devisenbestände zu verringern. Daß die Festlegung von Kapital in Devisen nicht durch das gleichzeitige Anwachsen der Auslandsmarkguthaben in Deutschland einfach oder überhaupt ausgeglichen werden konnte, ist schon oben gesagt worden. Um so eindeutiger ist die Wirkung der Devisenmanie: Steigerung der Wechselkurse und dadurch Steigerung des Geldentwertungsbedarfes, Verschärfung der allgemeinen Kapital- und Kreditnot.

In dieser Not entwickelte sich ein neues Kreditgeschäft: die Beleihung von Devisen, eine Kreditgewährung gegen die Hinterlegung von Devisen entweder in der Form des gewöhnlichen Lombardgeschäftes oder des börsenmäßigen Reportgeschäftes. Im ersten Fall läßt sich der Kunde einer Bank unter Verpfändung seines Devisenbesitzes — Noten, Schecks oder Guthaben bei einer ausländischen Bank — einen Lombardkredit geben, der seinem Kontokorrentkredit angeschlossen sein kann und sich von letzterem nur durch die hinterlegte Sicherheit zu unterscheiden braucht. Da aber die Banken angesichts der geringen Mittel, die ihnen für die Kreditgewährung überhaupt zur Verfügung stehen, von dieser Art der Beleihung keine Erleichterung ihrer Lage erfahren, auf der anderen Seite der Kunde doch die hohen Kosten des Kontokorrentkredites tragen muß, kann dieses eigentliche Devisenlombardgeschäft im allgemeinen nur die Bedeutung eines gesicherten Zusatzkredits annehmen. Um so größere Bedeutung gewinnt das börsenmäßige Reportgeschäft. Aus der eigentlichen Devisenleihe hervorgegangen, indem sich z. B. der Importeur die Devisen zum Einkauf bis zu dem Augenblick leiht, wo er durch den Verkauf wieder in den Besitz von Devisen kommt — der Hereinnehmer, also der Geldgeber zahlt in diesem Fall eine Gebühr, fälschlich Report (statt Deport) genannt — wechselt das Reportgeschäft unter der Einwirkung des steigenden Geldbedarfs bald diesen Charakter. Jetzt geht das Angebot von Leihdevisen von den Devisenbesitzern aus, die gegen Hereingabe der Devisen Geld suchen und dafür einen Zins zahlen, den eigentlichen Reportsatz (entsprechend den gleichen Vorgängen im Effektenreportgeschäft). Als Geldgeber können erstens nach wie vor die Importeure in Betracht kommen, die jetzt sogar noch eine Verzinsung ihres Geldes erhalten — gegenüber der Gebühr, die sie bis dahin zu zahlen hatten —, sowie zweitens vor allen Dingen die Banken, die ihre flüssigen Mittel auf diese Weise kurzfristig, sicher und in Gewißheit einer pünktlichen Rückzahlung anlegen können, die insbesondere dieses Reportgeschäft auch mit ihren Termingeschäften in Devisen zu verbinden wissen. (Wenn eine Bank z. B. von einem Exporteur Devisen, die dieser erst nach zwei oder drei Monaten erhält, auf Termin kauft, so kann sich die Bank decken, indem sie den Devisenbetrag verkauft. Um aber den Kassaverkauf ausführen zu können, muß die Bank im Besitze von Devisen sein; sie leiht sich solche auf dem Wege des Reportgeschäftes und liefert die geliehenen Devisen zurück, wenn der Exporteur die der Bank auf Termin verkauften Devisen abliefert[1]).

Dieses dem internationalen Zahlungsverkehr entsprechende, durchaus legale Reportgeschäft entwickelt sich bald zu einem umfangreichen Kreditgeschäft, als seine Vorteile bekannt werden. Der Devisenbesitzer braucht sich nicht von seinen Devisen zu trennen, durch Verleihung derselben erhält er Papiermark, mit der er seinen betrieblichen Bedarf decken oder Effekten, ja selbst neue Devisen kaufen kann. Bei weitergehender Verschlechterung der Mark erzielt der Verleiher der Devisen (Kreditnehmer) obendrein auf einfache Weise Gewinn: er zahlt die Schuld in entwerteter Mark zurück, oder er braucht, um die ursprüngliche Lombardschuld zurückzuzahlen, nur Teile der neuerworbenen Effekten oder Devisen zu veräußern. Was Wunder, wenn sich jedermann zu dieser vorteilhaften Einrichtung drängt, zumal man überdies ein gutes Vorbild in gewissen ausländischen Spekulanten hatte, die bei anderen Gelegenheiten (Rußland, Österreich) Erfahrungen gesammelt, jetzt mit geliehenen Marksummen auf eine weitere Verschlechterung der Mark spekuliert und damit unter den Augen der Banken große Gewinne eingeheimst hatten. Es kann aber auch nicht wundernehmen, daß sich die Zinssätze für dieses neue Kreditgeschäft bald der steigenden Nachfrage nach Leihkapital anpassen und schließlich ihre Höhe in maßgeblicher Weise von den Gewinnen abhängig wird, die man mit Hilfe dieser neuen Geldbeschaffungsquelle erzielen kann. Entscheidend für die Zinsbildung im Devisenreportgeschäft wird der Geldentwertungskoeffizient, d. h. was die mit dem Leihkapital erworbenen Sachwerte angesichts der Geldentwertung an Gewinn abzuwerfen vermögen.

So entwickelt sich auf dem Gebiete der Devisenleihe ein dritter Zinssatz, der in häufig starker Abweichung von den Zinssätzen der eigentlichen Börsendarlehen seinen eigenen Weg geht. Der Reportsatz im Devisenleihverkehr stellt sich beispielsweise an der Berliner Börse — umgerechnet in Jahreszinsen —:

im	Monat	Juli 1922	auf	10— 15%
„	„	August	„	40%
„	„	September	„	20— 30%
„	„	Oktober	„	100—120%.

Auffallend an diesen Sätzen ist, daß die Höhe der Vergütung für die Devisenbeleihung im Monat Juli und im Monat September hinter den Kosten des Kontokorrentkredits zurückbleibt, daß hingegen im Oktober ein Satz von 100—120% erreicht wird, obwohl in diesem Augenblick schon die neue Kreditquelle der Reichsbank in reichlichem Maße fließt. Das Zurückbleiben der Zinssätze in der ersten Zeit erklärt sich

[1]) Näheres über diese Geschäfte bei Vogel: Das Devisentermingeschäft. Bank- und finanzwissenschaftliche Abhandlungen, Heft 4. Berlin: Julius Springer 1924.

daraus, daß die Banken noch erhebliche Beträge als leicht greifbare Reserven — wozu auch die Devisenreportierung zählt — anzulegen bestrebt sind, während ihnen im Monat Oktober große Posten Auslandsguthaben — die, wie oben erwähnt, ihren Weg zu den Effekten finden — entzogen werden. So ergibt sich die interessante Erscheinung, daß die Kreditansprüche der Betriebe nun doch den Weg zu den Markguthaben des Auslandes gefunden haben; allerdings geht dieser Weg in eigenartiger Weise über die Devisenbeleihung, die in der Gestalt des Reportgeschäftes den Banken eine Kassenreserve für die Guthaben des Auslandes bietet.

Nunmehr hat sich der Geldmarkt[1]) in drei Teile gespalten: 1. Kreditverkehr der Banken mit der Kundschaft in der bevorzugten Form des Kontokorrentkredits: bei bis auf 50% und mehr gesteigerten Kosten; 2. Börsengeldmarkt mit dem Täglichen Geld und dem Ultimogeld auf der Grundlage erstklassiger Effekten und Reichsschatzanweisungen (als Ersatz der früheren Privatdiskonten): bei Zinssätzen, die sich dem Reichsbankdiskontsatz anschließen, von Juni bis Dezember 1922 von $4^1/_2$—$9^1/_2$% betragen; 3. Devisenleihmarkt, wo die Zinssätze die Neigung haben, sich nach dem Geldentwertungsagio zu richten. Wiederum ist ein unmittelbarer Ausgleich unter den einzelnen Teilen des Geldmarktes nicht ohne weiteres möglich: im Kontokorrentkredit suchen die Betriebe individuellen Blankokredit; für den Börsendarlehnsverkehr fehlen ihnen die Unterlagen, die als Sicherheit gefordert werden; so verpfänden sie

---

[1]) In einem mit Geldknappheit überschriebenen Aufsatz behandelt Lansburgh („Die Bank", Jahrg. 1922, S. 540) die Erscheinungen, die oben dargestellt worden sind. Bei dieser Gelegenheit gibt Lansburgh den Begriffen Geld- und Kapitalmarkt eine neue Deutung. „Unter Geldmarkt ist der Markt zu verstehen, an dem man Kapitalmittel entleiht und ausleiht, was meist zu einem bestimmten Zinse geschieht, unter Kapitalmarkt, an dem man Kapitalnutzungen kauft und verkauft, und zwar meist zu einem bestimmten Kurse." Daß diese Begriffsbestimmung nicht ausreicht, geht daraus hervor, daß L. in beiden Fällen das Wort „meist" einschieben muß. Ohne dieses „meist" müßte wahrscheinlich das Hypothekendarlehen dem Geldmarkt, die ihm wesensverwandte Obligation dem Kapitalmarkt zugewiesen werden. L. meint, die vulgäre Identifizierung des Begriffs Geld- und Kapitalmarkt mit der kurz- und langfristigen Leihe sei nur geeignet, Verwirrung anzustiften. Ich bin anderer Ansicht und schließe mich den diesbezüglichen Ausführungen von Spiethoff gegen v. Beckerath an, der gleichfalls die „vulgäre Identifizierung" durch ein anderes Unterscheidungsmerkmal ersetzen will. Im übrigen hält sich L. auch nicht genau an seine Definition: er spricht später vom Geldmarkt als solchem und „dem abseits stehenden Geldverkehr andererseits". Zu dem letzteren zählt er den Bankkredit. Es ist m. E. besser, zu sagen: allgemeiner Geldmarkt, der die Gesamterscheinungen des kurzfristigen Leihkapitalverkehrs umfaßt, und — wenn man will — den Geldmarkt der Börse als einen Teil des allgemeinen Geldmarktes zu bezeichnen.

L. erklärt ferner das Auseinandergehen der Zinssätze so: im Verkehr der Banken mit der Kundschaft (also im abseits stehenden Geldverkehr) gelangen die Überbesondere Vermögensteile, eben die Devisen, um entweder — wie im Juli und September — zu niedrigeren Preisen als im Kontokorrent oder — wie im August oder Oktober — überhaupt Kapital zu bekommen. Und das Merkwürdige an dieser Sachlage ist weiter, daß zu Beginn der dritten Geldentwertungsperiode, im Ausgangspunkt der Kapital- und Kreditnot, auch der Hauptteil des Geldmarktes eine Absonderung und Eigenentwicklung aufweist: der Reichsbankkredit, der ganz und gar auf die Befriedigung des öffentlichen Kreditbedarfs eingestellt ist. Damit stoßen wir wiederum auf die Reichsbank: ihr Eingreifen wird für den Ablauf der dritten Geldentwertungsperiode von entscheidender Bedeutung.

2. Die Kreditpolitik der Reichsbank.

a) Die Wiederauferstehung des Handelswechsels. Die Reichsbank war bis Juli 1922 ganz überwiegend für die Befriedigung des öffentlichen Kreditbedarfs, insonderheit für das Reich tätig, dem sie die zur Bestreitung des Haushaltes erforderlichen Mittel durch fortgesetzte Neuschöpfung von Geld lieferte. Insgesamt hatte das Reich bis dahin rund 500 Milliarden Mark an Reichsschatzanweisungen bei der Reichsbank diskontiert und sich den Gegenwert in Noten und Giralgeld geben lassen. Während es der Reichsbank noch im Jahre 1921 gelungen war, von dem jeweils übernommenen Betrag an Reichsschatzanweisungen bis zu 50% und mehr an die Banken, Genossenschaften und sonstigen Kreise weiterzugeben, findet von Januar bis Juli 1922 ein so starker Rückfluß von Reichschatzanweisungen an die Reichsbank statt, bzw. läßt der Absatz an neuen Schatzanweisungen so erheblich nach, daß bei einer Verdoppelung des gesamten Umlaufes an Reichsschatzanweisungen in diesem Zeitraume sich nicht weniger als 75%

---

schüsse der Volkswirtschaft zur Ausleihung, am Geldmarkt (der Börse) werden die aus diesen Überschüssen ausgesonderten Bankreserven ausgeliehen; je weniger Störungen bei der Ausleihung der Überschüsse zu erwarten sind, um so niedriger können die Reserven sein, die dem zentralen Geldmarkt zugeführt werden; umgekehrt sind die Reserven zu verstärken, wenn die Überschüsse nur spärlich den Banken zufließen oder gar abzufließen drohen. Dieses Bild ist geeignet, die Vorgänge zu verdeutlichen. Es erscheint mir jedoch erforderlich zu sein, hinzuzufügen, daß in normalen Zeiten beide Kreise durch ein sehr wirksames Mittel miteinander verbunden waren: das Bankakzept, durch dessen Diskontierung sich die Kundschaft billiges Börsengeld, eben jene Kassenreserve, beschaffen konnte, während der Kauf von Privatdiskonten gleich Bankakzepten zugleich die hauptsächlichste Kassenreserve der Banken darstellte. Auf diese Weise kommen der Kundschaft der Banken auch jene Kassenbestände wieder zugute, die die Banken „aus den Überschüssen der Volkswirtschaft ausgesondert hatten“. Wie oben im Text ausgeführt, hat das Devisenleihgeschäft eine ähnliche Rolle übernommen, indem die flüssigen Reserven der Banken den Betrieben — allerdings nicht nur für Betriebszwecke — wieder zugeführt wurden.

des Umlaufes von 500 Milliarden Mark gleich 375 Milliarden Mark bei der Reichsbank angesammelt haben. (Im gleichen Zeitpunkt — Juli 1922 — beträgt die Summe der von der Reichsdarlehenskasse an öffentliche Schuldner ausgeliehenen Darlehen im ganzen etwa 12 Milliarden Mark.) Von dem sich bis dahin bemerkbar machenden starken Kreditbedarf von Handel und Industrie war also die Reichsbank zunächst nur in der Weise betroffen worden, daß die Banken und sonstigen Kreditinstitute nach und nach von ihren Beständen an Reichsschatzanweisungen an die Reichsbank zurückgegeben bzw. sich von der weiteren Übernahme derselben zurückgehalten haben. Auf diese Weise haben die Banken Mittel für die Kreditgewährung an Handel und Industrie freigemacht und sich zugleich von der Befriedigung des öffentlichen Kredits mehr und mehr zurückgezogen. Umgekehrt spielt bei der Reichsbank die unmittelbare Kreditgewährung an Handel und Industrie während dieser Zeit nur eine geringe Rolle: der Bestand an Handelswechseln erhöht sich von 2,5 Milliarden Mark am 7. Mai 1922 auf nur 8,1 Milliarden Mark bis Ende Juli 1922. Und dies, obwohl der Diskontsatz der Reichsbank — unterbrochen seit 1915 — 5% beträgt; erst am 28. Juli 1922 schreitet die Reichsbank zur ersten Erhöhung des Diskontsatzes auf 6%, zu einer Zeit, wo Handel und Industrie für den Kontokorrentkredit bereits 50% und mehr bezahlen, für Devisenbeleihung an der Börse ein Satz von 10—15% und mehr üblich ist. Fürwahr: eine merkwürdige Gestaltung des Geldmarktes. Noch merkwürdiger gestaltet sich allerdings das weitere Verhalten der Reichsbank.

Noch vor der ersten Diskonterhöhung legt die Reichsbank den beteiligten Kreisen nahe, sich zur Beschaffung der nötigen Mittel wieder — wie früher — des Wechsels zu bedienen; die Reichsbank sei bereit, Handelswechsel, die den Erfordernissen des Bankgesetzes entsprechen, zu diskontieren. In einem Aufsatz: „Die Kreditnot und ihre Bekämpfung" begründet das Mitglied des Reichsbankdirektoriums Dr. Friedrich[1]) den neuen Schritt der Reichsbank sehr ausführlich: Infolge der Geldentwertung ist der Kreditbedarf der Betriebe gewaltig gestiegen, die Unterbringung von Aktien ist nicht mehr möglich, die Banken können mit der Erhöhung der Kredite nicht leicht folgen; auch wachsen Eigenkapital und Depositen nicht so schnell, wie sich die Kredite erhöhen; bei den Betrieben muß aber das fehlende Kapital ersetzt werden; das beste und einfachste Mittel ist die Ausstellung von Wechseln, die die Banken bei der Reichsbank rediskontieren können; dadurch nimmt die Summe der Debitoren ab, das Wechselportefeuille der Banken erhöht deren Liquidität, — kurz: der Wechsel überwindet die Kreditnot, und alle Schwierigkeiten sind beseitigt. Da der Wechsel vor dem Kriege die so gekennzeichnete Rolle tatsächlich gespielt hat, während des Krieges

[1]) „Bankarchiv" vom 15. Juli 1922.

jedoch von der Barzahlung so gut wie verdrängt worden ist, so lag es nahe, vielleicht zu nahe, sich seiner in einem Augenblicke zu erinnern, wo sich gewisse Anzeichen einer Kreditnot bemerkbar machen und die Reichsbank noch außerhalb dieser Nöte steht. Aber vor dem Kriege ist nicht nach dem Kriege . . .

Schon einmal ist es einem Mitglied des Reichsbankdirektoriums schlecht ergangen, als es einen Wechsel in der Reichsbankpolitik literarisch zu begründen versuchte: v. Lumm (Die Stellung der Notenbanken in der Volkswirtschaft), dem in der Person von Plenge ein scharfer Kritiker erstand (Von der Diskontpolitik zur Herrschaft über den Geldmarkt, Berlin 1913). Man ist leicht geneigt, über den Aufsatz von Friedrich das gleiche Urteil zu fällen: eine Zusammentragung von bekannten Tatsachen, ohne daß es dem Verfasser gelingt, in das Wesen der Dinge einzudringen. Vor allem scheint dem Verfasser gar nicht zum Bewußtsein gekommen zu sein, daß sein Mittel jetzt in einer Volkswirtschaft Anwendung finden soll, die von einer entsetzlichen Krankheit, nämlich der Inflation, befallen ist.

So ist es zunächst nicht richtig, den auf die Banken einstürmenden Kreditbedarf einfach als kurzfristigen Betriebs- (Zahlungs-) Kredit anzusehen, der nach kurzer Zeit — aus dem Erlös der verkauften Waren — zurückgezahlt werden kann. Der Geldentwertungsbedarf, der sich aus der Inflation ergibt, bezieht sich nicht nur auf den eigentlichen kurzfristigen Kredit, der in höheren Papiermarksummen benötigt wird, sondern in weit stärkerem Maße auch auf das Eigenkapital und den langfristigen Kredit der Betriebe, die beide zusammen in der Regel ein Mehrfaches der kurzfristigen Kredite ausmachen. Abgesehen davon, daß es bei schwankendem Geldwert meistens gar nicht möglich ist, genau zwischen der Erhöhung von Eigenkapital und Kredit zu scheiden, kommt als entscheidend in Betracht, daß der bei fortschreitender Geldentwertung entstehende Bedarf an Papiermarkkapital mehr oder weniger dauernd ist, wenn nicht gar eine weitere Erhöhung in kurzer Zeit folgt. Es kann daher nicht die Rede davon sein, daß der Wechsel in solchen Fällen „die Rückzahlung in sich trage“, wie Friedrich meint.

Gewiß: Soweit der Wechsel gegen verkaufte Waren gezogen ist, wird der Bezogene ihn mit dem Erlös aus einem Weiterverkauf bezahlen können; er kann dies vielleicht sogar sehr leicht, da die Preise inzwischen gestiegen sind; aber sowohl der Käufer der Ware wie der Verkäufer kommen, wenn sich die Geldentwertung fortsetzt, sofort mit einem neuen Wechsel, und jedesmal in größeren Marksummen. Oder die Ablösung der Wechsel erfogt aus einer regelrechten Kapitalerhöhung (durch Ausgabe von Aktien und Obligationen am Kapitalmarkt); dann leistet die Reichsbank Zwischenkredite, die ihren Ausdruck in der Entstehung von Finanzwechseln und nicht eigentlich von Warenwechseln finden.

Da die Nichtkapitalgesellschaften (Einzelunternehmungen) eine solche Ablösung der Wechselkredite nicht in Aussicht zu stellen vermögen, so würde die Diskontierung derartiger „Handelswechsel" einer Kapitalbeteiligung der Reichsbank gleichkommen und nichts mehr mit der Gewährung von kurzfristigem Kredit gemein haben.

Die Reichsbank betont aber ausdrücklich, daß sie nur wirkliche Warenwechsel zum Diskont nehmen will. Es ist schon gesagt worden, daß es vielfach gar nicht möglich ist, die Wechsel daraufhin zu unterscheiden, ob sie einem Warenumsatze dienen oder dem Geldentwertungsbedarf schlechthin ihr Leben verdanken, zumal wenn es sich um Wechsel handelt, die auf befreundete, vielleicht zu einem Konzern zusammengeschlossene Firmen gezogen sind, bei denen es möglich ist, daß A an B und B wieder an A liefert. Aber selbst, wenn es den Reichsbankbeamten gelingt, über diese Schwierigkeiten hinwegzukommen, bliebe die Rechnung des literarischen Vertreters der Reichsbank falsch: würde sich die Hilfe der Reichsbank tatsächlich nur auf die Diskontierung „wirklicher" Warenwechsel beschränken, dann wäre auch die Kreditnot nur in sehr unvollkommener Weise beseitigt; denn der plötzlich und in großer Stärke auftretende Kreditbedarf ist eben nicht nur „Warenwechsel"-kreditbedarf, sondern in erster Linie und in der Hauptsache Kapitalbedarf, d. h. Bedarf an Eigenkapital und an langfristigem Leihkapital, der dann unbefriedigt bleiben müßte.

Der literarische Aufruf an die kreditbedürftige Geschäftswelt übersieht endlich, daß eine auch schon in normalen Zeiten nicht uneingeschränkt zur Anwendung gelangende Kreditmaßnahme (Notenausgabe auf Grund von Warenwechseln) nicht einfach schablonenhaft auf die Volkswirtschaft der Nachkriegszeit übertragen werden kann. Nicht nur, daß die Volkswirtschaft im Zeichen der Inflation stand, sondern auch, daß mit einer weitergehenden Verschlechterung gerechnet werden mußte, hätte den Verfasser des Aufsatzes, der ja diese Dinge an der Quelle miterlebt, veranlassen müssen, die Dynamik des volkswirtschaftlichen Geschehens etwas genauer zu erforschen, ehe er seine nur banktechnische Belehrung vom Stapel läßt. Er hätte dann gefunden, daß die Kreditnot keine neue Erscheinung war, daß sie vielmehr bei fortschreitender Geldentwertung im kleinen und großen entsteht, wenn eine plötzliche und erhebliche Steigerung der Wechselkurse eintritt und sich die inländischen Preise und Einkommen nicht sofort anpassen; daß eine solche Kreditnot verschärft wird durch die Zusammenballung aller Kreditansprüche in der einen Form des Kontokorrentkredites, und daß sich endlich die Spannung von selbst löst, wenn von außen her der Umtausch von Marknoten und Guthaben in Waren und Effekten, von innen her die Anpassung der Löhne, Gehälter, Einkommen an den neuen Geldwert erfolgt, also die Inflation fortgesetzt wird. Er hätte weiter gefunden, daß in früheren

Fällen die großen Summen der Reichsentschädigungen und der Auslandskäufe (in Effekten) zur Befriedigung des Geldentwertungsbedarfes zur Verfügung gestanden haben, und daß dieses Mal mit größter Wahrscheinlichkeit — der Kreditbedarf von selbst bis zur Reichsbank vorgedrungen wäre. Dann wäre die Frage nicht gewesen: Wie fordert man die Geschäftswelt am wirkungsvollsten auf, die Reichsbank mit Kreditansprüchen zu bestürmen? sondern: Wie wird es möglich sein, den Kreditbegehr in möglichst engen Grenzen zu halten, zwar eine Kreditquelle zu öffnen, aber Tropfen um Tropfen zu zählen, um die Inflation nicht zu verstärken?

Die Reichsbank hat das Gegenteil getan: sie ladet Handel und Industrie zum Kreditgeschäft ein, stellt selbst fest, daß „alles geschehen muß, um den Mangel an Kapital durch Kredit abzustellen", und gewährt diesen Kredit zu 5% Zinsen pro Jahr. Betriebswirtschaftlich gesehen, erwachsen dem Kreditnehmer jetzt große Vorteile. Der Diskontsatz bleibt beträchtlich hinter den Kosten des Kontokorrentkredits (50%) und der Devisenbeleihung (15%) zurück. Bei fortschreitender Geldentwertung finden die Kreditnehmer, daß es ein lohnendes Geschäft ist, den Diskonterlös in Sachwerten anzulegen und später den Wechselbetrag mit einem Bruchteil des Sachwerterlöses zurückzuzahlen. So reizt die billige Kreditquelle geradezu dazu, Schulden aufzunehmen, um mit dem Kredit Geschäfte zu machen; es bildete sich die betriebswirtschaftlich wahrhaft „richtige" Politik heraus: 1. Bemessung der Preise nach Wiederbeschaffungskosten — dadurch Ausschließung eines Kapitalbedarfes —, 2. Zahlung per Kasse — Vermeidung der Geldentwertung an den Forderungen, 3. Beschaffung von neuem Kapital durch Wechseldiskontierung und Devisenbeleihung — Ankauf von Waren, Effekten und Devisen. In der Tat: das Ziel, die Substanzerhaltung, ist mehr als erreicht — mit Hilfe der freundlichen Einladung zur Diskontierung von Handelswechseln. Volkswirtschaftlich mußte die Schaffung neuer Kaufkraft die Tendenz zur Preissteigerung verstärken, die Wechselkurse von neuem steigern, die allgemeine Geldentwertung verschärfen. Anstatt sich die Kreditklemme auch dahin auswirken zu lassen, daß Waren zwecks Geldbeschaffung an den Markt gelangen, wird mit vollen Händen neue Kaufkraft ausgeteilt, die die allgemeine Nachfrage nach Waren sogar noch verstärkt und sich darüber hinaus auf den Effekten- und Devisenmarkt ergießt. So ergibt sich das für die verworrenen Zustände vielleicht charakteristische Bild: Auf der einen Seite glaubt sich das Reich gezwungen, zu dem Mittel der Inflation zu greifen, um seinen Haushalt zu finanzieren und die Volkswirtschaft in Gang zu halten; die Preistreibereiverordnung verhindert durch die Nichtzulassung der Wiederbeschaffungspreise, daß sich die Betriebe von der allgemeinen Verarmung ausschließen, führt vielmehr dazu, daß bei ihnen zwangsläufig ein Geldentwertungsbedarf an Papiermarkkapital eintritt — und auf der anderen Seite stellt die Reichsbank ihren Notenkredit zur Verfügung, mit dem die Betriebe die durch die Inflation gerissene Kapitallücke ausfüllen, ja sogar darüber hinaus neues Kapital ansammeln können. Die Kosten dieser Kreditpolitik tragen letzten Endes die wirklichen Kreditgeber: das sind alle diejenigen, die nachher mit den Noten immer weniger kaufen können. Im Enderfolg werden natürlich auch die Betriebe von dieser Entwicklung betroffen; der Kapitalbedarf wächst beständig, und die Wechseldiskontierungen nehmen zu. Jedenfalls kann kein Zweifel darüber bestehen, daß die im Juli 1922 von der Reichsbank eingeleitete Kreditpolitik in wirksamster Weise dazu beigetragen hat, den Leidensweg der Mark zu verschlimmern.

b) Der Ablauf der dritten Geldentwertungsperiode (bis zum Ruhrkrieg). Nur wenige Wochen nach dem Erscheinen des offiziösen Aufsatzes über die Diskontierungsbereitschaft der Reichsbank setzt eine Verschärfung der im Zuge befindlichen Geldentwertung ein, die an Stärke und Folgen alles bisher Dagewesene übertreffen sollte. Im August 1922 erreicht der Dollar das Vierfache des Junistandes (in Höhe von 300 M. zu Beginn der dritten Geldentwertungsperiode); im Oktober tritt eine weitere Verdoppelung ein, dasselbe noch einmal im November. Ende Dezember 1922 ist der Dollar gleich 7589 M., das ist das 25fache des Junistandes. (Im Februar 1923 steigt er auf 50 000 M., gleich dem 150-fachen des Junistandes.) Wie sehr mit dem Nachkommen der inländischen Preise — nach den bisherigen Erfahrungen — gerechnet werden konnte, zeigt die Entwicklung der Großhandelsziffern für die entsprechenden Zeitpunkte: August Steigerung um das 2fache (gegen 4fache des $), Oktober um das $1^1/_2$fache (2), November um das 2fache (2), Ende Dezember auf das 20fache vom Junistand (gegen 25fache beim $). Im Februar erreichen die Großhandelsziffern das 100fache ($: 150) des Junistandes. Welch gewaltiger Kapitalbedarf hätte angesichts dieser schnellen und einschneidenden Geldentwertung entstehen müssen — wenn jedermann seine Waren nach den Vorschriften der Preistreibereiverordnung veräußert hätte, oder wenn die Rechtsprechung nicht die Übung angenommen hätte, zu gestatten, daß bei der Bemessung der Preise zwar nicht die Wiederbeschaffungskosten, wohl aber die jeweils eingetretene allgemeine Geldentwertung berücksichtigt werden darf. Weil in Wirklichkeit jedoch zu jener Zeit schon alle Banden frommer Scheu gebrochen waren, und — insbesondere in den Kreisen des Großhandels und der Großindustrie — die Kalkulation zu Wiederbeschaffungskosten nicht nur mit allen Mitteln der Propaganda betrieben, sondern die Preisfestsetzung in großem Umfange unter einfacher Anlehnung an den Dollarkurs vorgenommen wird, ist der Kapitalbedarf verhältnismäßig noch gering geblieben.

Nach der Statistik der Frankfurter Zeitung entfielen auf:

	in Milliarden M.			
	1922			1923
	I. Sem.	II. Sem.	insgesamt	Januar
Gründungen	8,3	10,6	18,9	5,2
Kapitalerhöhungen . .	24,6	41,2	65,8	29,1
zusammen	32,9	51,8	84,7	34,3

An sich betrachtet, sind hiernach zwar erhebliche Mittel beansprucht worden, zumal wenn man berücksichtigt, daß die Zusammenstellung den wirklichen Ausgabekurs — beim freihändigen Verkauf der Aktien — nicht erfaßt. Im Verhältnis zur Preissteigerung ist aber ein Nachlassen des Kapitalbedarfs im ganzen anzunehmen. Daran ändert auch nichts, daß gerade die Betriebe, die sich der neuen Kalkulation überhaupt nicht oder nicht so weitgehend bedienen konnten, und deren Kapitalbedarf mit jeder neuen Preissteigerung größer wurden (Kleinhandel), gleichfalls in der Statistik nicht berücksichtigt werden. Als Nichtaktiengesellschaften haben sie meist auf die Auffüllung ihres Kapitals verzichten müssen; um so mehr wird diese Aussicht sie veranlaßt haben, sich durch eine entsprechende Preisfestsetzung den Folgen der Preistreibereiverordnung zu entziehen.

Wie in früheren Fällen kommt der Befriedigung des Kapitalbedarfs auch dieses Mal wieder zugute, daß sich auf Grund der vorausgeeilten starken Steigerung der Devisenkurse das Ausland mit umfangreichen Käufen auf dem Effektenmarkte einstellt, die dem Kapitalmarkt immer wieder flüssige Mittel zuführen. Wie sehr es hier möglich war, die Spannung in den Preisen auszunutzen, zeigt die Tatsache, daß die Hauptsteigerung der Kurse erst im Oktober 1922 eintritt, der eine zweite Hausse zu Anfang des nächsten Jahres folgt. Immerhin konnten sich die Aktienkurse im Jahre 1922 (Index der Frankfurter Zeitung) um das 12fache erhöhen, ein Zeichen, daß zu den gestiegenen Kursen immer wieder Abnehmer vorhanden waren.

Um der drohenden Geldentwertung zu entgehen und an der überall zum Durchbruch kommenden Preissteigerung teilzunehmen, nimmt jetzt die Flucht in die Sachwerte allgemein zu: jeder, der über Papiermark verfügt, sucht sie so schnell wie möglich abzustoßen und dafür Rohstoffe, Waren und Devisen — wie die Betriebe — oder Effekten — wie das sich verflüchtende Geldkapital — oder endlich Unterhaltungsmittel und Luxusartikel zu kaufen, alles über den nächsten Bedarf hinaus, auf Vorrat, zur Sicherung des Geldvermögens, das dahinzuschwinden droht. Wie auf der einen Seite die Markflucht des breiten Publikums wiederum zur Steigerung der Preise beiträgt, so bedeutet sie auf der anderen Seite eine Schwächung der Banken und sonstigen Kreditinstitute, bei denen der Depositenzufluß stockt bzw. eine empfindliche Abwanderung der Depositen eintritt. Über das Ausmaß dieser Entwicklung lassen sich zuverlässige statistische Angaben nicht beibringen, da die Jahresbilanzen nur einen Vergleich zwischen Ende des Jahres 1922 mit Ende des Vorjahres zulassen und nicht über die dazwischenliegenden Bewegungen berichten (Fehlen der Zweimonatsbilanzen). Außerdem sind die Zahlen der betreffenden Jahresbilanzen nicht ohne weiteres vergleichbar, weil nicht ersichtlich ist, ob und in welchem Umfange Währungsguthaben in den ausgewiesenen Ziffern für Depositen bzw. enthalten sind. Daß die Abwanderung der Depositen das Stocken des Zuflusses nicht unbedeutend gewesen sein kann, zeigt eine Äußerung des Bankdirektors Hahn — in einem Aufsatz über Kreditnot, auf dessen Inhalt zurückzukommen ist —, der geradezu von einem Kreditorenstreik spricht und den Abfluß von Depositen mit dafür verantwortlich macht, daß die Kreditschwierigkeiten jene Zuspitzung zur Kreditnot erfahren haben. Jedenfalls hat die auf weite Kreise des Publikums übergegriffene Neigung, von der Papiermark loszukommen, die Fähigkeit der Banken, Kredite zu gewähren, ebenso eingeschränkt, wie die dadurch ausgelöste Steigerung der Preise für Waren und Devisen den Banken neue Kreditansprüche zugeführt hat.

Leider läßt sich wiederum aus den Bilanzen nicht nachweisen, in welchem Maße sich die Banken an der Kreditgewährung beteiligt haben. Wohl ist ersichtlich, daß die Debitoren bei den acht Berliner Banken von 35 Milliarden Ende 1921 auf 406,7 Milliarden Ende 1922, also um das 11fache gestiegen sind; nicht aber ist festzustellen, wie sich der Bestand an diskontierten Wechseln erhöht hat, da diese zusammen mit dem Bestande an Reichsschatzanweisungen in einer Summe ausgewiesen werden. Um so deutlicher läßt sich das Ergebnis der Kreditpolitik der Reichsbank nachweisen: ihr Bestand an diskontierten Handelswechseln beträgt:

1922 in Milliarden M.

30. Juni	31. Juli	31. Aug.	30. Sept.	31. Okt.	30. Nov.	31. Dez.
4,7	8,—	21	50	101	250	422

Während also der Dollar in der Zeit von Juni bis Dezember „nur" um das 25fache steigt, wächst der Bestand an Handelswechseln in dem gleichen Zeitraum auf fast das 100fache an. Und selbst wenn man den Monat Juli als Ausgangspunkt wählt, so beträgt die Steigerung noch das 50fache, gleich dem Doppelten der Dollarsteigerung. Die Ziffern zeigen, in welch gewaltigem Umfange die Reichsbank das fehlende Kapital durch ihren Kredit ersetzt hat, freilich nicht ohne die oben festgestellte Wirkung: daß sie mit dieser Kreditgewährung die vom Reiche ausgehende Inflation unterstützt, dadurch die Preissteigerung auf allen

Gebieten verstärkt und so selbst wieder zur Erhöhung auch des Kapital- und Kreditbedarfs beiträgt. Und das Merkwürdigste ist, daß die Reichsbank diese gewaltigen Beträge zu Zinssätzen ausleiht, die gegenüber den Geldentwertungsvorteilen gar nicht ins Gewicht fallen. Nur zögernd und mit vielem Widerstreben läßt die Reichsbank eine Erhöhung des Diskontsatzes eintreten: am 28. August auf 7%, am 21. September auf 8%, am 13. November auf 10% und am 18. Januar 1923 auf 12%. Zur gleichen Zeit sind die Kosten des Kontokorrentkredits auf 60% gestiegen, während im Devisenleihgeschäft Sätze bis zu 100% und mehr bewilligt werden.

c) Diskonterhöhung oder Krediteinschränkung? Die Folgen dieser Diskontpolitik sind aus dem Status der Reichsbank vom 31. Dezember 1922 abzulesen: neben einem Bestande von 422 Milliarden M. an diskontierten Handelswechseln befinden sich 1184 Milliarden M. an Reichsschatzanweisungen (1921: 133 Milliarden M.) im Besitz der Reichsbank, ist der Notenumlauf von 113 Milliarden M. Ende 1921 auf 1280 Milliarden M. am 31. Dezember 1922 gestiegen bei gleichzeitiger Vermehrung der fremden Gelder von 32 Milliarden M. 1921 auf 530 Milliarden M. Ende 1922: ein finanzielles Trümmerfeld sondergleichen. Zu Beginn des Jahres 1923 gebietet die Reichsbank der weiteren Verwüstung Halt: sie geht zu einer strengen Sichtung des Wechselmaterials über und erklärt, daß sie fortan nur solche Wechsel diskontieren werde, die „aus einem Umschlagskredit hervorgehen, mindestens drei Unterschriften tragen, deren Güte einwandfrei sein müsse“. Gleichzeitig erläßt sie ein Rundschreiben an die Banken, Sparkassen und Girozentralen, daß auch diese Stellen in der Kreditgewährung Zurückhaltung üben sollen; insbesondere verlangt die Reichsbank, daß jegliche Kreditgewährung, die im Zusammenhang mit der Spekulation stehe, vor allem die Beleihung von Devisen, eingestellt werden solle. Die Reichsbank spricht sogar die Drohung aus, daß sie fortan jeder Bank den Kredit sperren werde, die dieser Aufforderung nicht nachkomme. Sie selbst geht ihrer Kundschaft gegenüber mit einer sehr strengen Prüfung aller Kreditgesuche vor: Kreditsperre an Stelle des Kreditangebots vor einem halben Jahre!

Die äußere Veranlassung zu dieser vollkommenen Abkehr von der Warenwechselpolitik ist gegeben mit dem Beginn des Ruhrkampfes, dessen Finanzierung die Reichsbank übernimmt. Er leitet zugleich die vierte Geldentwertungsperiode ein, vor deren Anfang die im Februar 1923 zur Durchführung gelangende Markstützungsaktion der Reichsbank steht. Einschränkung der Warenwechseldiskontierung, Festlegung des Dollarkurses auf etwa 20 000 M., Verhinderung der Devisenspekulation, Verbot der Devisenbeleihung — und hemmungslose Kreditgewährung an das Reich bzw. für die Unterstützung des Ruhrkampfes kennzeichnen die Umstellung der Reichsbankpolitik. Die Wirkung ist noch in aller Erinnerung: an der Börse tritt ein gewaltiger Kurssturz ein, der Warenhandel stößt Effekten ab, um sich bare Mittel zu beschaffen, in- und ausländische Devisenspekulanten folgen diesem Beispiel, um ihre Hausseverpflichtungen in Devisen durchhalten zu können. Trotzdem kommen von hier wie von den ängstlich gewordenen Devisenbesitzern nicht unerhebliche Mengen Devisen an den Markt, die der Reichsbank die Durchführung ihrer Stützungsaktion erleichtern. In Handel und Industrie kommt es zu Stockungen, angefangene Bauten werden eingestellt, Erweiterungspläne aufgeschoben; auch die öffentlichen Körperschaften werden jetzt daran erinnert, daß sie nicht unbekümmert um die Gesamtlage der Volkswirtschaft großes Kapital erheischende Unternehmungen zur Durchführung bringen können, in einer Zeit, wo jedermann nach Kapital schreit und inbesondere das Reich großer Mittel bedarf. Die allgemeine Stockung bringt zugleich die Erleichterung: die Festlegung des Dollarkurses stoppt zunächst das weitere Steigen des Kapitalbedarfes ab; gleichzeitig werden aber die Gehälter und Löhne in schneller Folge und erheblichem Umfange erhöht, arbeitet die Notenpresse für das Reich und den Privatkredit weiter: Ende März 1923 hat sich der Bestand an Handelswechseln um 1950 Milliarden M. auf 2372 Milliarden M., an Reichsschatzanweisungen um 3371 Milliarden M. auf 4555 Milliarden M. erhöht, ist der Notenumlauf auf 5571 Milliarden M. gestiegen — und der mit großer Besorgnis erwartete Märztermin 1923 geht zur allgemeinen Überraschung ohne Schwierigkeiten vorüber. Das Ende der dritten Geldentwertungsperiode — genau wie bei der ersten und zweiten Geldentwertungsperiode.

Der schroffe Wechsel von der entgegenkommenden, ja mehr oder weniger aufgedrängten Kreditgewährung zur streng durchgeführten Krediteinschränkung und das gleichzeitige Festhalten an außergewöhnlich niedrigen Zinssätzen hat der Reichsbank von fast allen Seiten lebhaften Widerspruch eingetragen. In der Tat zeichnet sich die Politik der Reichsbank in der damaligen Zeit nicht nur durch einen bedauerlichen Mangel an Folgerichtigkeit aus, sondern sie entbehrt auch vor allem der Erkenntnis ihrer eigentlichen Aufgaben. Allerdings ist es ebenso ungerecht, das Verhalten der Reichsbank in Bausch und Bogen zu verurteilen; die Verhältnisse, unter denen die Reichsbank — wie die Wirtschaft überhaupt — zu arbeiten gezwungen war, waren so außerordentlich verworren und erschwert, daß es nicht ohne weiteres möglich war, die genauen Wirkungen dieser oder jener Maßnahmen immer im voraus richtig abzuschätzen. Dennoch sind grundsätzliche Fehler begangen worden, die zweifellos zur Zuspitzung der allgemeinen Lage beigetragen haben.

Die Reichsbank hat die Wirksamkeit eines hohen Diskontsatzes in Inflationszeiten geleugnet und demzufolge nur zögernd den Diskontsatz erhöht: in der Zeit von Juli 1922 bis April 1923 von 5% auf 12%, obwohl die Zinssätze des Geldmarktes und der Banken auf 100% und mehr angekommen waren.

Nun ist es zwar richtig, daß in Zeiten fortschreitender Geldentwertung eine Erhöhung des Zinssatzes, insbesondere in vorkriegsmäßigem Umfang, von den Kreditnehmern nicht gespürt oder leicht auf die steigenden Preise abgewälzt werden kann. Aber die Abwälzungsmöglichkeit ist doch verschieden je nach den Begleitumständen, die mit der Inflation verbunden sind. Wenn es sich bei der letzteren lediglich um die Durchführung von Gehalts- und Lohnerhöhungen handelt und diese nicht im ganzen Ausmaß der voraufgegangenen Preissteigerungen erfolgen — um durch eine beabsichtigte Verminderung der Kaufkraft den Antrieb zu weiteren Preissteigerungen zu mindern —, so kann eine gleichzeitige Kreditverteuerung sehr wohl in der gleichen Richtung, also hemmend auf die Preissteigerung wirken. Erfolgt hingegen die künstliche Neuschöpfung von Geld zu dem Zweck, um die durch den Friedensvertrag verursachten Zahlungen für Entschädigungen zu leisten, d. h. um Kapital in Geld zu verwandeln, das dann als Leihkapital am Geldmarkt Unterkunft sucht — wie es in der ersten Geldentwertungsperiode der Fall gewesen ist —, so ist anzunehmen, daß eine Diskonterhöhung gänzlich wirkungslos verpuffen wird. Nun ist allerdings in der dritten Geldentwertungsperiode die Erhöhung der Löhne und Gehälter fast genau der Steigerung der Preise gefolgt, weil die Entlohnung gerade noch die Kosten für den Lebensunterhalt zu decken vermochte. Von einer Diskonterhöhung im hergebrachten Sinne wäre also kein Erfolg zu erwarten gewesen.

Was jedoch die Reichsbank nicht erkannt hat, das ist: daß es sich bei der Hingabe von Krediten in der damaligen Zeit (Herbst 1922) schon längst nicht mehr allein um den reinen Zinssatz handelte, vielmehr vor allem um die Wiedergutmachung des Geldwertschwundes, der bei einer späteren Rückzahlung in entwerteter Mark eingetreten war. Die Reichsbank lieh gutes Geld aus und erhielt entwertete Mark zurück. Die Kreditnehmer konnten mit dem Gelde der Reichsbank ihrerseits Kredite gewähren, ohne hierbei unter einer weiteren Markentwertung leiden zu müssen, oder sie konnten Sachwerte — Waren, Devisen, Effekten — kaufen, die ihnen den vollen Geldwert zurückbrachten, ja in vielen Fällen einen echten Geldentwertungsgewinn abwarfen. Die Reichsbank hat auf diese Weise — im Umfang ihrer Wechselankäufe — Geldwert über Geldwert an ihre Kunden verschenkt, den sie den durch die Preisteigerung betroffenen Noten- und Geldforderungsbesitzern abgenommen hat. Ein geradezu ungeheuerlicher Vorgang ... Und dennoch: darin hat die Reichsbank unbedingt richtig gehandelt, daß sie den lauten und von vielen Seiten auf sie einstürmenden Forderungen nach Einführung von wertbeständigen Krediten nicht ohne weiteres nachgekommen ist. Wie die Dinge damals lagen — fortschreitende Inflation — hätte der Übergang zu Goldkrediten sofort die Goldrechnung sowie die Kalkulation in Goldmark nach sich gezogen, was deshalb zu unhaltbaren Zuständen geführt hätte, weil die gleichzeitige Zahlung von Goldlöhnen unmöglich war. Mit dem einfachen Übergang zur Wertbeständigkeit der Kredite war es also nicht getan. Weil die gesamten — wirtschaftlichen wie politischen — Verhältnisse nicht „normal", sondern unendlich schwierig und gefährlich zugleich lagen, konnte es auch kein Entweder — Oder geben; vielmehr war die Gelegenheit gegeben, mit einer überlegten Halbheit von Maßnahmen einzugreifen, d. h. bei der Rückzahlung der Kredite zwar nicht den vollen Ersatz der Geldentwertung zu verlangen, auf der anderen Seite aber mit dem Diskontsatz zum mindesten so hoch zu gehen, daß eine gewisse Übereinstimmung mit den sonstigen Zinssätzen eingetreten wäre.

Eine solche Verteuerung der Kredite hätte zweifellos von selbst auf eine Verringerung der Kreditansprüche hingewirkt. Und dennoch glaube ich, wäre die Reichsbank nicht ohne eine strenge Prüfung der Kreditgesuche ausgekommen. Was die Reichsbank bei Wiedereinführung des Handelswechsels übersehen hat (und was auch im Geschäftsbericht von 1922 noch nicht klar hervortritt), ist: die Geldentwertung hat in erster Linie einen Bedarf an Kapital (bzw. an erhöhtem langfristigen Kredit) hervorgerufen, der nur deshalb zum kurzfristigen Kredit drängt, weil er sonst keine Befriedigung findet. Es kann vor allem bei fortschreitender Inflation nicht Aufgabe der Notenbank sein, diesen durch die Inflation hervorgerufenen Kapitalbedarf mittels Ausgabe von Noten zu decken. Wenn die Reichsbank davon ausging, daß lebenswichtige Betriebe nicht zum Erliegen kommen sollten, so mußte sie in der Kreditgewährung ein notwendiges Übel sehen, das sie mit allen Mitteln in engen Grenzen zu halten hatte. So ist die „Beschränkung der Kredite auf ein Mindestmaß des Notwendigen", „die Zurückweisung aller Wechsel, die nicht aus einem Umschlagskredit hervorgehen" — wie es im Februar 1923 heißt —, eine notwendige, wenn auch praktisch eine durchaus nicht vollkommene Maßnahme. Hahn (Frankfurter Zeitung vom 25. Februar 1923) weist treffend auf die Mängel hin: die Kreditgewährung liegt mehr oder weniger im Ermessen der Reichsbankbeamten; die einzelnen Geschäftsbranchen werden ungleich mit Kredit bedacht, die Banken wissen nicht mehr, in wieweit ihr Wechselbestand eine leicht flüssig zu machende Reserve darstellt; die gleiche Ungewißheit besteht bei den Handels- und Industriefirmen, da auch hier niemand mehr weiß, ob ein Akzept diskontierbar ist oder nicht. Diese Mängel sind zweifellos vorhanden und nicht gering zu veranschlagen; aber auch hier gilt wieder: bei solch unvollkommenen und unübersehbaren Verhältnissen, wie sie damals bestanden, gibt es eben keine einfachen und vollkommenen Maßnahmen, die die Unvollkommenheiten beseitigen, es sei denn, daß die Grundursachen abgestellt werden, d. h., daß die Inflation aufhört. Der weitere Nachteil, den Hahn anführt, daß die Krediteinschränkung keinerlei Vermehrung der Kreditmittel bewirke, hätte sich erledigt, wenn die Reichsbank in Verbindung mit der Krediteinschränkung zugleich eine Erhöhung des Diskonts vorgenommen hätte. Darin liegt letzten Endes der Mangel der Reichsbankpolitik, daß sie schließlich zwar den Fehler der allzu leichtfertigen Kreditgewährung eingesehen, daß sie aber die „unumgänglich notwendigen Kredite" nicht genügend verteuert hat.

Diese Erkenntnis kam erst, als das Tempo der Geldentwertung den Schwindsuchtsgalopp der deutschen Wirtschaft widerspiegelte: am 25. August 1923, mitten in der vierten Geldentwertungsperiode, bekennt sich Havenstein zu einer grundsätzlichen Änderung seiner Politik (vgl. III., Kreditpolitik und Ruhrkampf).

Wäre die Diskonterhöhung früher gekommen, so hätten auch die Banken mit ihren Zinssätzen höher gehen und auf eine Einschränkung der Kredite hinwirken können. Eine Folge der Diskonterhöhung hätte natürlich auch die Erhöhung der Zinsen für Depositen sein müssen, was deren Abfluß und den Zustrom der Geldkapitalien zu dem Waren-, Devisen- und Effektenmarkt verlangsamt hätte. Um den Absatz der Reichsschatzanweisungen nicht ins Stocken kommen zu lassen, wäre auch hier eine Erhöhung der Zinssätze notwendig gewesen. Aber gerade gegen die mit der Diskonterhöhung verbundene Erhöhung der Zinssätze für die Depositen und Reichsschatzanweisungen hat sich die Reichsbank mit aller Entschiedenheit ausgesprochen; ja, sie hat sogar wiederholt die Banken gewarnt und ersucht, in der Erhöhung ihrer Zinssätze Maß zu halten. Hier liegt der andere große Fehler der Reichsbank: sie hat mit dieser Politik die Inflationswirtschaft des Reiches nicht nur geschont, sondern geradezu gefördert. Wäre die Reichsbank — wenn sie nun schon einmal glaubte, das Reich nicht im Stich lassen zu dürfen — dazu übergegangen, den rasend ansteigenden Geldbedarf des Reiches zum mindesten zu verteuern, dann hätten die Kosten den Reichsfinanzminister vielleicht eher darauf aufmerksam gemacht, daß er seine Finanzierungsmethoden zu ändern habe. Das Schicksal hat es gewollt, daß zwei Männer für die Reichsfinanzpolitik und das Geldwesen verantwortlich zeichneten, von denen der eine — Hermes — sich ganz auf das bequeme Mittel der Inflation verließ, und der andere — Havenstein — seine Aufgabe darin sah, sich für die Inflation mißbrauchen zu lassen. Ein Rätsel muß es bleiben, wie es möglich sein konnte, daß das deutsche Bankgewerbe der Politik dieser beiden Männer solange Gefolgschaft leisten konnte, bis der finanzielle Zusammenbruch da war.

III. Kreditpolitik und Ruhrkampf (1923)[1].

In der voraufgegangenen Zeit 1919—1922 hat sich die Mark, gemessen am Dollar, um das 150fache entwertet: eine gewaltige wirtschaftliche und soziale Umwälzung der Vorkriegswirtschaft, auch verglichen mit dem Leidensbruder Österreich, wenn auch hier, wo der Wirtschaftskörper arg beschnitten, die Geldentwertung bis dahin dreimal so groß war. Dennoch kann man bis Ende 1922 in Deutschland von der kleinen Inflation sprechen, wenn man die Entwertung von 1 : 1500 mit der schließlichen von 1 : 4 200 000 000 000 vergleicht. Die große Inflation des Jahres 1923 wird zeitlich und ursächlich bestimmt durch den Ruhrkampf. Seine Abwehr hat Menschennöte und Menschenleben, hat Gefängnis und Erniedrigungen, Leiden und Ausweisungen gekostet — Ausgaben an Kräften, die nicht zu messen, wohl aber in der Erinnerung festzuhalten sind. Daneben sind wirtschaftliche Werte verloren gegangen, vernichtet, zerstört, sind Geldmittel verausgabt, verbraucht worden, die schließlich zum wirtschaftlichen und finanziellen Zusammenbruch geführt haben. Das heldenmütige Verhalten der Bewohner hat einhellige Bewunderung gefunden; nicht so die finanzielle Führung des Abwehrkampfes. Schon frühzeitig hat die Kritik eingesetzt, die zweifellos das eine oder andere auch erreicht hat, im ganzen aber auf starke Gegensätze gestoßen ist. Auch heute (zwei Monate nach Einstellung des passiven Widerstandes) ist es nicht leicht, festzustellen, ob die Ursachen für die vielen finanziellen Mißerfolge allein in den wirtschaftlichen und politischen Verhältnissen oder auch in den Personen zu suchen sind, — wenn ich auch persönlich der Meinung bin, daß die Personen die Hauptschuld tragen. Doch wir wollen die Tatsachen sprechen lassen.

A. Die eigentliche Ruhrfinanzierung.

1. Der Geldbedarf.

Was zunächst den Geldbedarf anlangt, so ist wohl zu unterscheiden zwischen den Mitteln, die für die private Wirtschaft aufzubringen waren, und solchen, die dazu bestimmt waren, den Fehlbetrag der gemeindlichen Haushalte zu decken. Die Störung der Betriebe kam von verschiedenen Seiten: Vermögensgegenstände, Räume oder ganze

[1]) Der nachfolgende Aufsatz hat über ein Jahr lang in meiner Schreibmappe gelegen. Ich habe mit der Veröffentlichung gezögert, weil es mir untunlich erschien, gewisse Dinge vorzeitig zur Kenntnis der Besatzungsmächte zu bringen. Nachdem die öffentliche Erörterung über die Ruhrfinanzierung in Gang gekommen ist, liegt kein Grund mehr vor, die Drucklegung länger hinauszuschieben. Das inzwischen herausgekommene Material habe ich, soweit es möglich und erforderlich war, berücksichtigt (20. März 1925). (Schmollers Jahrbuch 1925, S. 109).

Betriebe wurden beschlagnahmt oder für die Bedürfnisse der Besatzungstruppen requiriert. Hier trat das Okkupationsgesetz vom 2. März 1919 in Kraft, das auf das neubesetzte Gebiet übertragen wurde. Weitere Schäden entstanden durch Behinderung des wirtschaftlichen und persönlichen Verkehrs. Die neuerrichteten Zollgrenzen, örtliche Sperren, militärische Eingriffe aller Art brachten Warenverderb, Wertminderungen, Verluste und Beschlagnahmen von Schmuggelwaren mit sich. Zur schnelleren Regelung der Schadensfälle wurde von den Feststellungsbehörden das sogenannte Sonderverfahren durchgeführt. Der Schadensfall mußte durch Unterlagen glaubhaft gemacht werden, worauf alsbald eine Vorschußleistung bis zu drei Viertel des Wertes eintrat. Da aber das Reich für die Geldentwertung nicht aufkam, sind viele Restzahlungen wertlos geworden, in vielen Fällen auch die Vorauszahlungen. Manche Schadensfälle sind wegen der eingetretenen Geldentwertung gar nicht zur Anmeldung gekommen[1]). Über die Höhe dieser Entschädigungen liegen Ziffern nicht vor. Von ungleich größerer Bedeutung sind die Summen, die das Reich als Ersatz für die erzwungenen Reparationsleistungen den betreffenden Betrieben zu vergüten hatte. Doch gestaltete sich hier die Nachprüfung einfacher. Liefermenge, Liefertag und Preis standen mehr oder weniger fest, so daß Überbezahlungen eine geringe Rolle spielten. Die Entschädigungen beginnen erst mit dem 16. bzw. 24. April 1923, an welchem Tage die Verordnung über das Verfahren erscheint. Mit der Schwerindustrie, dem Stahlwerksverband, den Ruhrzechen, den Braunkohlengruben und der Rheinschiffahrt werden Sonderabkommen geschlossen, nach denen die Entschädigungssummen auf dem Kreditwege zur Verfügung gestellt werden. Das Reich übernimmt die Garantie für die Kredite in Höhe der zu leistenden Entschädigungen. Die Kredite werden an anderer Stelle — Reichskredit-A.-G. — flüssig gemacht[2]). Die Gesamtregelung der Entschädigungen für „erpreßte" Reparationsleistungen ist im Zusammenhang mit den „Micum"-Entschädigungen im Jahre 1924 erfolgt.

Für einen anderen Wirkungskreis war die sogenannte „Rhein-Ruhr-Hilfe" bestimmt, die zunächst für das neubesetzte Gebiet ins Leben gerufen, später aber auch auf das altbesetzte Gebiet übertragen wurde. Es galt, mittelbare Verluste zu verhindern oder mittelbare Schäden zu vermeiden. Die Hilfe war den Einzelpersonen in Gestalt der Erwerbslosenfürsorge, wenn sie arbeitslos geworden, den Betrieben in

[1]) Vgl. hierzu Schneider, H.: Der Abwehrkampf an Rhein und Ruhr unter besonderer Berücksichtigung seiner Finanzierung, Kölner Dissertation 1925. Wie jetzt bekannt wird, ist eine nachträgliche Aufwertung auch der nicht angemeldeten Ansprüche in Aussicht genommen. Vgl. „Kölnische Zeitung" vom 20. März 1925.

[2]) Die Denkschrift der Reichsregierung vom 16. Februar 1925 beziffert die Gesamtsumme dieser Kredite auf etwa 70 Mill. Goldmark, die später vom Reich abgedeckt worden sind.

Gestalt der Lohnsicherung, der Vergütung gewisser — sogenannter toter — Geschäftsunkosten, der Frachtkostenentschädigung und der Kredithilfe zugedacht. Erwerbslosenfürsorge und Lohnsicherung griffen ineinander über [1]).

Um die Zahl der Unbeschäftigten, die für die öffentliche Sicherheit leicht eine Gefahr werden konnten, möglichst gering zu halten, wurden alle Anstrengungen gemacht, die Arbeiter in den Betrieben zu halten. Dort, wo die Arbeit — sei es infolge des Mangels an Rohstoffen oder der Verkehrsschwierigkeiten, sei es infolge gestörten Absatzes der Waren — zusammenschrumpfte oder endlich ganz aufhörte, konnten die Arbeiter zu Aufräumungs-, Reinhaltungs- oder auch zu sonstigen unproduktiven Arbeiten verwendet werden, wofür der Arbeitgeber eine Lohnhilfe bezog, die drei Viertel des Tariflohnes des Arbeiters betrug. Mit der immer stärker werdenden Abschnürung des Ruhrgebietes und den sich steigernden Maßnahmen der Besatzungstruppen wurde auch die eigentliche Arbeitslosigkeit immer größer, gewann die Lohnsicherung an Bedeutung. Die Schwierigkeit lag in der Feststellung dessen, was als unproduktive Arbeit anzusehen war, um nicht dem Arbeitgeber unberechtigte Gewinne zukommen zu lassen. Hier arbeiteten die einzelnen Organisationen Hand in Hand: die Handelskammern, die die Verbindung mit den bewilligenden Regierungsstellen (im unbesetzten Gebiet) übernahmen und die Anträge prüften, sowie die Betriebsräte, die das Vorliegen von unproduktiven Arbeiten bescheinigten. Die Lohnsicherung war also eine verschleierte Erwerbslosenunterstützung, die jedoch vor letzterer den Vorzug hatte, daß sie mit der Verrichtung von Arbeit verbunden war. War Arbeit überhaupt nicht mehr vorhanden, dann wurden die Arbeiter der Erwerbslosenfürsorge zugeführt, die zwei Drittel der Lohnsicherung, also nicht ganz die Hälfte des Tariflohnes betrug. Jedoch erfolgte die Auszahlung auch dieser Beträge durch die Betriebe bzw. durch die Gewerkschaften, um die Arbeiter in Verbindung und in Fühlung mit diesen Stellen zu halten. Zur Unterbindung dieser Unterstützungen boten die Besatzungstruppen alle Mittel auf: Beschlagnahme der Gelder auf dem Transport, in den Betrieben, bei den Banken, Ausfindigmachen der Listen der Empfänger durch Haussuchungen aller Art. Die Abwehr dieser Eingriffe erzeugte ein fein durchdachtes, von Tag zu Tag sich änderndes System von Mittelspersonen, Transporttricks, Auszahlungsmethoden und Verbuchungsverschleierungen, das für die Beteiligten mit täglichen Gefahren verbunden war [2]).

---

[1]) Vgl. hierzu Wecker: Die „Rhein-Ruhr-Hilfe" zur Bekämpfung der Arbeitslosigkeit während des Ruhrkampfes von 1923, unter besonderer Berücksichtigung der Kredithilfe. Kölner Dissertation 1924.

[2]) Einzelheiten jetzt bei Schneider a. a. O.

Besondere Anstrengungen hat die Reichsbank[1]) gemacht, die jederzeit bemüht war, das gefährliche Gebiet mit den erforderlichen Papiergeldmengen zu versehen. Lohnsicherung und Erwerbslosenfürsorge, anfänglich in mäßigen Grenzen, haben insbesondere im weiteren Verlauf erhebliche Summen verschlungen und schließlich den finanziellen Zusammenbruch herbeigeführt[2]).

Geringeren Umfang haben die Entschädigungen für den Ersatz der sogenannten toten Geschäftsunkosten (Aufwendungen für den vollen Betrieb, obwohl Teile desselben abgetreten oder stillgelegt waren, Miete, Steuer, Heizung) sowie für die Erstattung der Frachtmehrkosten angenommen, wenn sie auch für den einzelnen häufig einen fühlbaren Zuschuß zu seinen Einnahmen bedeuteten. Ursprünglich entstanden Frachtmehrkosten insbesondere bei der Lebensmittelversorgung, wenn es galt, notwendige Lebensmittel auch auf Umwegen oder mittels Fuhrwerk bzw. Auto heranzuschaffen. Nach erfolgter Übernahme der Eisenbahn in die Regie und durch Sperrung wichtiger Straßenbahnlinien wurde die Benutzung von Ersatztransport-

---

[1]) Im Verwaltungsbericht 1923 wird bestätigt, daß es der Reichsbank schließlich doch gelungen war, „den Notenbedarf des besetzten Gebietes an Ort und Stelle“ zu drucken.

[2]) Die Denkschrift der Industrie- und Handelskammer Düsseldorf bringt für den dortigen Bezirk folgende Zahlen:

1923	Zahl der Erwerbslosen	Zahl der Lohnsicherungsempfänger
1. Januar	132	—
29. Januar	180	—
26. März	7 985	40 000
16. Juli	9 226	61 000
8. Oktober	16 853	89 000

	Zahl der Unterstützten (Erwerbslosen und Lohnversicherungsempfänger)	In Prozent der Einwohnerzahl Düsseldorfs	Desgl. in Prozent der insgesamt von Reichsmitteln Lebenden
Mitte April	48 800	9,2%	27,6%
„ Mai	62 000	11,7%	35,1%
„ Juli	71 000	13,5%	40,5%
„ September	98 000	18,6%	55,8%
5. November	108 500	20,6%	61,8%

Die Handelskammer schätzt den Gesamtbetrag der ausgezahlten Unterstützungen auf 27,2 Mill. Goldmark und knüpft daran die Bemerkung, daß „selbst die Gesamtausgaben für die Reichsbankkredite hinter den Zahlen für die Arbeitslosenunterstützung, d. h. hinter denjenigen Summen, die ausschließlich an die Arbeitnehmer ausgezahlt worden und diesen zugute gekommen sind, weit zurückstehen.“

mitteln allgemein. Um zu verhindern, daß der verteuerte Transport — wie man meinte — zu einer neuen Belastung der Preise führte, ersetzte das Reich 75% der so entstandenen Mehrkosten. Zur schnelleren Durchführung des Verfahrens wurden für den Lebensmittelhandel örtliche Ausschüsse eingesetzt, während im übrigen die Erstattung durch die für diesen Zweck errichtete Frachtausgleichstelle Essen (bei der Reichsbahndirektion) erfolgte[1]).

Handelte es sich bei den bisher besprochenen Entschädigungen und Unterstützungen um Ausgaben des Reiches, die unwiderruflich verausgabt, also nicht wieder einbringlich waren, so sollte die ferner eingerichtete Kredithilfe im Grunde genommen eine Kreditgewährung darstellen, bei der Reichsmittel ausgeliehen, also später zurückgezahlt wurden. Und der Außenstehende ist geneigt, hier endlich die Stelle zu finden, aus der es für die Ruhrindustriellen möglich war, jene großen Geldentwertungsgewinne zu schöpfen, von denen so viel die Rede ist.

Weit gefehlt: Die vom Reich aufgezogene Kredithilfe ist diese Stelle nicht. Das wird ohne weiteres einleuchten, wenn man über Aufgabe, Handhabung und Umfang dieser Kredithilfe das Folgende erfährt:

a) Anspruch auf die Reichskredithilfe hatte nur der, der nachwies, daß er den zur Fortsetzung seines Betriebes erforderlichen Kredit auf dem üblichen Wege nicht erhielt. In der Regel mußte darüber eine Bescheinigung der Reichsbank und die einer anderen Bank vorgelegt werden.

b) Der Kredit durfte nicht aufgenommen werden zur Rückzahlung einer anderen Schuld, sondern durfte nur zur Anschaffung von Rohstoffen, Einkauf von Waren oder zur Bezahlung von Löhnen verwendet werden.

c) Die Höhe des Kredits mußte in einem bestimmten Verhältnis zum Betriebsumfang, Warenlager und Arbeiterstamm stehen, der Kredit selbst durch Stellung von Sicherheiten gedeckt sein (Sicherheitsübereignung von Waren und Maschinen und Ausstellung eines Solawechsels). Diese Voraussetzungen wurden von einer besonderen Kommission (Beauftragte der Handelskammern) nachgeprüft.

Und endlich d) der Zinsatz betrug: Lombardsatz der Reichsbank zuzüglich eines Zuschlages von 15% pro Jahr für Geldentwertung. Dieser Zuschlag reichte natürlich in Wirklichkeit nicht für den Geldwertschwund aus, den das Reich erlitt; aber er genügte einerseits, um den Lombardkredit bei der Reichsbank und den Darlehnskassen weit billiger, und andererseits, um den etwas teureren Bankkredit bequemer erscheinen zu lassen. Nimmt man noch hinzu die Umständlichkeit des Verfahrens, das langsame Arbeiten der mit der Kredithilfe beauftragten Reichsstellen, die verspätete Auszahlung der Kreditbeträge, so wird man sich

[1]) Näheres bei Schneider a. a. O.

nicht wundern, wenn man hört, daß die Beanspruchung dieser Kredithilfe im ganzen außerordentlich gering gewesen ist. Die Abschreckung wurde noch größer, als vom 1. Juli 1923 ab die Kredite nur noch auf gebrochener Basis, d. h. zur Hälfte auf wertbeständiger Grundlage gegeben wurden[1]). Letzteres ist übrigens eine bemerkenswerte Erscheinung: eine Reichsstelle geht — durchaus mit Recht — zu einer fühlbaren Verteuerung ihres Kredits (durch Halbvalorisierung) während einer Zeit über, wo die Banken lediglich in der leichten Erhöhung der Provisionssätze ein Mittel der Kostendeckung erblicken und die Reichsbank ihren Kredit für 18% pro Jahr verschenkt . . .

2. Die finanziellen Maßnahmen zur Deckung der Ausgaben.

Entschädigungen für Einquartierungskosten und Requisitionen, für Beschlagnahmungen und erzwungene Reparationsleistungen, dazu die Lohnsicherungen und Erwerbslosenunterstützungen — das waren die unmittelbaren Aufwendungen des Reiches für den Ruhrkampf. (Leider stehen genaue Ziffern für die verschiedenen Aufwendungen, verteilt auf die einzelnen Monate, nicht zur Verfügung.) Dazu kamen die Zuschüsse, die das Reich für die gemeindlichen Haushalte zu leisten hatte, über die ebenfalls Ziffern nicht vorliegen. Für die Frage der Aufbringung der erforderlichen Geldmittel wird aber entscheidend, daß die deutsche Volkswirtschaft, beunruhigt durch die französische Sanktionspolitik, seit geraumer Zeit vor 1923 an wirkungsvoller Arbeit gehindert war, daß die neue Defizitwirtschaft des Reiches, unterstützt durch die falsche Diskontpolitik der Reichsbank die Währung bis auf 1 : 1500 (vgl. oben) zerrüttet hatte, und daß — nach dem Erlebnis von 1914 einfach erschütternd zu erfahren — keinerlei Vorkehrungen für den Fall der Ruhrinvasion getroffen waren, ja daß die vollendete Tatsache der Besetzung nicht spontan und sofort die notwendigen wirtschaftlichen und finanziellen Maßnahmen hervorgebracht hat, und dies, obwohl die Ruhrbevölkerung durch ihr menschlich heldenhaftes Verhalten das beste Beispiel für ein solches Handeln bot. Warum — so fragte man damals schon im besetzten Gebiet — sind nicht rechtzeitig die Kohlen und andere Güter aus den gefährlichen Zonen fortgeschafft worden, obwohl es schon seit Juli 1922 — wie Poincaré selbst zugegeben hat — feststand, daß das Ruhrgebiet als Pfandobjekt in die Hand genommen werden sollte? Diese Frage richtet sich sowohl an die Wirtschaftsführer des Ruhrgebietes als auch an die Reichsregierung, die sich beide von dem Ruhreinbruch mehr oder weniger haben überraschen lassen. Warum — so fragte man weiter — waren nicht bestimmte Finanzierungs-

[1]) Die Denkschrift der Industrie- und Handelskammer Düsseldorf gibt die Ausgaben für die „Reichskredithilfe" für ihren Bezirk mit 1,16 Mill. Goldmark an.

methoden zum wenigsten vorbereitet, die mit dem unseligen System der Notenausgabe brechen konnten in einem Augenblick, wo das ganze Land gern die größten Opfer auf sich genommen hätte? Gewiß: bei diesem Zustand der Wirtschaft hätten noch so vollkommene Maßnahmen nicht genügt, um einen Abwehrkrieg, der sich im Herzen der deutschen Volkswirtschaft abspielte, auf die Dauer von fast einem Jahr zu führen. Aber auch diese Erkenntnis ist sowohl den Wirtschaftsführern wie den maßgebenden Stellen der Reichsregierung erst sehr spät gekommen. Wären diese Vorbereitungen und diese Erkenntnis dagewesen, dann hätte man den spontanen Ausbruch des passiven Widerstandes gleichzeitig mit aktiven Maßnahmen der Wirtschaft und der Finanzen unterstützen können und sofort, d. h. in der Zeit der Entfaltung dieser höchsten und letzten Kraft, nach Beendigung dieses mit ungleichen Kräften geführten Kampfes streben müssen ...

So ist für die Darstellung der Aufbringung der Mittel weniger bedeutungsvoll eine streng systematische Aufzählung der Quellen: wichtiger erscheint vielmehr die zeitliche Folge der Begebenheiten bzw. der verpaßten Möglichkeiten. Das Angebot der Regierung Wirth vom 13. November 1922, das eine Hebung und Stützung des Markkurses vorsah, forderte — außer einem dreijährigen Zahlungsaufschub — die Mitwirkung des Auslandes in Gestalt einer Anleihe von 500 Millionen Goldmark. Die Cuno-Regierung versprach in dem Ergänzungsschreiben vom 10. Dezember 1922, den Versuch zu machen, die Ordnung des Geldwesens aus eigener Kraft herbeizuführen. Es ist als sicher anzunehmen, daß der Regierung ein bestimmter Plan vorgelegen oder vorgeschwebt hat, nach dem die Sanierung der Finanzen erfolgen sollte. Soweit ich feststellen konnte, enthält das Schreiben an die Reparationskommission nur den Hinweis auf eine innere und äußere Goldanleihe; von einer Reform des Steuerwesens ist nicht die Rede. Es bleibt wohl das Versprechen der Reichsbank bestehen, den Betrag von 500 Millionen Goldmark für die Stabilisierung der Währung zu verwenden. Was aber noch wichtiger ist: in dem Angebot wird von der Hebung und Stützung des Markkurses gesprochen, aber getan wird nichts; ja, nicht einmal die durch den Ruhreinbruch völlig veränderte Lage veranlaßt die Regierung, mit entsprechenden wirtschaftlichen und finanziellen Maßnahmen herauszukommen. Fünf Tage nach dem verhängnisvollen 11. Januar 1923 wird der am 12. Dezember 1922 vorgelegte neunte Nachtrag zum Reichshaushaltplan für 1922 zum Gesetz erhoben. Er enthält eine Aufbesserung der Teuerungszulagen — vom Ruhrkampf nichts, höchstens die Mitteilung, daß wahrscheinlich die vorgesehenen Maßnahmen nicht ausreichen werden. Im zehnten Nachtrag, eingereicht am 12. Januar, bewilligt am 4. Februar 1923, fordert der damalige Reichsfinanzminister Hermes eine weitere Erhöhung der Beamtengehälter und zur Deckung der Ausgabe die Erhöhung des Schatzanweisungskredits um weitere 3000 Milliarden Mark. Erst im elften Nachtrag, eingereicht am 29. Januar, bewilligt am 16. Februar 1923 — also 35 Tage nach dem Ruhreinbruch — ist von diesem die Rede: es werden für die Ausgaben an der Ruhr 500 Milliarden Mark sowie für die Sicherung der Volksernährung weitere 1500 Milliarden Mark angefordert, für deren Deckung 2000 Milliarden Mark Reichsschatzanweisungen ausgegeben werden. Schlimmer konnte mit dem Geschick des deutschen Volkes nicht gespielt werden . . .

So trat das ebenso bequeme wie einfache Finanzierungsmittel wieder in Kraft: die Notenpresse. Die zweite Januarwoche zeigt sowohl in den Krediten an Reich und Wirtschaft als auch in dem Geldumlauf noch geringe Veränderungen. In der dritten Woche, in der der Kurs für einen Dollar von rund 10 000 Mark auf über 23 000 Mark springt, haben Reich und Wirtschaft etwa 270 Milliarden Papiermark, das ist mehr als 15% des Bestandes der Kapitalanlage, neu von der Reichsbank gefordert. In der vierten Woche beträgt die Entnahme schon 400 Milliarden Papiermark, gleich 20% des Bestandes, wohl gemerkt bei einem Diskontsatz von 12% p.a. und einem Dollarkurs von 49 000 M. per 31. Januar 1923, gleich einer Verachtfachung seit Mitte Dezember 1922. Die Erhöhung des Diskontsatzes um ganze 2%, von 10% auf 12% p. a., die am 18. Januar 1923 erfolgte, stellt die *einzige* Finanzmaßnahme dar, die in dieser schicksalschweren Zeit von der Regierung ausgeht . . .

Die zweite Maßnahme ist die *Stützungsaktion*, die die Reichsbank im Auftrage und für Rechnung des Reiches unternimmt. Gerüchtweise werden die Absichten der Reichsbank Ende Januar 1923 bekannt. Die Börse nimmt sie nicht ernst. Das Eingreifen der Reichsbank bringt die Steigerung des Dollarkurses nicht nur zum Stillstand, sondern senkt ihn sogleich auf 41 000 Papiermark am 1. Februar, auf 30 000 Papiermark am 10. Februar und auf etwa 20 000 Papiermark am 17. Februar, auf welcher Höhe der Kurs bis zum 17. April, also genau zwei Monate, verharrt. Kursmäßig ist die Aktion als gelungen anzusehen; die Folgen sind schon an anderer Stelle[1]) kurz angedeutet worden . . .

Technisch verfuhr die Reichsbank in der Weise, daß sie aus ihrem Bestande Devisen in Deutschland gegen Mark abgab, und daß gleichzeitig das Haus Mendelssohn an den Hauptbörsenplätzen des Auslandes Mark gegen Devisen aufkaufte. Zu Anfang der Aktion genügten verhältnismäßig geringe Abgaben und Aufkäufe, weil Devisen von allen Seiten an den Markt kamen und gleichzeitig die Nachfrage zurückging. Im weiteren Verlauf, als sich herausstellte, daß es sich lediglich um eine währungstechnische Aktion handelte, im übrigen aber eine Änderung

---

[1]) Vgl. meinen Aufsatz: Deutsche Kreditpolitik 1919 bis 1922, Schmollers Jahrbuch 1924, S. 200 (oben S. 81/82).

weder in politischer, noch wirtschaftlicher, noch finanzieller Beziehung eintrat, die Nachfrage nach Devisen, auch für den legitimen Bedarf der Wirtschaft ständig zunahm, blieb der Reichsbank nichts anderes übrig, als auf ihren Goldvorrat zurückzugreifen. Bis zum 7. Mai wurden 265 Millionen Goldmark in das Golddepot im Ausland (London und Bern) überführt, beliehen wurden am 23. April rund 85 Millionen Goldmark[1]). (Insgesamt sind im Jahre 1923 verkauft worden: 367 Millionen Goldmark, an Beleihungen standen Ende 1923 aus: 170 Millionen Goldmark, so daß im ganzen eine Verminderung des Goldbestandes im Jahre 1923 von 1004 Millionen Goldmark auf 537 Millionen Goldmark, das ist um mehr als die Hälfte eingetreten ist.) Noch vor der ersten Beleihung, am 18. April 1923, vermochte die Reichsbank die dringende Nachfrage nach Devisen nicht mehr zu befriedigen; der Börsenvertreter der Reichsbank ist ohne Instruktion, eine Hals über Kopf einberufene Besprechung im Kabinett ergibt die Einstellung der Stützung, der Dollarkurs steigt auf 25 000 Papiermark, am 24. April auf 30 000 Papiermark, am 11. Mai auf 40000 Papiermark, am 18. Mai auf 49000 Papiermark, gleich dem Höchststand vom 31. Januar 1923. Schnell geht es weiter: am 18. Juni steht der Dollar auf 148000 Papiermark. Äußerlich ist die Stützungsaktion an der großen Nachfrage nach Devisen zusammengebrochen, die sich aus der veränderten Wirtschaftslage ergab: Ausbleiben der Exportdevisen, Bedarf für die Einfuhr von Lebensmitteln, Rohstoffen, insbesondere auch von englischer Kohle, die die beschlagnahmte Ruhrkohle ersetzen mußte. Die Nachfrage wurde verstärkt durch die Spekulation, die die begrenzte Dauer der Markstützung natürlich bald erkannte. Entscheidend war aber, daß diese Nachfrage, und darüber hinaus eine solche, die die Devisen als Vermögenssicherung betrachtete, möglich und wirksam wurde, weil die im Januar eingeleitete Neuschöpfung von Kaufkraft auch während der Stützungsaktion in unvermindertem Maße fortgesetzt wurde. (Einzelheiten darüber unten unter B. Reichsbank.) Ganz unbegreiflich: auf der einen Seite setzt die Reichsbank — nach den Worten ihres Präsidenten Havenstein — ihre letzten Reserven ein, um den bedrängten Landesteilen zu Hilfe zu kommen, und auf der anderen Seite liefert sie durch ihre Geldschöpfung selbst die Mittel zur Unterhöhlung dieser Hilfe, anstatt Maßnahmen zu ergreifen, die dem Reiche auf anderem Wege Einnahmen verschaffen konnten.

Noch eine dritte Maßnahme — in Verbindung mit der Stützungsaktion — kommt: die Ausgabe von Dollarschatzanweisungen des Reiches. Der Ausgabe einer auf Gold lautenden Reichsanleihe hatte sich die Reichsbank bisher widersetzt. Meines Erachtens mit Recht: solange die Inflation anhält, bedeutet die Ungewißheit der Rückzahlung in Papiermark ein großes Risiko, das der Reichsbank, wenn sie die Garantie

[1]) Verwaltungsbericht der Reichsbank von 1923.

übernehmen sollte, nicht zugemutet werden konnte. Etwas anders liegt die Sache, wenn die Goldanleihe als Teilstück eines durchgreifenden Sanierungsplanes gedacht gewesen wäre, der die Inflation zu Ende, Finanzen und Währung in Ordnung bringen sollte, und bei dem die Goldanleihe dann die ersten Mittel für den Finanzbedarf des Reiches lieferte, bis die ordentlichen Einnahmen fließen würden. Nur in diesem Falle hätte eine Goldanleihe Sinn gehabt, und nur dann würde die Verzinsung der Anleihe die unverzinslichen Devisen auch an den Markt gebracht haben. Lag ein solcher Plan vor? Ich weiß es nicht; in der Öffentlichkeit ist nichts davon bekanntgeworden. Zweifellos hatte sich die Lage insofern anders gestaltet, als jetzt die Reichsbank die Stützung der Mark durchführte. Was aber fehlte, war, daß zielbewußte Schritte getan wurden, auch die Finanzen auf eine andere Grundlage zu stellen. Im Gegenteil: in der Zunahme der schwebenden Schuld des Reiches und in der Arbeit der Notenpresse zeigten sich keinerlei Veränderungen; die Inflation schritt unaufhörlich weiter. So konnte es nicht wundernehmen, daß die Devisenbesitzer lieber an ihrem Besitz an effektiven Devisen festhielten, anstatt sie gegen Dollarschatzanweisungen des Reiches einzutauschen[1]). Die Zeichnung erbringt von den erwarteten 50 Millionen Dollar nur 12,5 Millionen Dollar, die durch Beteiligung der Banken auf 25 Millionen Dollar, gleich der Hälfte der in Aussicht genommenen Summe, erhöht werden. Der Mißerfolg trägt natürlich dazu bei, das Vertrauen zur Markstützungsaktion zu erschüttern.

B. Die Politik der Reichsbank.

1. Erster Zeitabschnitt bis 23. Juni 1923: Stützungsversuche.

a) Die Stützung der Mark vom 1. Februar bis 18. April 1923 hat die Reichsbank im Auftrage und für Rechnung des Reiches durchgeführt. Sie hat ihre Aufgabe in währungstechnischer Beziehung vollkommen gelöst. In den finanziellen Beziehungen zwischen Reichsbank und Reich traten jedoch keinerlei Änderungen ein. Die Reichsbank blieb nach wie vor die hauptsächlichste Geldquelle für das Reich. In der Zeit vom 31. Januar 1923 bis 30. April 1923 vermehrte sich die schwebende Schuld des Reiches von 2081 Milliarden Mark auf 8442 Milliarden Mark, gleich dem Vierfachen des Anfangsbestandes. Da während dieser Zeit der Dollarkurs mit etwa 20 000 Papiermark stabil war, so stellt die Zunahme etwa 1300 Millionen Goldmark dar. (Die Großhandelsmeßzahl zeigt sogar eine nicht unbeträchtliche Abnahme von 5962 auf 4750.) Der Bestand an diskontierten Schatzanweisungen erhöhte sich

[1]) Vgl. meinen Aufsatz „Goldanleihe?" in der Zeitschrift „Die Leipziger Mustermesse" vom 20. März 1923.

in Millionen Goldmark um

	1923		
	Februar	März	April
1. Woche . . .	65,2	114,0	49,2
2. „ . . .	74,0	48,0	150,4
3. „ . . .	28,4	106,0	96,0
4. „ . . .	100,4	54,0	80,4
	268,0	322,0	376,0

insgesamt also um fast 1 Milliarde Goldmark. Daß die gewaltige Beanspruchung der Reichsbank für staatsfinanzielle Zwecke und diese für jedermann sichtbare Vermehrung zusätzlicher Kaufkraft nicht nur das Vertrauen zum Gelingen der Markstützung, sondern auch diese selbst zu Fall bringen mußte, lag auf der Hand. Sah die Reichsbank diese Zusammenhänge nicht? Vor dem Untersuchungsausschuß des Reichstages[1]) erklärte der Reichsbankpräsident Havenstein, daß er nur mit einer begrenzten Dauer der Stützungsaktion gerechnet habe, und daß er wie auch die Vertreter der Banken von der langen Dauer der Markstabilisierung überrascht worden seien. Deutlicher brachte der Vertreter des Bankhauses Mendelssohn, das bei der Stützungsaktion mitgewirkt hat, zum Ausdruck, daß man auf einen politischen Erfolg gehofft habe. Klipp und klar bekunden hingegen der Staatssekretär Bergmann, der noch im Dezember 1922 in Paris ein mündliches Angebot anzubringen versucht hatte, und Melchior, Mitinhaber des Bankhauses Warburg, daß die Stützungsaktion nur Sinn gehabt habe, weil politische Maßnahmen nebenhergehen sollten; sie sei überhaupt als eine politische Angelegenheit zu betrachten und als solche notwendig gewesen. In der Öffentlichkeit ist von einer politischen Aktion der deutschen Regierung in der damaligen Zeit nichts bekanntgeworden; immerhin ist möglich und wahrscheinlich, daß die Diplomaten mancherlei Versuche in dieser Richtung vorgenommen haben. Jedenfalls steht so viel fest, daß ein Erfolg nicht zu verzeichnen gewesen ist. Im Gegenteil: die Besetzung des Ruhrgebietes nimmt einen ernster werdenden Charakter an: Sperre der Ausfuhr nach dem Westen, Einführung des Paßzwanges, Abtransport der Kohlenbestände, Zusammenstöße zwischen Militär und Bevölkerung, Beginn der Ausweisungen usw. Aber selbst angenommen, es wäre zu einer erträglichen Verständigung gekommen, so bliebe doch die Mißwirtschaft der Finanzen, in der eine Änderung nicht herbeigeführt wurde. Warum sind in diesem Augenblick, d. h. zu Beginn der Stützungsaktion — wenn man schon die erste Gelegenheit: den Ruhreinmarsch (s. o.) hatte verstreichen lassen —

[1]) Nach den Zeitungsberichten der damaligen Zeit (Mai/Juni 1923).

die so dringend notwendigen finanziellen Maßnahmen nicht ergriffen worden, zumal alle Spatzen es von den Dächern pfiffen, daß die hemmungslose Ausgabe der Reichsschatzanweisungen die alleinige Quelle der Inflation und damit die Wurzel alles Übels sei — und insbesondere in diesem Augenblick, wo die Reichsbank erhebliche Mittel aufwendet, um den Geldwert zu stabilisieren?

Vor dem Untersuchungsausschuß hat Havenstein auf eine Anfrage erklärt, daß er das Reichsfinanzministerium wiederholt auf die großen Gefahren aufmerksam gemacht habe, die aus der Vermehrung der schwebenden Schulden entstehen müßten. Das ist alles. Gerüchte, nach denen es zwischen Reichsbank und Reichsfinanzministerium zu Unstimmigkeiten gekommen sein soll, werden eilig dementiert. Meines Erachtens hätte der Reichsbankpräsident, und nicht erst jetzt, die Pflicht gehabt, dem Reichsfinanzministerium zu erklären, daß sich die Reichsbank von einem bestimmten Zeitpunkt ab nicht mehr für die Geldmacherei des Reiches mißbrauchen lassen könne. Und wenn das Reich die gestellte Frist nicht innegehalten hätte, so hätte Herr Havenstein demjenigen Platz machen müssen, der sich vor aller Welt bereit erklärt hätte, die Reichsbank bewußt in den Dienst der Reichsfinanzen zu stellen. Ich bin überzeugt, daß sich niemand gefunden hätte, — als eben Havenstein selbst, der im Verwaltungsbericht von 1922, erschienen im Mai 1923, also nach der Stützungsaktion, sein Bekenntnis wie folgt abgibt:

„Im Interesse der Erhaltung des Reiches und der deutschen Volkswirtschaft wird die Reichsbank der Reichsfinanzverwaltung den Weg, sich die unbedingt notwendigen Geldmittel mit Hilfe des Bankkredits zu verschaffen, so lange nicht versperren dürfen, als dieser Weg der einzig gangbare ist. Eine ablehnende Haltung könnte an den bestehenden Verhältnissen nichts bessern, würde sie im Gegenteil unheilbar verschlimmern."

Verständlich wird diese fatalistische Auffassung der Dinge, wenn man die theoretische Grundeinstellung der Reichsbank kennt. Da ist es wichtig, zu wissen, daß die schon in den ersten Kriegsjahren betonte Ansicht, daß einzig und allein die passive Zahlungsbilanz an der Geldentwertung schuld sei, im Grunde bis zur letzten Minute vorherrschend geblieben ist. Vor dem Untersuchungsausschuß wiederholt Havenstein diese Ansicht des öfteren, und er fügt nur hinzu: ein wenig auch die Inflation. Interessant ist auch, zu sehen, was er unter Inflation versteht. Wörtlich (nach dem Bericht der „Kölnischen Zeitung" vom 6. Juni 1923):

„Wenn der Privatmann oder der Staat seinen gesunden Kredit anspanne, so sei das unbedenklich, selbst wenn es für unproduktive Zwecke oder nur zur Erhaltung der Existenz geschehe, solange nur beim Gläubiger das Vertrauen in die Zahlungsfähigkeit des Schuldners bestehen bleibe. Sobald aber dieses Vertrauen schwinde, müsse man von „Inflation" sprechen. Dann sinke der

Kredit des Privaten wie des Staates, es sinke beim Staat das Vertrauen in die Wertbeständigkeit des Geldes. Beim heutigen Stande sei aber die *Zahlungsbilanz* das Entscheidende, nicht die Inflation, die daneben besteht. Der Geldbedarf sei in Gold gerechnet, sehr viel geringer als früher, denn der Warenumsatz habe sich vermindert und vereinfacht. Große Teile von Deutschland seien abgetrennt, der Konsum des Volkes bedeutend herabgesetzt. Ob man daraus bestimmte Schlüsse ziehen könne, sei zweifelhaft. Unzweifelhaft sei es jedoch, daß man mit der Geldmenge nicht auskommen werde, wenn die Währung stabilisiert wird"[1]).

Inflation ist Havenstein also mehr eine Angelegenheit des Vertrauens. (Man kann sagen, daß es eben der große Fehler dieses menschlich so sympathischen Mannes gewesen ist, daß er stets zu viel Vertrauen gehabt hat.) Ja, er schließt sich sogar — auf Befragen — der Auffassung *Helfferichs* an, der bekanntlich meinte, daß mit Rücksicht auf den — im Verhältnis zur Vorkriegszeit und auf Goldmark reduzierten — geringen Papiermarkumlauf in Deutschland überhaupt nicht von einer Inflation die Rede sein könne. Es ist heute müßig, über diese Auslegung des Begriffes Inflation, die von der Mehrheit der Geldtheoretiker nicht geteilt wird, weitere Ausführungen zu machen. *Praktisch* hat diese Auffassung sicherlich dazu beigetragen, den Präsidenten der Reichsbank an der energischen Bekämpfung der Mißwirtschaft der Finanzen zu behindern.

b) Hinsichtlich der *Kreditgewährung an die Wirtschaft* führte die Reichsbank jene Restriktionspolitik durch, von der an anderer Stelle schon die Rede gewesen ist [s. Fußnote[2]) auf S. 96]. Sie war die notwendige Reaktion auf die entgegenkommende Diskontierung der Handelswechsel im zweiten Halbjahr 1922 und insbesondere als Seitenstück zu der Markstützung unbedingt erforderlich. Dennoch zeigt der *Status der Reichsbank* während jener Zeit eine ständige und durchaus nicht unerhebliche Zunahme des Bestandes an Wechseln und Schecks; allerdings wachsen in noch stärkerem Maße die privaten Guthaben an, wie aus der folgenden Tabelle hervorgeht.

In Millionen Goldmark (1 $ gleich 20 000 Papiermark).

	1923							
	Februar		März		April		Gesamt	
	Wechsel	Giro	Wechsel	Giro	Wechsel	Giro	Wechsel	Giro
1. Woche . .	40,8	38,4	41,0	81,9	10,0	74,6	—	—
2. „ . .	88,8	19,4	13,3	−13,0	28,6	90,6	—	—
3. „ . .	61,2	42,4	36,2	43,5	35,0	102,4	—	—
4. „ . .	33,6	45,0	18,1	2,6	44,0	31,6	—	—
insgesamt:	224,4	145,2	108,6	115,0	117,6	299,2	450,6	559,4

[1]) Interessant ist die Fortsetzung des Berichtes: „Bankier *Loeb* erinnerte im Anschluß daran an die Tatsache, daß die *schwebende Schuld des Reiches* sich von 540 Milliarden Papier oder 45 Millionen in Gold am 31. Januar 1923 auf 1,6 Milliarden Goldmark am 29. März vermehrt habe, beidemal einen Ent-

Vor dem Untersuchungsausschuß gaben die Reichsbankvertreter zu, daß es in einzelnen Fällen nicht leicht sei, die wahre Natur der eingereichten Wechsel zu erkennen. Grundsätzlich kämen nur Warenwechsel in Betracht, und zwar nur solche, bei denen ein Umsatz von Waren nachgewiesen würde; neuerdings verlange man auch, daß es sich um Waren handeln müsse, die für den Konsum bestimmt seien. In Ausnahmefällen seien auch Finanzwechsel diskontiert worden, so vor allem im besetzten Gebiet. Gegen die mißbräuchliche Verwendung des Diskonterlöses für den Ankauf von Devisen gehe die Reichsbank mit aller Strenge vor. Im übrigen müsse man aber auch zu dem Wort des Kaufmannes Vertrauen haben ... Nun ist es auffallend, daß trotz der Festlegung der auswärtigen Wechselkurse und der durch die Stabilisierung des Geldwertes bedingten Absatzkrise sowie der gewaltsam herbeigeführten Stockung der gesamten Wirtschaftstätigkeit eine Vermehrung des Wechselbestandes, und zwar Woche für Woche — um monatlich 225, 108 und 117 Millionen Goldmark — insgesamt während jener Stützungsaktion also um fast eine halbe Milliarde Goldmark stattfindet. Man könnte einwenden, daß die Unternehmungen bestrebt waren, die noch in der Zeit vor der Stabilisierung entstandenen Geldentwertungslücken auszufüllen. Bis zu einem gewissen Grade wird das sicherlich auch der Fall gewesen sein. Doch ist dabei zu berücksichtigen, daß die Großhandelsmeßzahl während jener Zeit einen Rückgang aufzuweisen hat, daß man im ganzen also mehr von einer Verringerung des Absatzes als von einer steigenden Nachfrage nach Waren sprechen kann. Hingegen nimmt von Mitte März ab die Nachfrage nach Devisen (und Effekten) wieder zu; zweifellos ist diese Nachfrage mit Reichsbankmitteln finanziert worden. Darin braucht kein Widerspruch mit den Anordnungen der Reichsbank zu liegen. Der für die Einfuhr von Lebensmitteln, Rohstoffen, insbesondere von Kohlen ansteigende Bedarf an Devisen galt eben als legitim; wesentlich ist nur, daß zur Verwirklichung dieser Nachfrage auch auf dem Diskontwege neue Mittel geschaffen wurden.

Daran ändert nur wenig, daß sich gleichzeitig die Giroguthaben bei der Reichsbank erhöht haben. Die Reichsbank hat wiederholt den Vorwurf, daß sie mit ihrer ständig steigenden Kreditgewährung Geldentwertungsgewinne verschenke, mit dem Hinweis zurückgewiesen, daß davon keine Rede sein könne, weil auf der anderen Seite die Wirtschaft im gleichen Augenblick bei ihr ebenso große Guthaben unterhalte, die der vollen Geldentwertung ausgesetzt seien. Rechnerisch stimmt die

---

wertungsfaktor von 5000 zugrunde gelegt. Eine solche Vermehrung der schwebenden Schuld müsse bei gleichbleibendem Wechselkurs einen verstärkten Druck auf die Wechselkurse ausüben."

[2]) Vgl. meinen Aufsatz: „Deutsche Kreditpolitik", Schmollers Jahrbuch, Jahrgang 1924, S. 200 (oben S. 81).

Tatsache ungefähr: auch in der hier in Rede stehenden Zeit nehmen die Giroguthaben ständig zu. Sie betragen etwa drei Viertel des jeweiligen Wechselbestandes; in der letzten Aprilhälfte übersteigen die Giroguthaben den Wechselbestand sogar um ein Erhebliches. Insgesamt erhöhen sich die ersteren in der Zeit vom 31. Januar bis 30. April 1923 um 559, die Wechselbestände um 470 Millionen Goldmark. Bei dieser Rechnung wird nur übersehen, daß die Besitzer jener Guthaben nicht identisch zu sein brauchen mit jenen, die den Kredit der Reichsbank in Anspruch genommen (und den Markbetrag zum Ankauf von Sachwerten verwendet) haben. Die Bereicherung der wirtschaftsgewandten Klassen auf Kosten der weniger urteils- und geschäftsfähigen Kreise der Geldbesitzer gehört nun einmal zu den Begleiterscheinungen der Inflation, die es auf eine durchgreifende Vermögensumschichtung absieht. Aber auch angenommen, der Diskontant eines Wechsels lasse selbst den Erlös in voller Höhe bei der Reichsbank stehen, so erreicht er zum mindesten, daß sein Kassenbestand, mit dem er Zahlungen leistet, und der in erster Linie der Gefahr der Geldentwertung ausgesetzt ist, aus fremden Mitteln bestritten wird anstatt aus eigenen, die im vollen Umfange in Sachwerten gesichert sein können. Auch für die Zeit der Stabilisierung (31. Januar bis 30. April 1923) ist anzunehmen, daß der Diskonterlös nicht unmittelbar als Guthaben stehengeblieben ist, sondern vorher zum Kaufen verwendet worden, also als neue Kaufkraft in die Volkswirtschaft eingetreten ist.

Auf jeden Fall bleibt als wesentlich bestehen, daß die Reichsbank während der Zeit, wo sie die größte Mühe darauf verwendete, die Mark zu stützen, nicht weniger als eine halbe Milliarde Goldmark an neuer Kaufkraft der Wirtschaft zur Verfügung gestellt hat, und daß gleichzeitig das Reich von ihr eine ganze Milliarde Goldmark neu erhielt. Da sich im Gegensatz zu den privaten Guthaben die Guthaben der öffentlichen Kassen nicht vermehrten, hat der Notenumlauf gleichfalls um eine Milliarde Goldmark zugenommen. Unter diesen Umständen ist es sicherlich nicht verwunderlich, wenn sich die Beteiligten selbst über die lange Dauer der Stützungsaktion gewundert haben. Um so mehr muß der Einwand, der der Reichsbank auch von seiten der Praxis[1]) gemacht worden ist, daß das strikte Festhalten an einem bestimmten Kurs ein Fehler gewesen sei, berechtigt erscheinen.

2. Der zweite Zeitabschnitt (23. Juni bis 15. November 1923): die Auflösung.

Die Ablehnung des deutschen Angebotes vom 6. Juni 1923 und die Forderungen nach bedingungsloser Kapitulation ließen die Möglichkeit

[1]) Z. B. „Frankfurter Zeitung", „Bank", „Plutus".

einer Verständigung in weite Ferne rücken. Mit einer Hilfe oder Unterstützung von außen konnte nicht mehr gerechnet werden. Es kam ferner die Überlegung hinzu, daß — nachdem es bisher nur zu unvollkommenen, zum mindesten mißlungenen Selbsthilfeversuchen gekommen war — kaum mit einer Änderung in dieser Hinsicht gerechnet werden konnte, zumal die Störung der Ruhrwirtschaft sowie die Inflation durch die Defizitwirtschaft des Reiches große Fortschritte gemacht hatten. Ja, was zu Beginn der Ruhraktion noch sicher möglich, zur Zeit der Markstützung noch wahrscheinlich war: nämlich die Schaffung anderer Einnahmen für das Reich als durch die Beanspruchung der Notenpresse, mußte jetzt immer mehr als eine Unmöglichkeit angesehen werden, zumal die inner- und außenpolitische Lage kaum die Hoffnung auf eine einheitliche Aktion aufkommen ließ. Diese durch Politik und Wirtschaft veränderte Lage mußte auch eine Veränderung der Maßnahmen auf dem Gebiete der Währung nach sich ziehen.

a) Die Reichsbank geht von dem System der unmittelbaren Festlegung des Markkurses mehr zur mittelbaren Beeinflussung der Devisenkurse über. In unserer Erinnerung taucht die große Flut der Devisenverordnungen, -gesetze und -anordnungen auf: Kontrolle und Beschränkung des internationalen Zahlungsverkehrs, Ablieferungszwang für Exportdevisen, Einführung des Einheitskurses, Rationierung, Ausschließung der Spekulation, Devisenkommissar und wie im einzelnen die Etappen heißen mögen. Es würde zu weit führen und ist auch — wie die unten angegebene Dissertation beweist — ganz unmöglich, das Hin und Her der Devisenmaßnahmen mit ihren Erfolgen und Mißerfolgen genau zu verfolgen und nach ihrem sachlichen Inhalt zu werten. Ich schließe mich dem Urteil von Vollmar[1]) an: Die Devisengesetzgebung, stark beeinflußt von sozialen Gesichtspunkten, war, im ganzen genommen, ein notwendiges Übel und konnte im günstigsten Falle wohl hier und da eine Linderung, aber selbstverständlich keine Heilung bringen, was allen Beteiligten klar war.

b) Merkwürdigerweise ist dem Wechsel in der Devisenpolitik ein solcher in der Kreditpolitik nicht gefolgt. Wenige Tage nach dem Aufhören der Stützungsaktion am 22. April erhöht die Reichsbank ihren Diskontsatz zwar von 12% auf 18% p. a., zu einer Zeit, wo das Monatsgeld an der Börse schon 40% p. a. betrug und der Satz für Devisenbeleihung noch darüber hinausging. Wie sehr die Reichsbank diese Diskonterhöhung noch unter dem Gesichtswinkel längst entschwundener Vorkriegsverhältnisse ansieht, zeigt die mit abgegebene Erklärung:

„Wir hoffen, daß das in der letzten Woche erfolgte Emporschnellen des Dollars und die in der Stützungsaktion von der Reichsbank vorgenommene Änderung

[1]) Vollmar, L.: Die deutsche Devisengesetzgebung mit besonderer Berücksichtigung ihrer betriebswirtschaftlichen Bedeutung. Kölner Dissertation 1925.

der Taktik als ein lauter und ernster Weckruf empfunden werde und als solcher seine Wirkung tun wird, aber wir halten es für geboten, ihm auch auf dem Gebiete der engeren Reichsbankpolitik durch eine starke Erhöhung des Diskonts die schärfste Mahnung, die wir aussprechen, und das stärkste Warnungssignal, das wir aufrichten können, unmittelbar folgen zu lassen ... Eine scharfe Erhöhung des Bankdiskonts wird, wie wir hoffen, dazu beitragen, daß die flüssigen und verfügbaren Privatkapitalien in erhöhtem Maße einen Anreiz finden, sich der Anlage in unverzinslichen Reichsschatzanweisungen zuzuwenden, um dadurch freie Gelder zu binden, die Verknappung des Geldmarktes zu befördern und die Reichsbank zu entlasten."

Diese Erklärung ist vollkommen eindeutig: Nichts verrät in ihr, daß es sich bei dem Diskontsatz längst nicht mehr um einen reinen Zinssatz handelt, sondern daß darin auch eine Prämie für den Geldentwertungsschwund steckt oder vielmehr — nicht steckt. An diesem Zinssatz hält die Reichsbank bis zum 2. August 1923 fest, an welchem Tage eine Erhöhung auf 30% p. a. erfolgt. Bis dahin ist der Dollar von 20 000 Papiermark auf nicht weniger als eine Million Papiermark, also um das 50fache gestiegen. Selbst wenn man nur die Entwertung bis zum 20. Juli 1923 auf 200 000 Papiermark nimmt, so bedeutet ein Diskontsatz von 18% p. a. für die Kreditnehmer ein glänzendes Geschäft. Am 14. September 1923 folgt die Erhöhung auf 90% p. a. gleich $^1/_4$% pro Tag, am gleichen Tage die Einrichtung des wertbeständigen Lombardkredites, bei dem der Zinssatz auf 10% bemessen wird und vier Fünftel des Geldentwertungsschwundes zu Lasten des Kreditnehmers gehen. Damit war eine Scheidung zwischen Papiermarkkredit und wertbeständigem Kredit gegeben und eine Verschiedenheit der Zinssätze anerkannt.

Ich habe schon an anderer Stelle betont, daß die Reichsbank recht daran getan hat, nicht ohne weiteres zur Goldrechnung überzugehen. Die Begründung der ablehnenden Haltung der Reichsbank ist durchaus zutreffend: bei Fortschreiten der Inflation würde die gesamte Wirtschaft auf dem Rücken der Reichsbank spekulieren, ganz abgesehen davon, daß die Goldrechnung auch Goldpreise und Goldlöhne nach sich ziehen würde, was ohne Ausbalancierung des Reichshaushaltes einfach unhaltbar und nicht möglich gewesen wäre. In seiner Verteidigungsrede vom 24. August 1923 führte Havenstein aus, daß nunmehr eine Änderung der Lage eingetreten sei insofern, als weite Kreise der Wirtschaft schon zur Goldrechnung übergegangen seien, und vor allem stände man vor einer neuen Etatspolitik. Am 11. August 1923 waren die neuen Steuergesetze verabschiedet: jetzt sei der Augenblick auch für die Reichsbank gekommen, zur wertbeständigen Kreditgewährung überzugehen. Das stimmt ganz mit meinen Anschauungen überein. Nur was jetzt geschieht, ist wieder halbe und dreiviertel Arbeit: die Sanierung der Finanzen gelingt nicht, die Diskontierung von Reichsschatzanweisungen geht weiter.

Trotzdem wird die Wertbeständigkeit eingeführt, allerdings nur für den Lombardverkehr; für Papiermarkkredite bleibt einstweilen der Diskontsatz von 30% weiter in Kraft (bis zum 14. September), an welchem Tage der Dollar auf 100 Millionen Papiermark angekommen und die Unmöglichkeit einer geordneten Finanzgebarung nicht mehr zu verschleiern ist.

Die Einnahmen des Reiches betrugen in Millionen Goldmark[1])

1923	1. Steuern	2. in Prozent von 4	3. Schwebende Schuld	4. Insgesamt
Januar	65,9	33,0	137,0	204,6
Februar	50,8	18,0	226,5	279,0
März	100,3	14,0	596,9	698,4
April	150,6	32,0	316,0	466,6
Mai	123,3	40,0	161,4	784,7
Juni	48,2	9,3	448,2	496,4
Juli	48,3	10,1	425,6	473,9
August	78,1	7,8	914,7	1013,1
September	55,6	3,4	1564,1	1661,8
Oktober	14,5	4,6	860,1	841,8
November	63,2	4,2	1414,0	1510,0
	798,8	10%	7064,5	7970,3

Insgesamt sind nach dieser Rechnung also nur 10% der Ausgaben auf dem Wege laufender Einnahmen aufgebracht worden; den Rest in der gewaltigen Höhe von 7,9 Milliarden Goldmark hat die Reichsbank aus ihrer Notenpresse geliefert.

Mit diesem Ergebnis steht die Reichsbank am Ende einer Politik, die letzten Endes dem vaterländischen Gesichtspunkt entsprang, das Reich und die bedrohten Rheinlande nicht im Stich zu lassen. Und doch kann man fragen: War es wirklich vaterländisch — ganz abgesehen von dem Selbsterhaltungstrieb, der auch in der Reichsbank wirksam sein mußte — war es wirklich vaterländisch, es auf dieses Ergebnis ankommen zu lassen? Es bis zur vollkommenen Zerrüttung der Wirtschaft, bis zum Mord und Totschlag, zur Trillionenziffer kommen zu lassen? Waren — hier nur finanziell gesehen — all die Aufregungen und Leiden nötig, die der Multiplikator in die Haushalte von vielen Millionen Menschen hineintrug, waren jene furchtbaren Vermögensverheerungen und -umschichtungen nicht zu vermeiden, die Millionen von Menschen an den Bettelstab gebracht haben? Ich habe darauf bereits zu Anfang dieses Aufsatzes die Antwort gegeben: Das Ziel mußte sein, den Ruhrkampf mit Entfaltung der größten wirtschaftlichen und finanziellen Mittel aufzunehmen —, aber so bald als möglich ein Ende zu finden.

[1]) Materialien der Reichsregierung S. 4.

Dieses Ende wäre wesentlich besser gewesen als das Ende vom November. Was aber noch betrüblicher ist: Hat die Stützungsaktion, hinter der der politische Wille zur Beendigung des Ruhrkampfes stand, nicht große Ähnlichkeit mit der Marneschlacht? Und gleicht die Finanzierung des Abwehrkampfes nicht aufs Haar den Methoden der Kriegsfinanzierung? Ist es wirklich so, daß niemand aus der furchtbaren Geschichte des soeben beendeten Weltkrieges gelernt hatte? Durchaus nicht: groß ist die Zahl der Stimmen, die in der Presse, im Parlament und in der Öffentlichkeit immer wieder auf die Unterlassungssünden hingewiesen haben. Vergeblich. Ich schrieb am 15. Oktober 1923 in Schmollers Jahrbuch:

„Wäre die Reichsbank — wenn sie nun schon einmal glaubte, das Reich nicht im Stich lassen zu dürfen — dazu übergegangen, den ansteigenden Geldbedarf des Reiches zum mindesten zu verteuern, dann hätten die Kosten den Reichsfinanzminister vielleicht eher darauf aufmerksam gemacht, daß er seine Finanzierungsmethoden zu ändern habe. Das Schicksal hat es gewollt, daß zwei Männer für die Reichsfinanzpolitik und das Geldwesen verantwortlich zeichneten, von denen der eine — Hermes — sich ganz auf das bequeme Mittel der Inflation verließ, und der andere — Havenstein — seine Aufgabe darin sah, sich für die Inflation mißbrauchen zu lassen. Ein Rätsel muß es bleiben, wie es möglich sein konnte, daß das deutsche Bankgewerbe der Politik dieser beiden Männer so lange Gefolgschaft leisten konnte, bis der finanzielle Zusammenbruch da war.“

c) Die Kreditpolitik der Reichsbank wird weiter dadurch gekennzeichnet, daß auch die Kreditgewährung an die Wirtschaft, unter dem Namen Restriktionspolitik, zunächst weiter ging. Was Wunder, wenn angesichts der großen Unterschiede zwischen den Zinssätzen am offenen Geldmarkt, insbesondere für Devisenbeleihung, bei denen der Charakter als Geldentwertungsprämie unmittelbar und sichtbar zum Ausdruck kam, und dem weit niedrigeren Diskontsatz der Reichsbank eine große und drängende Nachfrage nach dem billigen Reichsbankkredit entstand. Es lag allzu nahe, für die geliehene Mark Waren und Rohstoffe, noch lieber Devisen, ja selbst Grundstücke und Maschinen zu kaufen und später die Schuld in entwerteter Mark zurückzuzahlen. Die Rechnung, die Hirsch[1]) aufgestellt hat, ist durchaus richtig, und seine Erklärungen dazu sind heute jedermann verständlich und einleuchtend. Die Tatsache, daß die Reichsbank diese Zusammenhänge wiederholt bestritten hat, zeigt zur Genüge, wie wenig klar sie in diesen

[1]) Falsche Kreditpolitik, „Plutus“ 1. August 1923, S. 244. „Kaufmann X. leiht sich am 1. Januar 1922 von der Reichsbank Beträge entsprechend dem Werte von 100 000 Dollar. Er verkauft nach drei Monaten davon so viel, wie er braucht, um seine Schuld in Papiermark abzudecken, und leiht sich erneut, wieder auf drei Monate, das Geld zum Kauf von 100 000 Dollar. So verfährt er fortgesetzt bis 31. Mai 1923. Das Ergebnis ist: Reingewinn am 30. Mai 1923 nicht weniger als 335 538 Dollar oder damals rund 20 Milliarden Mark. An Zinsen hat X. ungefähr 200 Millionen Papiermark gezahlt.“

Dingen sah, was sich ja auch ein Jahr vorher bei der verhängnisvollen Politik der Wiedereinführung des Handelswechsels gezeigt hatte. Angesichts der jedem Kaufmann geläufigen Rechnung mußten alle „schärfsten Mahnungen“ und „stärksten Warnungssignale“ der Reichsbank ohne Wirkung bleiben und selbstverständlich auch die Hoffnungen auf verstärkten Absatz der Reichsschatzanweisungen enttäuscht werden. Der Anreiz, den billigen Reichsbankkredit auszunutzen, war vielmehr so stark, daß eine Unmenge von Warenwechseln entstanden sind, die den Weg zur Reichsbank suchten — und auch fanden. Die Zugänge auf dem Wechselkonto der Reichsbank betrugen nach den amtlichen Materialien

in Millionen Goldmark:

1923		1923	
Januar	98,7	Juli	152,4
Februar	202,7	August	154,9
März	111,0	September	145,9
April	117,8	Oktober	148,6
	530,2	November	477,1
Mai	125,9		1078,9
Juni	149,6		
	805,7		

also bis Mitte November noch einmal eine Milliarde Goldmark, nachdem bereits in den Monaten Januar bis April 1923 eine halbe Milliarde Goldmark diskontiert worden war. Diese Zunahme ist möglich gewesen, obwohl die Ankaufsbedingungen verschärft worden sind und schließlich nur noch Wechsel mit einer Laufzeit von höchstens 10 Tagen angekauft wurden. Insbesondere für die bedrängten Unternehmungen des besetzten Gebietes war der Reichsbankkredit die lohnende Entschädigungsquelle. Oben sind die Umständlichkeiten, Zeitversäumnisse und Ergebnisse der Kredithilfe dargelegt worden; was Wunder, wenn die Beanspruchung gering blieb und sich nur auf kleine Summen erstreckte, zumal ab 1. Juli die Hälfte der Kredite valorisiert wurde. Unter diesen Umständen ist auch das von der Reichsbank eingerichtete Notlombard nur gering in Anspruch genommen; über die Benutzung des wertbeständigen Lombards macht der Verwaltungsbericht der Reichsbank keine Angaben. Dazu kommt, daß die Reichsbank wiederholt erklärt hat, daß sie bezüglich des besetzten Gebietes Nachsicht üben müsse und daß sie auch hin und wieder Finanzwechsel diskontiert habe. In den Geldmarktberichten der damaligen Zeit ist häufig zu lesen, daß die Entwicklung des Berliner Geldmarktes, insbesondere auch die der Devisenkurse, maßgeblich beeinflußt worden ist von den Geldmitteln, die aus dem Rheinland stammen und zu Devisenkäufen verwendet werden. Es ist ja auch kein Geheimnis, wie sehr es die Betriebe verstanden haben, die erforderlichen Warenwechsel zu „machen“: wo unter gewöhnlichen Verhältnissen niemand mehr daran gedacht hätte, zum Wechsel zu greifen, entstanden jetzt Wechsel über Wechsel. Auch die Banken regten ihre Kunden zur Ausstellung von Wechseln an, die sie an die Reichsbank weiterleiten konnten, nachdem sie selbst kaum noch eigene Mittel für die Kreditgewährung zur Verfügung hatten. Eine ungeheure Wechselreiterei entstand. Sie blühte besonders innerhalb der großen Konzerne. Hier zog ein Glied auf das andere, dieses auf ein drittes und so fort. Die Kassenverwaltungen der Konzerne wurden zu regelrechten Banken, die den Akzeptaustausch unter den einzelnen Mitgliedern besorgten und es sich zur Aufgabe machten, sich unter Umgehung der eigentlichen Banken am Devisengeschäft, insbesondere an der Ausnutzung des Reichsbankkredits, zu beteiligen. Schließlich kam es so weit, daß sich die Vertreter der einzelnen Konzernglieder an irgendeinem Ort trafen und Blankoakzepte mit drei Unterschriften abwechselnd als Akzeptant, Aussteller und Girant unter sich ausstellten, um dann nach Gutdünken die Summen auszufüllen und die einzelnen Wechsel geschickt bei den verschiedenen Reichsbankanstalten zu diskontieren. Aus einer Zusammenstellung, die mir der Zufall vor Augen führte, geht hervor, daß ein großer Konzern in den Monaten Januar bis September 1923 Markwechsel im Werte von rund 10 Millionen Dollar bei der Reichsbank diskontiert hat, von denen über die Hälfte reine Finanzwechsel waren, und die am Einlösungstage nur noch einen Wert von etwa 1 Million Dollar darstellten. Angesichts solcher Einzelfälle, die allerdings bei der Reichsbank zersplittert in Erscheinung traten — was zu einer besonderen Kunst für die Betriebe wurde —, muß man sich doch fragen, ob der Reichsbank die wahren Zusammenhänge wirklich unbekannt geblieben sind, wo sozusagen jeder Banklehrling diese Geldmacherei kannte — und danach handelte? Und mußte nicht diese riesige Zunahme ihres Diskontgeschäftes, die fortgesetzte Umwandlung der neugeschaffenen Mark in Sachwerte die Reichsbank stutzig machen und schließlich auch an das Ende dieses Wahnsinnes denken lassen? Nichts von alledem: die Reichsbank hat zwar nicht eigene Substanz verschenkt, wohl aber die gutgläubigen Noteninhaber um ihre Ansprüche gebracht oder, um mit Hirsch zu sprechen, die Ärmsten der Armen enteignet.

Die Großen und Größten, die bei der Reichsbank akkreditiert waren, sie haben sich auf Kosten der Bevölkerung bereichern können oder zum mindesten durch stärkste Ausnutzung des Reichsbankkredits ihren Anteil an der allgemeinen Verarmung, die das Reich mit der unseligen Inflationssteuer herbeiführte, verringern können. Vor allem: aus dieser Quelle floß ein gut Teil der eigentlichen Entschädigungen für die Ruhrbetriebe, die es diesen ermöglichte, die offiziellen Quellen zu vernachlässigen[1]). Es ist die Frage aufgeworfen worden, ob die aus der Reichsbank gezogenen Geldentwertungsgewinne nachträglich noch erfaßt werden sollen. Die Untersuchung dieser Frage nach ihrer praktischen Durchführung hin ist durchaus am Platze. Nur soll man sich hüten, eine falsche Front einzunehmen: nicht den Kreditnehmern ist ein Vorwurf daraus zu machen, daß sie aus dieser Sachwerte spendenden Quelle geschöpft haben — der einzelne wäre ein Narr gewesen, darauf zu verzichten, selbst wenn er den volkswirtschaftlichen Unsinn erkannte —; der Vorwurf bleibt allein bei denen hängen, die diese Quelle haben fließen lassen, die die Verantwortung dafür tragen, daß die Ersparnisse einer arbeitsamen Bevölkerung auf dem Wege der Inflation vergeudet worden sind.

d) Das Notgeld. In der Periode des Zusammenbruchs trat — oder mußte vielmehr auch noch das „Notgeld" entscheidend in die Erscheinung treten. Notgeld liegt vor, wenn „aus Not" auch andere als die durch Gesetz berufenen Stellen Zahlungsmittel zur Ausgabe bringen. So hatten bei Ausbruch des Krieges zahlreiche Gemeinden für das fehlende Kleingeld Notgeld ausgegeben; so mußte im Verlaufe der Nachkriegs-

[1]) Am 31. Dezember 1922 war der Bestand an diskontierten Handelswechseln (nach den amtlichen Materialien) rund 300 Millionen Goldmark. Im Jahre 1923 — genau für die Zeit vom 1. Januar 1923 bis 23. November 1923 — betrug die Gesamtzunahme an Diskontwechseln rund 1500 Millionen Goldmark. Die Reichsbank verfügte am 23. November 1923 jedoch nur über einen Bestand von rund 150 Millionen Goldmark. Danach fehlen 1650 Millionen Goldmark, die zu einem Sechstel auf den Anfangsbestand von 300 Millionen Goldmark und zu fünf Sechsteln auf den Zugang während des Ruhrkrieges entfallen. Die Kreditgewinne der Wirtschaft sind also während dieser Zeit auf nicht weniger als 1400 Millionen Goldmark zu veranschlagen, von denen wohl drei Viertel, also rund 1 Milliarde Goldmark, auf das besetzte Gebiet entfallen.

Schneider versucht in seiner schon mehrfach zitierten Arbeit, eine Rechnung der gesamten Kosten des Ruhrkampfes aufzustellen. Er kommt zu folgendem Ergebnis:

	in Mill. Goldmark
1. Kreditverluste aus der Kredithilfe	2,3
2. Rhein-Ruhrschäden-Entschädigungen	73,0
3. Erpreßte Reparationslieferungen	102,0
4. Kosten der Lohnsicherung	650,0
5. Kosten der Kohlensteuer	76,7
insgesamt	904,0

In dieser Zusammenstellung sind die unmittelbaren Kosten: Ausfälle der Reichsbahn und der Post sowie der Steuerverwaltung, ferner die Reichszuschüsse an die Gemeinden nicht enthalten. Berücksichtigt man auch diese Kosten und nimmt man selbst an, daß insbesondere die Berechnung der Lohnsicherungssumme bei Schneider anfechtbar ist, so zeigen diese Ziffern doch, welche gewaltige Bedeutung die Reichsbankkredite für die Finanzierung des Ruhrkampfes gehabt haben.

zeit wiederholt Notgeld an die Stelle des Reichsbankgeldes treten, wenn es der Reichsbank nicht gelang, den Bedarf der Wirtschaft an Zahlungsmitteln aus eigener „Kraft" zu decken. Gegen eine inflationistische Wirkung der Notgeldausgabe sowie gegen eine gewinnbringende Ausbeutung sollte die Verordnung vom 17. Juli 1922 dienen, nach der die Ausgabe von Notgeld nur gegen gleichzeitige Hinterlegung des Gegenwertes in bar oder Schatzanweisungen des Reiches erfolgen durfte. (Werden hierbei die Guthaben aus Krediten gebildet oder die Schatzanweisungen unmittelbar vom Reich geliefert, so liegt auch bei dieser „Deckung" selbstverständlich Kaufkraftschöpfung gleich Inflation vor.) Von Mitte 1923 ab gelingt es der Reichsbank nicht mehr, dem Verkehr die sich ständig erhöhenden Nennbeträge an eigenen Noten zur Verfügung zu stellen; die Volkswirtschaft greift zur Selbsthilfe, die Zahlungsmittelnot zwingt zur Ausgabe von Notgeld; öffentliche Körperschaften, Banken, Handel und Industrie setzen Notgeld in Umlauf; schließlich kommt es so weit, daß jeder sein eigener Notendrucker wird — die Kipper- und Wipperzeit des 17. Jahrhunderts verblaßt vor dieser modernen Alchimie. Den fortwährend gesteigerten Anstrengungen der Reichsbank gelingt es eben nicht, die neuen Nennbeträge so schnell zu schaffen, wie es die sich überstürzende Geldentwertung verlangt. Was entscheidend ist: mit der Zeit werden die Deckungsvorschriften vernachlässigt oder umgangen, so daß aus dem ursprünglichen Zahlungsmittelnotgeld ein regelrechtes Kreditnotgeld[1]) wird, das die Ausgeber benutzen, um sich fehlende Einnahmen (Kommunen) oder fehlendes Betriebskapital (Betriebe) zu beschaffen. Neben die staatliche Inflation (Reichsschatzanweisungen) und die private (Wechseldiskont der Reichsbank) tritt eine dritte Art von Inflation auf Grund der Ausgabe von „Not"geld, die — insbesondere im besetzten Gebiet — auch die letzten Stützen einer zu Tode getroffenen Volkswirtschaft niederreißt.

Im Verwaltungsbericht 1923 (erstattet am 5. Juli 1924) schreibt die Reichsbank über i h r e Notenproduktion das Folgende:

„Für die Anfertigung neuer Banknoten sind 32,8 Trillionen Mark in Ausgabe gestellt. Die technische Bewältigung der Versorgung des Verkehrs mit Zahlungsmitteln stellte im Berichtsjahre nie zuvor erlebte Anforderungen an die Bank. Außer der Reichsdruckerei arbeiteten 84 Druckereien unmittelbar, 48 weitere Druckereien mittelbar (d. h. als Hilfsdruckereien für den Reichsdruckereibetrieb) für den Notendruck. Über 30 Papierfabriken waren in Vollbetrieb für die Papierbeschaffung tätig. Gedruckt wurden rund 10 Milliarden Geldzeichen im Nennbetrage von 3877 Trillionen Mark. 29 galvanoplastische Anstalten lieferten dazu 400000 Druckplatten."

Über die Politik der Notenausgabe heißt es im gleichen Verwaltungsbericht hingegen nur:

[1]) Vgl. M a x V e l t j e n s: Das Notgeld, unter besonderer Berücksichtigung der Verhältnisse im besetzten Gebiet. Kölner Dissertation 1925.

„Der Notenumlauf der Reichsbank bezifferte sich Ende Dezember 1922 auf 1,3 Billionen Mark und hielt sich in der Folgezeit bis zum 23. Juni immer über der Summe, welche die Reichsbank an diskontierten Schatzanweisungen im Portefeuille hatte. Späterhin trat hierin eine Änderung ein, die im wesentlichen dadurch bedingt war, daß aus rein technischen Gründen die Herstellung der Noten mit dem Verkehrsbedarf nicht Schritt halten konnte. Mitte November stellte sich der Gesamtumlauf auf 92,8 Trillionen Mark.

Mit keinem Wort wird der Geldmacherei gedacht, der sich die Reichsbank hingegeben hat; um so mehr wird — auf einer ganzen Druckseite — den Notgeldsündern zu Leibe gegangen. So schreibt die Reichsbank u. a.:

„Im Herbst des Berichtsjahres nahm die Notgeldausgabe geradezu skandalöse Formen an. Kleine und kleinste Betriebe traten als Notgeldemittenten auf. Immer mehr griff die ungedeckte Ausgabe um sich, skrupellos wurde sie als Kredit- und als Inflationsgewinnquelle mißbraucht."

ferner:

„Die wilde, ungenehmigte Notgeldausgabe über jedes Bedürfnis des Zahlungsverkehrs hinaus aus rein egoistischen Motiven gehört zu den dunkelsten Begleiterscheinungen der schweren Inflationskrise" [1]).

Diese Berichterstattung ist charakteristisch: die Reichsbank ergießt die volle Schale ihres Zornes auf die, die durch die ureigene Politik der Reichsbank in „Not" geraten und geradezu gezwungen waren, sich selbst zu helfen. Gewiß: wenn sich eine bequeme Gelegenheit auftut, Geld zu verdienen, finden sich sofort auch die Gelegenheitsgewinnler ein; aber die eigentliche Ursache dieser Zustände war doch in der mit Riesenschritten vorwärtsschreitenden Inflation zu suchen, die die Reichsbank mit ihrer unseligen Kreditgewährung an das Reich und die Wirtschaft züchtete und die — nachdem die rechtzeitige Beendigung des Ruhrkampfes nicht gelungen war — notgedrungen zum finanziellen Zusammenbruch führen mußte. Von dem illegitimen „Not"geld gilt das Wort von dem Fluche der bösen Tat, die fortzeugend Böses muß gebären ... Von den eigenen Sünden spricht der Verwaltungsbericht der Reichsbank nicht; oder vielmehr: er sieht von jedem Versuch der Rechtfertigung der Reichsbankpolitik im Jahre 1923 ab. Inzwischen war Schacht an die Stelle von Havenstein getreten ...

---

[1]) Von Interesse ist noch die Schätzung der Höhe des umlaufenden Notgeldes: Die Reichsbank beziffert das ungedeckt ausgegebene Papiermarkgeld in den beiden letzten Monaten des Jahres 1923 auf 400—500 Trillionen Mark ohne das von der Reichsbahn ausgegebene Notgeld in Höhe von 114 Trillionen Mark. (Daneben waren noch 350 Trillionen Mark an wertbeständigem Notgeld zur Ausgabe gelangt.)

IV. Die Zinspolitik der Kreditbanken[1]).

A. Unkosten und Geldentwertung.

Man tut gut daran, nicht zu vergessen, daß die Erhöhung der Kreditkosten ursprünglich mit der auch im Bankbetriebe sprunghaft vor sich gehenden Steigerung aller Unkosten begründet worden ist. Vor dem Kriege gestaltete sich die Kalkulation des Bankgewinnes wie folgt: Die Höhe der von den Banken für die fremden Gelder zu vergütenden Zinsen richtete sich nach den Zinsen, die aus der Verwendung der Gelder in den Aktivgeschäften zu erzielen waren. Die Höhe dieser Zinssätze wurde nicht so sehr von der einzelnen Bank, sondern mehr von der Gesamtentwicklung des Geld- und Kapitalmarktes bestimmt. Der Hauptzinssatz, nach dem in erster Linie die Bankzinsen berechnet wurden, der Reichsbankdiskontsatz, wurde von der Reichsbank in Verfolg einer bestimmten Politik (Diskontpolitik) festgesetzt; die Zinssätze für Geldmarktanlagen — tägliches Geld, Ultimogeld, Privatdiskonten — kamen in Anlehnung an den Reichsbankdiskontsatz durch Vereinbarung der großen, am Geldmarkt der Börse beteiligten Banken zustande. Diese Zinssätze bildeten für die zu gewährenden Zinsen die Obergrenze; in der Regel aber blieb zwischen diesen und den Aktivzinsen eine Spanne von $1^1/_2$ bis $2^1/_2\%$, die den Zinsrohgewinn der Bank darstellte. Theoretisch lag in dieser Spanne 1. ein Anteil an den Kosten für die Führung der Gläubigerkonten, soweit nicht eine Sonderberechnung (Umsatzprovision) in Betracht kam, 2. eine Risikoprämie für mögliche Kreditverluste beim Schuldner, die den Debetzinssatz steigerte, 3. ein Anteil an den Kosten für die Führung der Schuldnerkonten, der jedoch in der Regel durch die Erhebung einer besonderen Provision verrechnet wurde, 4. der Zinsreingewinn. Alle sonstigen Leistungen der Bank hätten — theoretisch — mit besonderen Gebühren (Provisionen) abgegolten werden müssen. Theoretisch: in der Praxis ließ sich diese Kalkulation nur in beschränktem Umfange durchführen; der scharfe Wettbewerb hatte vielmehr dazu geführt, daß die Banken bestimmte Leistungen auch unentgeltlich abgaben in der Hoffnung, dadurch den Kunden zu anderen gewinnbringenden Geschäften mit der Bank zu veranlassen. So kamen die obigen Grundsätze der Gewinnberechnung vor dem Kriege zwar nicht mehr rein zur Geltung, immerhin waren sie als Ausgangspunkt der bankbetrieblichen Zins- und Gebührenpolitik anzusehen. Daß sie noch vorhanden waren, zeigt die Entwicklung nach dem Kriege, in der wieder mehr von den besonderen Kosten für die einzelne Leistung ausgegangen wird[2]).

[1]) Zeitschrift für Handelswissenschaft und Handelspraxis 1923, Dezemberheft.

[2]) Die Selbstkostenberechnung im Bankbetrieb bietet große Schwierigkeiten. Ich habe die Frage in einem besonderen Seminar — unter Mitwirkung von

Will man eine Grundlage für die Beantwortung der Frage gewinnen, welche Rolle die Zinssätze nun wirklich für die Ergebnisse des Bankbetriebes vor dem Kriege gespielt haben, so bleibt nichts anderes übrig, als auf die — natürlich sehr unvollkommenen — Gewinn- und Verlustrechnungen der Banken zurückzugreifen. Diese ergeben folgendes: Im allgemeinen wird der Betrag der Unkosten durch die Einnahmen aus Provisionen (und Gebühren) nicht gedeckt. Etwa $^1/_6$ der Zinseinnahmen muß zur Deckung der Unkosten herangezogen werden, wenn man die sonstigen Gewinne: aus Beteiligungen und vor allem aus dem Effekten- und Konsortialgeschäft, außer acht läßt. Daß letzteres nicht ganz richtig ist, geht daraus hervor, daß die Effekten- und Konsortialgeschäfte auch Kosten verursachen, die in nicht festzustellendem Umfange in dem Posten Unkosten mit enthalten sind. Aber die Banken lieben es, auf der anderen Seite auch die Gewinne aus diesen Geschäften ganz oder zum Teil zu Rückstellungen (stillen Reserven) zu verwenden. Wenn man berücksichtigt, daß die Reserven für Kreditverluste in erster Linie aus Risikoprämien gebildet werden müßten, die in dem Zinssatz für die gewährten Kredite, also in den Zinseinnahmen, stecken, dann wird sich der Fehler einigermaßen wieder ausgleichen. (Unkosten abzüglich Anteil für Effekten- und Konsortialgeschäfte, Zinseneinnahmen abzüglich Rückstellungen für Reserven.) Praktisch ergab sich der mehr oder weniger offen ausgesprochene Betriebsgrundsatz: in etwa sollen die gesamten Unkosten sowie die auszuschüttende Dividende aus dem laufenden Geschäft (d. h. dem „regulären“ Kreditgeschäft) aufgebracht werden, während der Gewinn aus dem Effekten- und Konsortialgeschäft zur Bildung von Reserven, also zur Sicherung des Betriebes, verwendet wird. Jedenfalls zeigen die Gewinn- und Verlustrechnungen der Banken, daß vor dem Kriege die gesamten Unkosten zu etwa $^4/_5$ aus den Provisionseinnahmen gedeckt werden konnten und $^1/_5$ aus anderen Einnahmen, in erster Linie aus den Zinseinnahmen, genommen werden mußten.

Nach dem Kriege, insbesondere in den Jahren 1920 bis 1922, haben sich diese Rentabilitätsgrundlagen vollkommen verschoben. Bis zum Jahre 1920 betrug beispielsweise bei den acht Berliner Großbanken die Steigerung der Unkosten schon das 16fache gegenüber dem Betrage von 1913, während die Provisionseinnahmen erst auf das 10fache der Friedenszeit gekommen waren. Da bis dahin die Zinseinnahmen gleich-

Bankdirektoren und Heranziehung ausländischer, insbesondere amerikanischer Literatur — eingehend bearbeiten lassen. Der Erfolg der Bemühungen ist bis jetzt noch nicht sehr groß gewesen. Doch zeigen sich allmählich die Wege, auf denen sich brauchbare Ergebnisse erzielen lassen. Sie sollen — wenn es gelingt, sie zu fassen — in den von mir herausgegebenen „Bank- und finanzwissenschaftlichen Abhandlungen“ veröffentlicht werden. — Inzwischen ist als Heft 5 erschienen: W. Hasenack, Betriebskalkulationen im Bankgewerbe, 1925. Der Verfasser ist den Fragen in eigener und gründlicher Weise nachgegangen.

falls um das 10fache steigen konnten — bei allerdings 14facher Zunahme der fremden Gelder —, andererseits der Reingewinn auf das 5fache ermäßigt wurde, konnte der rechnerische Ausgleich in dieser Weise herbeigeführt werden, ohne daß sich also die Notwendigkeit ergab, die Provisionssätze wesentlich zu erhöhen. Ende 1922 sind die Unkosten hingegen auf nicht weniger als das 670fache von 1913 gestiegen, während sich die Zinseinnahmen jetzt trotz Erhöhung der Zinsen für die gewährten Kredite von 8% im Juli 1922 auf 12% im Dezember 1922 erst auf das 390fache von 1913 stellen. Der Grund für dieses Zurückbleiben liegt erstlich darin, daß im Jahre 1922 die Zinssätze für die Depositen (von 2% auf 4% für tägliches Geld) erhöht worden sind, und daß zweitens die Steigerung der Depositen auf das 330fache des Friedensstandes weit hinter der Geldentwertung — Dezember 1922: Großhandelsziffer 1674 — zurückgeblieben ist. Auch die Provisionseinnahmen haben mit der markmäßigen Steigerung aller Umsätze zugenommen; doch bleibt diese Steigerung wieder erheblich hinter der der Unkosten zurück. Außerdem ist anzunehmen, daß an dieser Steigerung weniger die provisionspflichtigen als die provisionsfreien Konten — Zahlungsverkehr — beteiligt sind, so daß den Banken unter diesen Umständen nichts anderes übrig blieb, als auf weitere Einnahmen bedacht zu sein. In schneller Folge sind — wie bekannt — die im Effektenkommissions-, Depot- und Akkreditivgeschäft bestehenden Gebühren erhöht, neue alsbald unter den Bezeichnungen wie: Vormerks-, Streichungs-, Bereitstellungsgebühren eingeführt worden — ob dabei immer der Gesichtspunkt des richtigen Verhältnisses von Aufwand und Leistung beachtet worden ist, kann füglich bezweifelt werden. Wichtiger ist, daß die Hauptlasten der Unkostendeckung den Kreditnehmern aufgepackt wurden, indem von Zeit zu Zeit die Provision für die Kreditgewährung erhöht wurde. Diese Abwälzung war möglich, weil die neuen Kosten mit den Geldentwertungsgewinnen, die die Kreditnehmer bei fallender Mark erzielten, immer wieder ausgeglichen werden konnten. Für den Bankbetrieb ebenso einfach wie wirkungsvoll: nach Belieben konnte diese Einnahmequelle zum Fließen gebracht werden, jede Sorge um die Deckung der steigenden Kosten war gebannt, die Höhe der Ausgaben brauchte nicht mehr zu schrecken; allerdings war damit praktisch auch jeder Antrieb zur Sparsamkeit beseitigt. Dazu kamen im Jahre 1922 noch die außerordentlich hohen Gewinne, die die Banken aus dem Konsortial- und Devisengeschäft ziehen konnten und die wiederum in großem Umfange zu internen Rückstellungen verwendet wurden. Bemerkenswert ist jedoch, daß — entgegen der bisherigen Gewohnheit — ein Teil dieser Gewinne in der Gewinn- und Verlustrechnung des Jahres 1922 ausgewiesen wird, so daß es den Anschein haben könnte, als ob selbst die starken Erhöhungen der Provisionssätze, die die Provisionseinnahmen auf das 406fache von 1913 gebracht haben, nicht ausgereicht hätten, um die Unkosten und Dividende zu decken. In Wirklichkeit darf man wohl annehmen — auch Lansburgh tut dies —, daß von den Provisionseinnahmen nur ein bestimmter Teil ausgewiesen worden ist, ein anderer schon vorher zu Abschreibungen und Rückstellungen Verwendung gefunden hat. Daß diese Art der Kostendeckung — aus den Inflationsgewinnen der Kreditnehmer — grundsätzlich falsch und überdies sehr bedenklich war, ist dem einsichtigen Bankleiter wohl bald zum Bewußtsein gekommen.

Dennoch hat es lange gedauert, bis die Begründung für die erhöhten Kreditkosten mit dem Geldentwertungsagio und der Substanzerhaltung der Bankbetriebe in Verbindung gebracht wurde. Die Banken mußten es täglich erleben, wie ein Teil der Kunden den Bankkredit benutzte, um Warenbestände durchzuhalten oder neue einzukaufen, die der Geldentwertung nicht unterworfen waren, ein anderer Teil Effekten auf Kredit kaufte und enorme Gewinne einstrich, ja wie selbst die großen Konzerne den Bankkredit zielbewußt in den Dienst ihrer Ausdehnungsbestrebungen auf dem Wege der Effektenkäufe und Fusionen stellte. Wer will es den Banken verdenken, wenn sie unter diesen Umständen neidisch wurden ob der Gewinne, die mit ihrem Gelde aus ihrem Kredit hervorgezaubert wurden? So war es — in noch unklarer Vorstellung von der gewaltigen Veränderung, die in der Kreditpolitik vor sich ging — nicht zuletzt der Gewinngedanke, der die Banken lüstern machte, „mitzuverdienen, wo alle verdienten". Daß bei fortschreitender Geldentwertung die Fähigkeit der Banken, neue Kredite in immer höheren Ziffern zu bewilligen, eines Tages nachlassen mußte, wurde den Banken deshalb weniger fühlbar, weil lange Zeit auch der Zufluß an Depositen in der entwerteten Mark noch anhielt. Um so mehr mußten die Privatbankers, bei denen die Depositen als Betriebskapital zurücktreten, die Zusammenschrumpfung ihres Kapitals empfinden. Sie waren es denn auch, die zuerst den Gedanken der Substanzerhaltung mit der Kreditgewährung in Verbindung brachten. Da dieser Gedanke bei den Handels- und Industriebetrieben schon längst Fuß gefaßt hatte, im Juli/August 1922 auch an der Börse der Leihsatz für die Devisenreportierung von der Geldentwertung beeinflußt wird, wird es schließlich allgemein üblich, die Erhöhung der Provision für die Bankkredite auch damit zu begründen, daß die Banken bei der Rückzahlung der Kredite nur noch entwertete Mark zurückerhalten. Gegen diese Begründung ist an sich zwar nichts einzuwenden; leider muß man aber feststellen, daß die Banken nicht die volle Schlußfolgerung aus dieser Erkenntnis gezogen und so eine neue Halbheit an die Stelle der bisherigen gesetzt haben.

Zunächst: An sich muß man den Banken natürlich das gleiche Recht zubilligen, das sich andere Betriebe einfach nehmen. Wenn die Handels-

und Industriebetriebe zu Wiederbeschaffungspreisen verkaufen, keine Kredite gewähren, ihre flüssigen Gelder sofort in Devisen anlegen und darüber hinaus selbst noch Kredite in Anspruch nehmen — warum soll dann die hierdurch erzielte Substanzerhaltung nicht auch den Banken gestattet sein? Lansburgh meint zwar, die Banken besäßen gar kein Goldkapital, sondern nur Papierkapital, sie hätten also auch nicht nötig, auf eine Substanzerhaltung hinzuarbeiten. Daß diese Meinung irrig ist, zeigt der Geschäftsbetrieb des Privatbankers, der überwiegend mit Eigenkapital arbeitet. Wird die im Frieden eingezahlte Goldmark allmählich zu Papiermark, dann hört die Kreditgewährung in dem Betriebe des Privatbankers eines Tages einfach auf. Bei den Aktienbanken stellt das Aktienkapital und die Reserven zusammen das eigene Vermögen, soweit dieses aus der Friedenszeit stammt, zweifellos ein Goldmarkkapital dar. Nun bin ich allerdings — wie schon öfters betont — der Meinung, daß es in Zeiten fortschreitender Geldentwertung eine volkswirtschaftliche Unmöglichkeit ist, allen Betrieben zu gestatten, ihre Substanz in unvermindertem Umfang aufrechterhalten zu wollen. Die in der Inflation zum Ausdruck kommende Verarmung der Volkswirtschaft im ganzen verlangt, daß sich auch die einzelnen Wirtschaften diesem Verarmungsvorgang anschließen. Tun einzelne oder alle Betriebe das nicht, dann wird die Verarmung auf die Volkskreise abgewälzt, die eben nicht die Macht haben, sich durch Festsetzung von Preisen (Löhnen und Gehältern) dem sauve qui peut! anzuschließen. Wie ich an anderer Stelle ausgeführt habe, ist die Erhaltung der Substanz nur in dem Maße volkswirtschaftlich möglich und unbedenklich, als die allgemein eingetretene Geldentwertung — nicht die Wiederbeschaffungspreise schlechthin — berücksichtigt werden, wie nunmehr auch die Preistreibereiverordnung ausgelegt wird. Natürlich: wenn sich der Staat als nicht mächtig genug erweist, seinen Gesetzen Geltung zu verschaffen, dann kann man es den Banken schließlich auch nicht verdenken, wenn sie sich dem allgemeinen Brauch anschließen und für ihr Kapital die Substanzerhaltung anstreben. Und da es angesichts der Schwierigkeiten einer brauchbaren Kostenkalkulation überdies nicht möglich ist, den angemessenen Preis für die Leistungen im voraus genau zu bestimmen, also auch nicht die Möglichkeit besteht, die Angemessenheit der Zins- und Provisionssätze nachzuprüfen, so haben die Banken in dieser Beziehung anderen Betrieben gegenüber sogar noch einen Vorsprung.

Man wird also den Banken das Recht zugestehen müssen, daß sie — wenigstens bis zu einem gewissen Grade — auf die Erhaltung ihrer Substanz bedacht sein dürfen. Ehe jedoch die Frage beantwortet wird, ob dies am zweckmäßigsten durch das Mittel der Provisionserhöhung erreicht wird, ist zweierlei vorher noch festzustellen. Erstens: Die Substanzerhaltung des Bankkapitals wird zu einem großen Teile selbsttätig dadurch herbeigeführt, daß die Banken über eine Reihe wertbeständiger Anlagen verfügen. Hierher gehören die Grundstücke und Gebäude, ferner die Beteiligungen bei anderen Banken sowie die Bestände an eigenen Effekten. Dazu kommt die Gepflogenheit der Banken, auf die Bildung großer stiller Reserven bedacht zu sein, die nicht nur durch übermäßige Abschreibungen an diesen Posten entstehen, sondern auch in anderen Posten der Bilanz, z. B. bei den Debitoren, enthalten sein können. So haben die Banken beispielweise die im Jahre 1922 erzielten sehr großen Gewinne aus dem Devisen- und Konsortialgeschäfte fast ganz zu internen Rückstellungen benutzt. Daß es betriebspolitisch richtig ist, für die Verlustgefahren, die sich aus einem Umschwung der Inflationskonjunktur ergeben können, rechtzeitig Vorsorge zu treffen, ist ohne weiteres einzusehen, und ebenso, daß man hierzu in erster Linie einmalige, oder, wenn man will, Geldentwertungsgewinne verwendet. Dennoch ist der Hinweis am Platze, daß eigentlich auch die Einnahmen aus der Kreditgewährung, also die Zinsen und Provisionen, entsprechende Rücklagen für mögliche Kreditverluste liefern müßten, indem hier eine Risikoprämie einkalkuliert wird. Wie dem auch sein möge, jedenfalls haben diese Abschreibungen und Reservebildungen bisher in hohem Maße dazu beigetragen, die Substanzerhaltung des Bankkapitals zu fördern. Ob unter diesen Umständen die Klage der Deutschen Bank (Geschäftsbericht 1922), „daß der Zug nach Erhaltung der Substanz im Bankgewerbe bisher nur wenig Erfolg gehabt habe“, wirklich so ernst zu nehmen ist, will mir daher zweifelhaft erscheinen.

Und das zweite: Die Banken arbeiten nicht nur mit Eigenkapital, sondern es stehen ihnen für die Zwecke der Kreditgewährung weit größere Summen fremder Kapitalien zur Verfügung. So machten die fremden Gelder beispielsweise bei den acht Berliner Großbanken Ende 1922 etwa das 125fache des bilanzmäßig ausgewiesenen Eigenkapitals (Aktienkapitals und Reserve) aus. Wenn auch dieses Verhältnis bei den Provinzialbanken kaum und bei den Privatbankers erst recht nicht anzutreffen ist, so bleibt doch bestehen, daß die Banken eigentlich selbst die größten Kreditnehmer und — da sie ihre Schulden nach dem Rezept: Mark ist Mark, zurückzahlen — daß sie zugleich auch die größten Inflationsgewinnler sind. Allerdings schöpfen sie die ihnen zur Verfügung stehende Gewinnquelle weder gründlich noch systematisch aus. Solange sie den Nennbetrag ihrer gegebenen Kredite in entwerteter Mark zurückerhalten und lediglich durch eine Erhöhung der Provision die Kredite zu „verteuern“ trachten, mußte die Anpassung an die Geldentwertung unvollkommen bleiben. Dazu kommt, daß die Banken die Provisionssteigerung lange nur als ein Mittel angesehen haben, um damit ihre Unkosten zu decken. Da nun die Kreditnehmer ihrerseits diese Provision als ein Geldentwertungsagio auffassen, das sie nur aus dem ihnen zufließenden Geldentwertungsgewinn bestreiten können, die Banken aber diesen ihnen übertragenen Geldentwertungsgewinn ihren Depositengläubigern vorenthalten, tragen letzten Endes diese die gesteigerten Kosten des Bankbetriebs. Das muß mit aller Deutlichkeit ausgesprochen werden, zumal die literarischen Vertreter der Banken die Neigung haben, die entscheidende Bedeutung, die die fremden Gelder in der hinter uns liegenden Zeit für die Existenzfähigkeit der Bankbetriebe gehabt haben, mehr oder weniger zu leugnen[1]).

Wir kommen auf die Frage zurück: Ist die Erhöhung der Provisionssätze nun das Mittel, das den Veränderungen im Kreditverkehr am besten Rechnung trägt? Läßt man die banktechnische Möglichkeit ihrer Durchführung einstweilen außer Betracht, so würde sich die Kalkulation des Bankgewinnes grundsätzlich wie folgt gestalten:

Die Banken zahlen für die ihnen anvertrauten fremden Kapitalien nach wie vor etwa $1^1/_2$ bis $3^1/_2$%, vielleicht auch einen etwas höheren Zinssatz mit Rücksicht auf den inzwischen eingetretenen Kapitalmangel. Ebenso zahlen die Debitoren für die Beanspruchung des Bankkredits, wie bisher, 1 bis 2% über den Reichsbankdiskontsatz (reinen Diskontsatz ohne Geldentwertungsprämie). Die Zinsdifferenz enthält Unkostenanteil der Depositenkonten (Abschlag von den Depositenzinsen), Risikoprämie für Kreditverluste (Zuschlag zu den Debitorenzinsen) sowie den Zinsreingewinn. Der Unkostenbeitrag der Kreditnehmer wird durch eine Provision erhoben, die sich wieder der vor dem Kriege üblichen nähert. Ferner hat jetzt der Kreditnehmer für das Geldentwertungsagio (nach irgendeinem Meßverfahren) aufzukommen, und zwar in voller Höhe; auf der anderen Seite erhält nunmehr auch der Kreditgeber, der Depositengläubiger, eine Entschädigung für die eingetretene Geldentwertung, doch nicht in voller Höhe. Hier könnte zunächst eine neue Provision — für die Führung eines wertbeständigen Kontos — in Abzug gebracht werden; vor allem sind bei der Bemessung der Entschädigung für den Gläubiger die Abgänge zu berücksichtigen, die dadurch entstehen, daß nicht die gesamten fremden Gelder immer mit genauer Geldentwertungsanpassung ausgeliehen werden können, vielmehr — wie auch Pferdmenges in dem erwähnten Artikel richtig hervorhebt — gewisse Teile als Kassenbestände sowie als Guthaben bei Banken, Reichsbank und Postscheckamt in gewöhnlicher Papiermark gebunden sind. Mit anderen Worten: die Unkosten werden wieder aus den Provisions- (und sonstigen) Einnahmen, zum Teil auch aus den Zinseinnahmen aufgebracht, während das vereinnahmte Geldentwertungsagio mit dem zu zahlenden so zu verrechnen ist, daß dem Risiko der Geldwertschwankungen durch Bildung von besonderen

---

[1]) Vgl. Artikel in der Köln. Ztg. vom 21. August 1923: Der Kreditverkehr der Banken von Robert Pferdmenges, Köln.

Reserven begegnet wird. Was sich aber bei dieser Rechnung mit Sicherheit herausstellen würde, wäre dies: daß sich die Deckung der jetzt so gewaltig gestiegenen Kosten auf dem angegebenen, einzig richtigen Weg als unmöglich erweisen würde. Nur weil die Banken einen erheblichen Teil des mit dem Gelde der Depositengläubiger erzielten Geldentwertungsgewinns in Gestalt der hohen Provisionen zurückerhalten und diesen Gewinn den Depositengläubigern vorenthalten, vermögen sie die Kosten ihres Betriebes zu decken. Die Durchführung der dargestellten Rechnung würde daher das Gute haben, daß die Banken wieder mehr auf wirtschaftlichste Betriebsführung achten würden, anstatt, wie das jetzt häufig der Fall ist, jede Unkostensteigerung hemmungslos in den Kauf zu nehmen. Diese Rechnung würde allerdings auch dazu führen, daß von dem Bankschuldner das volle Geldentwertungsagio verlangt, der Bankkredit in diesem Sinne noch mehr verteuert würde.

Wie man sieht, würde sich diese Kalkulation des Bankgewinnes von selbst ergeben, wenn die Banken ihren gesamten Kreditverkehr auf Wertbeständigkeit umstellen, den vielfach erhobenen Forderungen nachkommen würden, Goldkonten einzuführen. Nun ist aber die Einrichtung eines Kreditverkehrs auf wertbeständiger Grundlage nicht nur eine Frage der oben angeführten Rechnung, sondern vielmehr in erster Linie eine solche der Bankpolitik: ob sich nämlich der Ausgleich zwischen aktiven und passiven Kreditgeschäften dieser Art mit den Mitteln des Bankbetriebs erfolgreich gestalten läßt? Mit Rücksicht auf das große Risiko, das die Banken hinsichtlich der Entgegennahme von wertbeständigen Depositen eingehen — es sei denn, daß sie für ihre Verpflichtungen in großem Umfange Deckung in Devisen suchen, was mit dem gewollten Ziel nicht in Einklang steht —, haben die Banken meines Erachtens richtig gehandelt, wenn sie sich der Forderung nach einfacher Umstellung ihres Kreditverkehrs auf wertbeständiger Grundlage bisher widersetzt und sich während der Zeit der hemmungslosen Inflationswirtschaft — Ruhrwiderstand — auf tastende Versuche beschränkt haben. So blieb den Banken tatsächlich nichts anderes übrig, als einstweilen auf dem Wege der Zuschläge die Kreditgewährung zu „verteuern", zumal die Geldentwertung von Juli 1922 bis auf den heutigen Tag (Oktober 1923) ununterbrochen und in fast gerader Entwicklung vor sich ging. Was den Banken indes zum Vorwurf gemacht werden kann, ist: daß die Zuschläge nur in sehr unzulänglicher Weise der Geldentwertung angepaßt und viel zu sehr und zu lange als Maßnahme der Kostendeckung angesehen worden sind, und daß die Auspowerung der Depositengläubiger viel zu lange angehalten hat.

Auch die in den letzten Tagen erfolgte Erhöhung der Zinssätze für Depositen auf $^1/_2$% pro Tag bedeutet nur ein geringes Äquivalent für das Dahinschwinden des Geldwerts. Solange die Geldentwertung anhält, ist es notwendig, daß sich auch der Zinssatz für Depositen etwas schneller und besser den Schwankungen des Darlehnszinssatzes anpaßt, bis der Goldkreditverkehr wieder die alte Zinsrechnung ermöglicht.

B. Unkostenverringerung im Bankbetrieb[1])?

Wenn die Banken dazu übergehen, einen Teil ihrer Geldentwertungseinnahmen an die Bankgläubiger abzuführen, dann rückt die Frage der Unkosten in den Mittelpunkt bankbetrieblicher Sorgen. Wie sollen die hohen Unkosten gedeckt werden, wenn die Geldentwertungsgewinne nicht mehr sind? Für den Bankbetrieb gestalten sich die Zukunftsaussichten überhaupt nicht besonders günstig. Die Verlustgefahren sind sogar recht groß, wenn die Stabilisierung des Geldwertes mit einem Rückgang der Preise und einer Absatzstockung verbunden ist, die sich leicht zu einer allgemeinen Zahlungsklemme auswachsen und die Rückzahlung der hohen Kredite erschweren oder unmöglich machen kann. Gegen diese Gefahren können sich die Banken schon heute durch Bildung offener und stiller Rücklagen einigermaßen schützen; weniger schützen aber die Rücklagen gegen die Folgen, die sich aus einer dauernden Verringerung der Einnahmen ergeben. Kommt es zu einer Stabilisierung des Geldwertes, dann ist es ausgeschlossen, daß die Kredite noch weiterhin die hohen Zuschläge tragen können, die jetzt zur Deckung der Unkosten noch mit verwandt werden. Nominell würde auch der Gesamtbetrag der Kredite wie die Umsätze zurückgehen und damit auch die in Prozenten dieser Größen ausgedrückte Provision. Es ist ferner damit zu rechnen, daß die großen Gewinne aus dem Konsortialgeschäft, vor allem aus dem Devisenverkehr, aufhören werden; ob das Wertpapierkommissionsgeschäft weiter so blühen wird wie heute, hängt wesentlich davon ab, wieweit die Aufwertung der Wertpapiere gegenüber dem Geldwert in diesem Zeitpunkt erfolgt ist. Demgegenüber ist freilich möglich, daß die Depositen — da sie nicht mehr die Geldentwertung zu fürchten brauchen — zunehmen werden, so daß die Zinseinnahmen steigen.

Im ganzen bleibt jedoch, daß ein Umschwung der Inflationskonjunktur den Banken eine erhebliche Verminderung der Einnahmen bringen wird. Der Hauptteil der Ausgaben entfällt auf die Gehälter der Angestellten. Weder können diese Kosten den verringerten Einnahmen sofort angepaßt werden, noch wird es ohne weiteres möglich sein, die Zahl der Angestellten zu verringern, wenn ein Rückgang der Umsätze die Beschäftigungsmöglichkeit einengt. Es wird sich dann zeigen, daß die Deflation des Personalbestandes noch schwieriger

[1]) Zeitschrift für Betriebswirtschaft Jg. 1924, Heft 1.

sein wird als die der Geldwirtschaft. Diese Aussichten hätten die Banken veranlassen müssen, auch in ihrem inneren Betrieb Vorkehrungen gegen die Gefahren zu treffen, die sich aus einem Umschwung der Inflationskonjunktur ergeben. Statt dessen haben sie das bequeme Mittel der Provisionserhöhung ergriffen und die den Depositengläubigern vorenthaltenen Geldentwertungsentschädigungen benutzt, um damit die steigenden Unkosten zu decken. Nun ist es richtig, daß die Inflationswirtschaft mit ihrer ungeheuren Fülle von Papierkapital gerade den Banken große Mehrarbeit gebracht hat. Der Übergang zur Barzahlung hat den Überweisungsverkehr stark anschwellen lassen. Vor allem hat die oft ruckweise einsetzende Ausdehnung des Wertpapierhandels zu Betriebsvergrößerungen geführt, die nicht ohne tiefgreifende Störungen abgelaufen sind. Dazu kam, daß das Akkreditiv- und insbesondere das Devisengeschäft die Bankbetriebe vor ganz neue Aufgaben gestellt haben. Nicht unerwähnt dürfen in diesem Zusammenhang die Arbeiten bleiben, die den Banken aus den zahlreichen Gesetzen gegen die Kapitalflucht und über die Steuersicherung erwachsen sind. Die Massenarbeiten des Schreibens, Rechnens und Buchens sind in ungeahnter Weise gestiegen. Es ist auch zuzugeben, daß es schwierig war, geeignete Arbeitskräfte heranzuziehen. Die große Zahl der nicht oder nur schlecht vorgebildeten Angestellten, die in den letzten Jahren in die Bankbetriebe eingeströmt sind, ist sicherlich bestenfalls nur für die Erledigung mechanischer Arbeiten verwendbar; sie wird immer der Ausbildung einer sich dem plötzlich ausweitenden Betriebe anpassenden Organisation mehr hindernd als fördernd im Wege stehen. So ist es zu erklären, daß die früher sprichwörtliche Sicherheit und Schnelligkeit der Bankarbeit heute fast vollkommen dahin ist, daß für dieselbe Arbeitsmenge jetzt mehr Kräfte als früher und zur Kontrolle dieser Kräfte wieder neue Beamte und immer wieder neue Beamte eingestellt werden mußten. Der Geld- und Zahlungsaufblähung ist im Bankbetrieb eine ebenso starke Personalaufblähung gefolgt.

Was man den Banken jedoch zum Vorwurf machen kann, ist, daß sie aus diesen Veränderungen, die in ihrem Betriebe vor sich gegangen sind, nicht die richtigen Folgerungen gezogen haben. Die Massenarbeiten und die Masse der ungelernten Arbeitskräfte waren gegeben. Die Aufgabe war, diese beiden Faktoren des Betriebes in Übereinstimmung zu bringen. Statt dessen haben die Banken den Weg eingeschlagen, die Arbeit, die vordem von gelernten Kräften ausgeführt wurde, jetzt von den nicht vorgebildeten Beamten erledigen zu lassen. Der entgegengesetzte Weg wäre der richtige gewesen: *Völlige Loslösung aller mechanischen Arbeit von der anordnenden bzw. eigentlich bankfachlichen Arbeit* und Verrichtung der mechanischen Arbeit mit weitgehender Unterstützung von mechanischen Hilfsmitteln. In welcher Weise und mit welchem Erfolge z. B. Maschinen zur Erledigung von Buchungs-, Rechen- und statistischen Arbeiten verwandt werden können, zeigt die Schrift von Dietrich[1]), zeigen aber auch schon einige Betriebe, die diesen Weg rechtzeitig gegangen sind. Es genügt natürlich nicht, daß einmal hier und dort eine Maschine und nur nebenher zum Schreiben oder Buchen verwandt wird, sondern es ist erforderlich, daß sie lebendiger Bestandteil der Organisation wird, die Arbeitsmethode der Maschine und diese unter Umständen der Eigenart der Bankbetriebe angepaßt werden muß. Ebenso notwendig ist es, daß die Angestellten in ein inneres Verhältnis zur Maschine kommen; sie dürfen in ihr nicht den Feind sehen, der sie verdrängen will, sondern sie müssen die Maschine als gefügiges Werkzeug benutzen lernen, das sie von der mechanischen und geisttötenden Wiederholungsarbeit befreit. Für den Bankbetrieb bedeutet die Maschinenarbeit eine starke Herabdrückung der Kosten, vor allem eine absolute Sicherheit und weitgehende Selbstkontrolle der gesamten Zahlenarbeit und dadurch wieder eine neue Ersparung von Kosten. Beizeiten eingeführt, ist die Umstellung auf Maschinenarbeit ein vorzügliches Mittel, einer weiteren Aufblähung des Personalbestandes vorzubeugen und die Gefahren aus der Umkehr der Konjunktur zu mildern.

Die erfolgreiche Trennung von anordnender und lediglich ausführender Arbeit oder besser von bankfachlicher und mechanischer Schreib- oder Rechenarbeit macht aus dem ursprünglich „gelernten" Bankangestellten, der in „allen Sparten ausgebildet" und daher entsprechend hoch zu besolden war, nichtsdestoweniger in der Hauptsache auch mit der Erledigung der mechanischen Arbeiten beschäftigt wurde, in Zukunft drei Typen von Angestellten, die dem Bankbetrieb verschieden hohe Kosten verursachen:

1. Arbeitskräfte, vorzugsweise weibliche, die die Arbeiten an den Maschinen auszuführen, eine banktechnische Vorbildung daher nicht nötig haben.

2. Angestellte, die in den einzelnen Abteilungen die richtige Handhabe des Arbeitsganges zu überwachen und die Verbindungen mit den andern Abteilungen herzustellen haben. Sie sind fachtechnisch vorgebildet, gelernte Bankbeamte, gelten als Abteilungsleiter und deren Stellvertreter. Ihre Zahl ist entsprechend den Abteilungen, die in Betracht kommen, gering; sie können eine hohe Entlohnung erhalten, die ihr Interesse an den Betrieb fesselt.

3. Bankorganisatoren — Bankingenieure, wie sie die Frankfurter Zeitung gelegentlich genannt hat —, die den Betrieb im ganzen in Ordnung halten, beständig die Organisation und den Ablauf der Arbeit

[1]) Die Verwendung maschineller Hilfsmittel im Bankbetrieb. Heft 1 der Bank- und finanzwirtschaftlichen Abhandlungen. Berlin: Julius Springer 1923.

überwachen, dafür sorgen, daß die Organisation stets den neuen Erfordernissen angepaßt wird, die neue Arbeitsmethoden, Zeit und Geld sparende Hilfsmittel erfinden, prüfen und rechtzeitig einführen. Das sind nicht mehr die Bankbeamten alten Stils, ausgerüstet mit allen banktechnischen Einzelkenntnissen, sondern mehr betriebstechnisch geschulte Leute, die organisatorisch veranlagt und betriebswissenschaftlich vorgebildet sind. Auch ihre Bezahlung kann entsprechend ihren besonderen Leistungen höher sein als die des ehemaligen Einheitsbankbeamten.

Die Absonderung der mechanischen Arbeit von der anordnenden, sowie die erfolgreiche Verwendung von Maschinen ist von der Menge der Arbeitsvorgänge, also von der Größe des Betriebs, abhängig. Danach richtet sich auch die Kostenersparnis: die Bankbureaus der Zukunft weisen eine große Zahl von Maschinen mit verhältnismäßig geringen, aber gutbezahlten Bedienungskräften, eine kleinere Zahl von Abteilungsleitern nebst ihren Stellvertretern und einige wenige Bankorganisatoren neben den eigentlichen Leitern der Bank auf. Diese klare Scheidung ermöglicht eine ebenso klare Scheidung in der Besoldung. Es ist ferner möglich, daß die jetzt übliche Arbeitsgliederung in eine mehr oder weniger große Zahl von Abteilungen, die rechnerisch wieder zusammengefaßt sind, unter dem Druck der Sparsamkeit einer einfachen Betriebsweise zum Opfer fallen kann. Heute hat der Kunde in der Regel ein Konto, auf dem alle Vorgänge zur Verbuchung gelangen, die in den verschiedenen Abteilungen — z. B. Kasse, Effekten, Wechsel, Devisen — abgewickelt werden. Das Einheitskonto hat sowohl für den Kunden wie für die Bank große Vorteile. Auf dem einen Konto gibt der Saldo jederzeit den Stand der gesamten Schulden oder Forderungen an, d. h. wenn alle Abteilungen rechtzeitig die Buchungsunterlagen an die kontoführende Stelle abgeliefert haben, und die letztere außerdem über alle schwebenden Geschäfte unterrichtet ist. Da aber liegt der Haken: indem die Nachkriegsarbeit einfach den bestehenden Abteilungen aufgeladen worden ist, einerlei, ob deren Organisation für die weiteren Massenleistungen tragbar war oder nicht, zeigt sich, daß die Zentralisierung aller Geschäftsvorfälle auf einem Konto nicht mehr klappt. Die Verselbständigung der einzelnen Abteilungen in je eine „Bank“ für den Zahlungsverkehr, für den Effektenverkehr, für den Devisenverkehr usw. böte den Vorteil, daß sich die einzelnen Bankstellen für sich abgeschlossen und individuell organisieren lassen, eventuell für alle Banken einheitlich, während jetzt jede Abteilung Rücksicht auf das Zusammenwirken mit den andern Abteilungen der Bank nehmen muß und selbstverständlich die einzelnen Abteilungen von Bank zu Bank verschieden eingerichtet sind. In der Effektenstelle würde nur das Effektenkonto des Kunden geführt, in der Zahlungsstelle das Zahlungskonto, in der Devisenstelle das Devisenkonto; für die ordnungsmäßige Speisung der Konten mit den nötigen Guthaben (durch Übertragung von einem Konto auf das andere) hätte der Kunde zu sorgen. Dadurch wäre die Möglichkeit geschaffen, die für jede Stelle zweckmäßigste Organisation zu finden oder nach guten Vorbildern einzurichten, z. B. die Zahlungsstelle nach dem Muster des Postscheckverkehrs: Übersendung der täglichen Auszüge, die Effektenstelle nach dem Vorbild jener amerikanischen Spezialeffektenbank, die nur mit Maschinen arbeitet. Wie man sieht, ein dankbares Feld für die Bankingenieure.

Die meisten Banken haben die Verbesserungsfähigkeit ihrer Arbeitsgliederung und Arbeitsmethoden erkannt und sind auch bestrebt, den Übelständen abzuhelfen durch Bildung einer neuen Abteilung, die den Namen Organisationsabteilung führt. Doch nur wenige Fälle sind mir bekannt geworden, wo diese Abteilungen etwas anderes darstellen als eine neue Überprüfung der Revisionen und Kontrollen. Solange nicht der entscheidende Schritt getan wird, der die Massenarbeit auf die Maschine verweist, ist eine Besserung des Verhältnisses der Einnahmen zu den Ausgaben nicht zu erwarten, solange wird jede Bank bemüht sein müssen, den Geldentwertungsgewinn ihrer fremden Gelder für die Kostendeckung zurückzuhalten. Es fragt sich nur, wie lange es noch Depositengläubiger geben wird, die die Banken bei dieser Betriebsführung unterstützen. Wenn bei einer Stabilisierung der wirtschaftlichen und finanziellen Verhältnisse wieder eine wettbewerbliche Berechnung der Bankbedingungen eintritt, wird die Bank zweifellos am günstigsten dastehen, die beizeiten dafür gesorgt hat, daß nicht nur die außenstehenden Kredite gesichert sind, sondern auch die Verwaltungsarbeit mit dem geringsten Aufwand an menschlicher Arbeitskraft erledigt werden kann. Diese Gedanken habe ich bereits im Jahre 1921 der Kölner Bankvereinigung unterbreitet — vor wenigen Tagen (Oktober 1923) hat eine Bankkonferenz beschlossen, einen Ausschuß für betriebsorganisatorische Fragen einzusetzen, der über die Verbesserung der Bankarbeit beraten soll. Jetzt wird es Zeit . . .[1]).

C. 10% für den Tag[2]).

Soeben verkündet es jede Zeitung: die Banken erhöhen die Kreditprovision von 6% auf 10% für den Tag. Die Belastung der Provision erfolgt alle zehn Tage. Das bedeutet, auch von der belasteten Provision werden nach zehn Tagen wiederum 10% auf den Tag berechnet und belastet, und so fort. In Wirklichkeit zahlt also der Kreditnehmer nicht 300%, sondern bis 360% im Monat; er

[1]) Inzwischen (1925) hat die Maschine ihren Einzug in die Bankbüros gehalten . . .

[2]) Deutsche Bergwerkszeitung vom 1. Dezember 1923.

erstattet die Kreditsumme im fünffachen Betrag zurück. Nun habe ich immer den Standpunkt vertreten, daß der Kreditnehmer auch für den Schaden aus der Geldentwertung aufkommen muß, habe sogar den Banken (an anderer Stelle) vorhalten müssen, daß sie in der hinter uns liegenden Zeit der sprunghaften Geldentwertung die Kredite vielfach zu billig verschleudert haben. Allerdings ergab sich auch, daß die Banken fälschlicherweise die erhöhten Provisionen immer nur zur Deckung ihrer Unkosten verwandt haben, anstatt sie zu einem Teil ihren Lieferanten, d. h. ihren Depositengläubigern, in Gestalt von höheren Depositenzinsen zukommen zu lassen. Wie liegen aber die Dinge heute[1]? Die Reichsregierung macht die allergrößten Anstrengungen, um der fortschreitenden Geldentwertung Herr zu werden. Die Industriellen suchen unter den größten Schwierigkeiten ihre Betriebe wieder in Gang zu setzen. Im Auslande kommt das Hinabgleiten der Mark zum Stillstande. Die Stichzahl des Einzelhandels (für Köln) weist zum ersten Male eine Ermäßigung auf. Und in diesem Augenblick, wo man zum mindesten die Hoffnung haben konnte, daß alle Wirtschaftskreise das Bestreben der Reichsregierung unterstützen müßten, geben die Banken kund, daß sie die Kreditprovision auf den ungeheuerlichen Betrag von 10 % für den Tag erhöhen. Theoretisch liegt in dieser Maßnahme natürlich ein Anreiz zur weiteren Preissteigerung, indem die Kreditnehmer versuchen, die erhöhten Kosten auf die Abnehmer abzuwälzen. Praktisch wird jedoch jede Kreditgewährung erdrosselt, weil angesichts der Festigungsbestrebungen nicht mehr die sichere Aussicht besteht, Geldentwertungsgewinne zu machen, die die Tragung der Kreditkosten erleichtern, ja überhaupt ermöglichen. So ist — wirtschaftlich gesehen — die Erhöhung der Provision im gegenwärtigen Zeitpunkt zweifellos falsch.

Es ist natürlich nicht anzunehmen, daß die Banken in dem Satz von 10 % für den Tag zum Ausdruck bringen wollen, daß sie dementsprechend die weitere Entwicklung der Mark einschätzen. Trotzdem fällt auf, daß die Banken nicht in gleichem Zuge auch die Zinsen für die Guthaben kräftig erhöhen. Heute müssen die Banken es ja selbst eingestehen, daß sie infolge ihrer falschen Zinspolitik den gesamten Bestand an Guthaben verloren haben. Das heißt: Sie haben etwa neun Zehntel ihres Betriebskapitals eingebüßt, haben ruhig zugesehen, wie ihnen nach und nach, schließlich mit größter Eile, die hauptsächlichsten Mittel, mit denen sie die Kreditgewährung betreiben, entzogen worden sind. Denn auch ein Zinssatz von $1/2$ %, den die Banken seit Oktober 1923 gewähren, bedeutet keinen Ausgleich für den Schwund des Geldwertes, den die Depositengläubiger während der ganzen Zeit der hemmungslosen Inflationswirtschaft erleiden

[1]) 10 Tage nach Stabilisierung der Mark.

mußten. Gar kein Zweifel: Hätten die Banken rechtzeitig — wobei durchaus nicht an den Übergang zur vollkommenen Goldrechnung gedacht zu werden braucht — die Guthabenzinsen erhöht, so wäre ihnen ein großer Teil ihres Betriebskapitals verblieben; er wäre nicht zum schleunigen Ankauf von Sachwerten und Devisen verwandt worden. Die Steigerung der Preise wäre weniger unterstützt worden. Vor allem: es hätten den Banken mehr Mittel für die Kreditgewährung zur Verfügung gestanden — und sie stünden nicht heute vollkommen ausgeplündert da. Jetzt fehlen die fremden Gelder, die eigentlichen Betriebsmittel, die sich die Banken in mühevollem Aufbau ihres Depositengeschäftes beschafft hatten. Man vergißt zu leicht, daß in der Vorkriegszeit — und auch heute noch — das eigene Kapital der Banken zum größten Teil in Grundstücken und Gebäuden, in Emissionen und Beteiligungen angelegt ist und für die eigentliche Kreditgewährung nur eine untergeordnete Rolle gespielt hat, daß eben das kurzfristige Kreditgeschäft mit jenen fremden Geldern betrieben wurde, die jetzt verloren gegangen sind. Soll aber der Satz von 10 % für den Tag zum Ausdruck bringen, daß die Banken keine Kredite mehr gewähren können, dann stehen wir vor einer offenen Bankerotterklärung des Bankbetriebs.

Nun befinden sich die Banken im besetzten Gebiet in einer schwierigen Lage, weil die Rentenmark hier fehlt. Das wird niemand bestreiten. Was soll aber die Bevölkerung zu einer „Wirtschaftsführung" sagen, die es so weit kommen läßt, daß zwei Wochen nach dem Währungseingriff der Reichsregierung im besetzten Gebiet immer noch kein der Rentenmark entsprechendes Zahlungsmittel vorhanden ist? Daß das Ergebnis der vielen beschwerlichen „Reisen" und schwierigen „Verhandlungen" der „Wirtschaftsführer", von denen hin und wieder der Leser zu hören bekommt, schließlich der Zusammenbruch des Bankkredits und noch viel mehr des Zahlungsverkehrs überhaupt ist? Es will und kann der Bevölkerung nun einmal nicht einleuchten, daß — wenn diese Folgen der „Verhandlungen" rechtzeitig und klar erkannt worden wären — es doch möglich gewesen sein müßte, auch für die besetzten Gebiete ein der Rentenmark ähnliches oder entsprechendes Zahlungsmittel zu schaffen. Nun aber, wo dies nicht gelungen ist, durch die Erhöhung der Kreditprovision einfach darzutun, daß die Banken am Ende ihres Lateins sind, heißt letzten Endes: der schwer um das Leben ringenden Bevölkerung auch dieses Versagen noch aufzubürden.

Was sollen die Banken tun? Da nunmehr die Stabilisierungsmaßnahmen der Reichsregierung der bisher hemmungslosen Entwertung der Mark Einhalt gebieten, das Wagnis der Geldwertschwankungen zunächst nicht mehr so groß (und so eindeutig) erscheinen lassen wie bisher, so können heute auch die Banken im besetzten Gebiet den Versuch machen, zur

Kreditgewährung auf wertbeständiger Grundlage überzugehen. Da hierbei der Schuldner das Geldwertwagnis trägt, so können die Banken auf die in der Vorkriegszeit üblichen Kreditbedingungen zurückgreifen: ein Zinssatz, der sich dem Reichsbankdiskontsatz für gleiche Kredite anschließt und dazu die Halbjahresumsatzprovision zur Deckung der Unkosten. Und selbst wenn die Banken den reinen Zinssatz auf 20% im Jahr ($^1/_2$ je Mille für den Tag) festsetzen würden, so könnte der Kreditnehmer so lange von diesem Kredit Gebrauch machen, wie er das Geldentwertungswagnis nicht über 400% im Monat einschätzt. Gleichzeitig böte ein Zinssatz von 20 v. H. im Jahr für Debetzinsen den Banken die Möglichkeit, einen hohen Zinssatz (bis zu 10%) für Depositen zu bieten, die sie gleichfalls auf wertbeständiger Grundlage entgegennehmen müßten. Das ist es ja, was den Banken heute not tut: Wiederaufbau ihres Depositengeschäfts (Aufnahme fremder Gelder im Kontokorrentgeschäft, Scheck- und eigentlichen Depositengeschäft). Unterstützt von den Stabilisierungsmaßnahmen der Regierung und der Wiederingangsetzung der Arbeit, kommt dem Übergang zum wertbeständigen Kreditverkehr im Augenblick natürlich eine ganz andere Bedeutung zu als zur Zeit der grenzenlosen Inflationswirtschaft. Heute ist er ein Glied in der Kette all der Maßnahmen, von denen wir hoffen, daß die Umkehr zur Ordnung gelingen kann. Und von diesem Gesichtspunkt aus läßt es sich sogar rechtfertigen, wenn in dringenden Fällen die Banken auf den wertbeständigen Lombardkredit der Reichsbank zurückgreifen, um sich vorübergehend auch hier Mittel zur Kreditgewährung zu beschaffen. Das größere Übel für die Wirtschaft ist jedenfalls die einseitige Erhöhung der Kreditprovisionen auf 10% für den Tag gleich 5000% im Jahr.

V. Zinspolitik und Markstabilisierung[1]).

Ein Beitrag zur Frage des Zinswuchers.

Will man zu einer richtigen Würdigung der Zins- und Provisionspolitik gelangen, wie sie zur Zeit der Markstabilisierung und nachher in Deutschland üblich war, so tut man gut daran, verschiedene Zeitabschnitte auseinanderzuhalten und jeden Zeitabschnitt für sich zu betrachten. Die Verwirrung in den Ansichten über das Verhalten der Banken rührt nicht zum geringsten auch davon her, daß Gesichtspunkte, die für einen Zeitraum von erheblicher Bedeutung sind, nun auch ohne weiteres für einen anderen Zeitabschnitt herangezogen werden, obwohl sie für diesen gar nicht in Frage kommen. Wenn im folgenden vier Zeitabschnitte unterschieden werden, dann ist deren Abgrenzung jeweils

[1]) Schmollers Jahrbuch, 48. Jahrgang (4. Heft, 1924, S. 91—117.)

durch eine Veränderung in den wirtschaftlichen bzw. finanziellen Verhältnissen der deutschen Volkswirtschaft bedingt.

I. Abschnitt vom 1. Januar 1920 bis 1. August 1923:
Die Zeit des niedrigen Reichsbankdiskontsatzes, Dollarsteigerung von M. 49,80 (1. 1. 1920) auf M. 1 100 000,—, d. h. um das 22 088fache.

II. Abschnitt vom 1. August 1923 bis 15. November 1923:
Die Zeit des finanziellen Zusammenbruchs oder der Versuche mit der Goldrechnung.
Dollarsteigerung von M. 1 100 000,— (1. 8. 1923) auf M. 2 520 000 000 000,— (15. 11. 1923), d. h. um das 2 290 909fache.

III. Abschnitt vom 15. November 1923 bis 10. Dezember 1923:
Die Zeit der Währungssanierung, Dollarsteigerung von M. 2 520 000 000 000,— (15. 11. 1923) auf M. 4 200 000 000 000,— (ab 20. 11. 1923), d. h. um das 1,66fache.

IV. Abschnitt vom 10. Dezember 1923 bis 7. April 1924:
Die Zeit der Markstabilisierung oder der Krediterholung. Dollarstand: M. 4 200 000 000 000,—.

A. Vom 1. Januar 1920 bis 1. August 1923.

Bis zum 2. August 1923 betrug der Reichsbankdiskontsatz 18% pro Jahr. Wenn auch die Reichsbank zu Beginn des Jahres 1923 von ihrer willfährigen Kreditgewährung abgegangen war (Diskontierung von Handelswechseln) und sich seit dieser Zeit einer strengen Auswahl der Kreditgesuche befleißigte, so steht doch fest, daß nicht nur die Banken, sondern auch weite Kreise von Handel und Industrie über den billigen Reichsbankkredit verfügen konnten, der ihnen reichliche Geldentwertungsgewinne (durch Verwendung des Kredits zum Ankauf von Waren, Effekten und Devisen) einbrachte. Die Kreditbanken hielten während dieser Zeit noch an der Vorkriegsgepflogenheit fest, die Festsetzung der ihren Kunden im Soll und Haben zu berechnenden Zinsen nach der Höhe des Reichsbanksatzes vorzunehmen. Seit 1. 1. 1920 war insofern eine Abweichung eingetreten, als für Debetzinsen nicht mehr — wie bis dahin — 1%, sondern nunmehr 2% über Banksatz gerechnet wurden. Mit der Heraufsetzung des Reichsbankdiskontsatzes

am	28. Juli	1922	von	5%	auf	6%	pro	Jahr
„	28. August	1922	„	6%	„	7%	„	„
„	21. September	1922	„	7%	„	8%	„	„
„	13. November	1922	„	8%	„	10%	„	„
„	18. Januar	1923	„	10%	„	12%	„	„
„	23. April	1923	„	12%	„	18%	„	„

erhöhten sich auch entsprechend die Sollzinsen der Kreditbanken. Während bei der Reichsbank der Abzug des Diskontsatzes die alleinigen

Kosten des Wechselkredites darstellen, hat der Kreditnehmer bei den Kreditbanken noch weitere Kosten auf sich zu nehmen, insbesondere, wenn er hier den Kontokorrentkredit in Anspruch nimmt. Vor dem Kriege wurde außer dem Zinssatze eine sogenannte Kontoprovision in wechselnder Höhe ($^1/_2$‰ bis $^1/_3$% pro Semester) vereinbart, die vom Umsatze oder vom in Anspruch genommenen Kredit oder von einem Mindestumsatz, nach dem Kredit bemessen, berechnet wurde. Zinsen und Provisionen konnten im Zusammenhang mit der halbjährigen Abrechnungsweise die Gesamtkosten des Kredits um ein beträchtliches steigern; doch dürfte vor dem Kriege im allgemeinen ein Satz von insgesamt 7 bis 8% pro Jahr selten überschritten worden sein.

Es ist nun bemerkenswert, daß die Versuche der Banken, sich den veränderten Geld- und Wirtschaftsverhältnissen — wie es in den offiziellen Verlautbarungen heißt — anzupassen, bei den Provisionssätzen einsetzen. Der erste Schritt erfolgt zum 1. Januar 1920; von diesem Tage ab sind — einem Beschlusse der Bankenvereinigungen zufolge — zu berechnen:

vom Umsatz $^1/_6$% Provision pro Halbjahr (einschließlich Saldovortrag), außerdem eine Kreditprovision von $^1/_2$% pro Quartal von dem Höchstbetrage des in Anspruch genommenen Kredits.

Die Einführung einer besonderen Kreditprovision erklärt sich technisch aus der Teilung der bis dahin nach der Kreditbeanspruchung bzw. nach dem Umsatze berechneten einheitlichen Kontoprovision in eine reine Umsatzprovision und eine reine Kreditprovision; wirtschaftlich wird die Erhöhung beider Provisionssätze — diese Feststellung ist wichtig — mit den steigenden Kosten begründet, die „den Banken aus den Preissteigerungen und Gehaltserhöhungen erwachsen". Wesentlich ist ferner, daß in diesem Zeitabschnitt die weiter ansteigenden Kosten des Bankbetriebes fortgesetzt auf die neu geschaffene Kreditprovision und auf die Gebühren abgewälzt werden, indem diese von Zeit zu Zeit erhöht werden. Daneben werden neue Provisions- und Gebührenarten eingeführt. So wird beispielsweise eine Bereitstellungsprovision für die zu gewährenden Kredite, eine Zusatzprovision für Kreditüberziehungen neu geschaffen. Schließlich wird auch die Berechnungszeit der einzelnen Provisionsarten immer mehr verkürzt, von ursprünglich pro Halbjahr auf pro Vierteljahr, pro Monat, pro Woche und schließlich pro Tag. So gilt Anfang August 1923: Grundkreditprovision: 3% pro Quartal; Zusatzkreditprovision: 1% pro Monat. Gleichzeitig ist eine Erhöhung aller Gebühren, insbesondere im Effektenverkehr, eingetreten: zahlreiche Leistungen, die die Banken bis dahin unentgeltlich abgegeben haben — weil die Einnahmen aus anderen Geschäften diese deckten — werden nun nach rohen Selbstkostenberechnungen mit Gebühren belegt, was einen vollkommenen Bruch mit bisherigen Gepflogenheiten bedeutet und die Verwunderung der Öffentlichkeit erregt.

Als wesentlich ist für diesen Zeitabschnitt hervorzuheben:

1. daß die Provisions- und Gebührenpolitik der Banken von dem Gedanken der Unkostenabwälzung beherrscht ist;

2. daß eine grundsätzliche Änderung in der Zinspolitik der Banken noch nicht eingetreten ist.

Einzuschalten ist: Daß die Banken in ihrem eigenen Betrieb die Geldentwertung mit ihren Folgen noch nicht überall sehen oder spüren, obwohl die Kunden der Banken aus der Kreditgewährung offensichtliche Geldentwertungsgewinne ziehen, liegt daran, daß einzelnen Banken in dieser Zeit noch mehr oder weniger beträchtliche Mengen fremder Gelder zur Verfügung stehen, für die sie nur geringe Zinsen vergüten, und die sie im übrigen ebenfalls Mark gleich Mark zurückzahlen. Außerdem bietet die Rediskontierung von Wechseln bei der Reichsbank noch reichlichen Gewinn; die großen Gewinnziffern überschatten die eigenen Substanzverluste lange Zeit hindurch. Die Folgen dieser Geschäftspolitik, die auf die Geldentwertungserscheinungen keine Rücksicht nimmt, sind: die billigen Kredite der Banken werden zur Auffüllung der Warenläger, zum Ankauf von Effekten, Devisen und Sachwerten aller Art benutzt, wodurch die aus der Finanzwirtschaft des Reiches (Inflation) entstehende Tendenz zur Preissteigerung (Geldentwertung) verstärkt wird. Im weiteren Verlauf dieser Entwicklung ziehen die Kunden ihre Guthaben immer mehr von den Banken ab, um dem von Handel und Industrie gegebenen Beispiel von der Flucht in die Sachwerte zu folgen. Die Entblößung von Mitteln zwingt die Banken, in immer stärkerem Umfange die Reichsbank (mit der Rediskontierung von Schatzwechseln) in Anspruch zu nehmen — und die steigenden Kosten des Bankkredits auf die Erhöhung der Provision und Gebühren abzuwälzen. So hat die Kreditpolitik der Banken zweifellos in diesem Zeitabschnitt dazu beigetragen, die allgemeine Geldentwertung zu steigern, die Kreditoren der Banken zu verringern und das eigene Vermögen der Banken in den Strudel der Geldentwertung zu reißen. Auf der anderen Seite stehen schmunzelnd die Kreditnehmer, die sich mit dem Gelde der Banken leicht der Inflation „anzupassen“ vermögen und bis dahin für die Provisionserhöhungen nur ein überlegenes Lächeln haben . . .

Es ist hier nicht der Ort, der Frage nachzugehen, wem die „Schuld“ an dieser Entwicklung beizumessen ist und inwieweit sich die Banken gegen die Inflation stemmen konnten [vgl. meinen Aufsatz: „Die deutsche Kreditpolitik 1919—1922“ in Schmollers Jahrbuch 1. Heft 1924, S. 163—205][1]. Es genügt für den vorliegenden Zweck die Feststellung, daß es so — wie es geschildert — gewesen ist.

[1]) Oben S. 82.

B. Vom 1. August bis 15. November 1923.

Im August 1923 kündigen sich die Auswirkungen des finanziell schlecht geführten Ruhrkampfes an, beginnt der finanzielle Zusammenbruch des Reichs: die Stufen der Markentwertung verkürzen sich, die Mark verschlechtert sich von Woche zu Woche, schließlich von Tag zu Tag. Die politischen Versuche, den Ruhrkampf zu beenden, schlagen zunächst fehl; neue Finanzmaßnahmen, die die leeren Kassen des Reiches füllen und zugleich den Markverfall aufhalten sollen, erweisen sich dabei als nicht ausreichend. Damit muß auch die Hoffnung auf eine durchgreifende Währungspolitik schwinden; der Fortgang der Geldentwertung ist unausbleiblich. Vor diesem Hintergrund spielt sich die Zinspolitik der Banken wie folgt ab: die Reichsbank erhöht zwar am 2. August 1923 ihren Diskontsatz von 18% auf 30%, nicht ohne gleichzeitig ihre Meinung noch einmal zum Ausdruck zu bringen, daß der Diskontsatz der Notenbank angesichts der Ursachen der fortschreitenden Währungsverschlechterung (Defizitwirtschaft des Reiches — Vermehrung der schwebenden Schulden) seine Bedeutung als Regulator der Wirtschaft verloren habe. Erst die Erhöhung des Diskontsatzes von 30% auf 90%, die am 16. September 1923 erfolgt, bringt die Reichsbank wieder etwas mehr in Fühlung mit dem Geldmarkt, an dem die Zinssätze bereits auf 1% bis 2% pro Tag hinaufgeschnellt sind.

Auch der um diese Zeit zur Abstellung aller Übel befürworteten Einführung der Goldrechnung stellt sich die Reichsbank und mit ihr die übrigen Banken abweisend gegenüber. Man macht heute den Banken vielfach den Vorwurf, daß sie es versäumt haben, damals zur Goldrechnung überzugehen bzw. Kredite nur noch auf wertbeständiger Grundlage zu geben; wären sie dieser Aufforderung gefolgt, dann brauchten sich die Banken heute — so sagt man weiter — nicht über die großen Substanzverluste zu beklagen. Wer so argumentiert, macht sich die Sache ein wenig leicht. Tatsächlich haben die Banken richtig gehandelt, wenn sie zu Beginn und im weiteren Verlauf dieses Zeitabschnittes (1. August bis 15. November 1923), solange keine sicheren Anzeichen für das Aufhören der Inflation — Defizitwirtschaft in Betrieben und Reich — vorhanden waren, den Verlockungen der Goldrechnung nicht gefolgt sind. Betriebswirtschaftlich bzw. banktechnisch hätte die Goldrechnung nur mit erheblichen Schwierigkeiten und großen Risiken durchgeführt werden können (weil je nach der Kursentwicklung der Mark spekulative Einzahlungen oder Kündigungen erfolgt wären); volkswirtschaftlich hätte nicht nur der Rückgriff auf die Devisen die Kurse der letzteren weiter gesteigert, sondern auch das Verlangen anderer Kreise nach Goldrechnung (Goldlöhne) hätte bald die Unmöglichkeit einer allgemeinen Goldrechnung bewiesen, wie ja auch der Ende

Oktober bewerkstelligte Versuch tatsächlich zum Zusammenbruch der Geldwirtschaft geführt hat[1]).

So haben die Banken zweifellos richtig gehandelt, wenn sie damals die Goldrechnung ablehnten. Wenn dennoch die Reichsbank unter starkem Druck von außen einen Schritt in dieser Richtung getan hat, indem sie im August 1923 ihren Lombardverkehr auf wertbeständiger Grundlage einführte, so verrät schon die Tatsache, daß sie diesen Versuch auf den Lombardverkehr beschränkte, wie wenig sie eigentlich von der Zweckmäßigkeit der neuen Maßnahme überzeugt war. Nichtsdestoweniger ist die Feststellung wichtig, daß die Reichsbank bei diesem Versuch eine besondere Technik zur Anwendung brachte. Sie setzte den eigentlichen Zinssatz auf 11% pro Jahr fest, während die Geldentwertung, die zu vier Fünftel zu Lasten des Kreditnehmers geht, nach dem jeweiligen Stande des Pfundkurses berechnet wurde. Dieses Verfahren hätte — wie noch zu zeigen sein wird — von den Kreditbanken in einem anderen Zeitpunkte übernommen werden können.

Die Kreditbanken haben, wie gesagt, gut daran getan, daß sie ihren Kreditverkehr nicht einfach auf wertbeständige Grundlage umgestellt haben. Auf der anderen Seite haben sie aber auch der Geldentwertung nicht genügend Beachtung geschenkt. Sie haben zwar in diesem Zeitabschnitt die Folgen, die die Geldentwertung auf die eigene Vermögenssubstanz ausübte, besser als bisher erkannt und tiefer gespürt; aber weder in der Bemessung der Kreditkosten, noch in den Begründungen für die mehrfachen Erhöhungen haben sie die richtigen Schlüsse aus dieser Erkenntnis gezogen. Einer Steigerung des Dollars von 1,1 Millionen Mark am 1. August 1923 auf 2520 Milliarden Mark am 15. November 1923, also um 229 080 000% oder im Durchschnitt pro Tag um 2 140 934%[2]), stehen an Zinsen und Provisionen für Kredite gegenüber:

			Zinsen		Kreditprovision
ab	1. August	1923	32% pro Jahr	+	4% pro Monat
„	16. August	1923	32% „ „	+	1% „ Tag
„	1. September	1923	—		3% „ „
„	19. September	1923	—		4% „ „
„	1. Oktober	1923	—		6% „ „

bis 21. November 1923.

Obwohl die Provisionssätze an sich betrachtet die außergewöhnliche Höhe von 6% pro Tag erreichen, bieten sie keine Entschädigung für den Geldwertschwund, der jeweilig bei der Rückzahlung der Kredite eingetreten ist. Dazu kommt, daß die Banken erst verhältnismäßig spät erkennen, daß bei der üblichen Verrechnung der Zinsen am Ende der

---

[1]) Vgl. meinen Aufsatz: Die Gefahren der Goldrechnung (Köln. Ztg. vom 1. November 1923).

[2]) Nach arithmetischer Methode.

halbjährlichen Abrechnungsperiode auch die Kreditprovision längst wieder entwertet ist. Vom Monat August 1923 ab gehen die Banken dazu über, die Kreditprovision in kürzeren Zeiträumen, vom 16. September 1923 ab nach jeweils 10 Tagen zu belasten. Infolge der riesenhaften Belastung der Bankbetriebe durch das Teufelsrad der Inflation stößt jedoch die Durchführung dieser Maßnahmen anfänglich auf große Schwierigkeiten, so daß in vielen Fällen die tatsächlichen Kreditkosten — trotz der an sich hohen Provisionssätze pro Tag — für den Kreditnehmer kaum ins Gewicht fallen. Soweit aber den Banken fremde Gelder nicht mehr zur Verfügung stehen und sie zu diesen „Provisionssätzen" eigenes Geld verleihen, geht die Kreditgewährung auf Kosten ihrer eigenen „Substanz". Wenn man bedenkt, daß um diese Zeit Handel und Industrie schon in weitem Umfange zur Kalkulation zum Wiederbeschaffungspreis, vielfach zur einfachen Dollarrechnung und sogar zur Zahlung in Devisen übergegangen waren, so muß dieses Zurückbleiben der Banken, privatwirtschaftlich wie volkswirtschaftlich gesehen, zum mindesten Verwunderung erregen. Privatwirtschaftlich, daß die Banken ihr gutes Geld zu Provisionssätzen fortgeben, die in keiner Weise der Geldentwertung Rechnung tragen. Volkswirtschaftlich, daß sie durch ihre Politik der Inflation Vorschub leisten, indem die Kreditnehmer durch Anschaffung von Sachwerten die Preise weiter nach oben treiben, überhaupt Handel und Industrie dazu verleitet werden, ihre Geschäfte auf Grund der Kreditbeanspruchung über das zulässige Maß auszudehnen.

Wiederum, es ist hier nicht der Ort, die Frage zu prüfen, wie es möglich sein konnte, daß die Banken in diesem Zeitabschnitt den Inflationserscheinungen so wenig gerecht geworden sind. Es genügt die Feststellung, daß die Kredit- und Zinspolitik der Banken in der Zeit vom 1. August bis 15. November 1923 den privat- und volkswirtschaftlichen Erfordernissen nicht entsprochen hat, und daß sie selbst als Leidtragende aus dieser Zeit hervorgegangen sind[1]). Und wenn sie auch

[1]) Nachtrag: Die Banken wehren sich gegen diese Feststellung mit dem Hinweis darauf, daß eine andere Geschäftspolitik an dem Willen der Reichsbank gescheitert wäre. Es ist richtig, daß in erster Linie der Reichsbankpräsident Havenstein für die verfehlte Kredit- und Zinspolitik verantwortlich ist; er hat in der Tat auf die Entschließungen der Kreditbanken entscheidenden Einfluß gehabt. Darin liegt m. E. aber die besondere Tragik jener Zeit: daß das gesamte deutsche Bankgewerbe, das doch als Sachverständiger die Verantwortung für eine richtige Kredit- und Zinspolitik trägt, sich — trotz besserer Einsicht — dem Willen eines Mannes gebeugt hat, dessen Politik schon seit Jahresfrist in der Öffentlichkeit Anstoß erregt hatte. Ein Widerspruch der großen Zahl von Aktienbanken, Privatbanken und Kreditgenossenschaften sowie eine sachgemäße Aufklärung der Regierungsstellen hätten nicht nur der Reichsbank, sondern auch der Reichsregierung früher zur Besinnung gebracht, daß die zur Durchführung des Ruhrkampfes gewählten Finanzierungsmethoden zum Ruin führen mußten.

nicht, wie oben angeführt, durch Übergang zur vollen Goldrechnung das gesamte Geldwertrisiko einfach ausschließen konnten, so hätten sie doch ganz andere „Kosten" von ihren Kreditnehmern nehmen müssen, als die in Anrechnung gebrachten Provisionssätze. Da jedoch das Ausmaß der Geldentwertung nicht im voraus abzuschätzen ist und im weiteren Verlauf der Inflation das Tempo immer schneller wurde, so hätten die Banken von dem System der Vorausfestsetzung von „Provisionssätzen" abgehen und sich zum wenigsten einen Teil des tatsächlichen Geldwertschwundes von den Kreditnehmern nachträglich ersetzen lassen müssen. Das lag um so näher, als Regierung und Gerichte mittlerweile den Standpunkt eingenommen hatten, daß eine Berücksichtigung etwa der inneren Geldentwertung der Preistreibereiverordnung nicht widersprach. Und hier bot die Reichsbank in der Technik ihrer wertbeständigen Lombardkredite ein gutes Vorbild: ein Jahreszinssatz in etwa normaler Höhe und gesonderte Verrechnung der Geldentwertung bei Rückzahlung des Darlehens. Die Banken weisen darauf hin, daß ihre Kunden von wertbeständigen Krediten „nichts wissen wollten". Ganz begreiflich . . ., aber das ist doch kein hinreichender Grund, die Banksubstanz zu verschenken.

C. Vom 15. November bis 10. Dezember 1923.

1. Währungsstabilisierung und Erhöhung des Zinssatzes von 6% auf 10% pro Tag.

Es soll den Banken noch einmal bescheinigt werden, daß sie *vor* Beginn dieses Zeitabschnittes zu niedrige Zinsen von ihren Kreditnehmern beansprucht haben, daß sie sich von Handel und Industrie haben ausnutzen lassen und endlich, daß sie an Substanz verloren haben. Um alles dieses festzustellen, bedarf es nicht der zahlreichen Tabellen, die die Banken ihren Kunden und Kritikern gern in die Hand drücken, um ihnen zu beweisen, daß z. B. ein am 1. Januar 1923 gewährter Kredit in Höhe von 20 Millionen Mark gleich 2755 Dollar am 1. Dezember 1923 zuzüglich aller Kosten zwar 953 Millionen Mark, aber nur noch 0,0005 Dollar wert ist. Es ist vielleicht nicht einmal klug gehandelt, daß die Banken mit diesen Schaubildern öffentlich dartun, wie sehr sie sich haben ausnutzen lassen, und in welchem Umfange sie an Substanz eingebüßt haben. Wenn jedoch die Banken zur Begründung ihrer Provisions- und Zinspolitik während der hierauf folgenden Zeit — vom 15. November bis 10. Dezember 1923 — anführen, daß sie die Substanzverluste, die sie vorher erlitten haben, nunmehr wieder hereinzubringen versuchen müssen, so kann eine solche Begründung nicht anerkannt werden. Es ist nicht angängig, Verluste, die in der voraufgegangenen Geldentwertungsperiode und an inzwischen vielleicht abgewickelten Geschäften entstanden sind, nunmehr auf Kreditnehmer abzuwälzen, die zu einer anderen Zeit und unter anderen Verhältnissen Kredite bei den Banken in Anspruch nehmen. Etwas anderes ist es, wenn zur Begründung der Provisions- und Zinspolitik in diesem Zeitabschnitt angeführt wird, daß die Banken nicht mehr gewillt sind, sich in Zukunft mißbrauchen zu lassen und ihre Substanz weiter zu verschenken.

Hierbei ist aber zu berücksichtigen, daß sich die Lage während dieser Zeit gegenüber dem voraufgegangenen Zeitabschnitt wesentlich geändert hat. Die Zeit vom 15. November bis 10. Dezember 1923 ist durch die Währungsstabilisierung gekennzeichnet. Letztere ist von verschiedenen Seiten her in Angriff genommen worden:

1. Zu den wirtschaftlichen Maßnahmen gehören die Einstellung des Ruhrkampfes, der Abbau der Erwerbslosenunterstützung, die Wiederingangsetzung der wirtschaftlichen Arbeit — alles Forderungen, die schon seit Monaten als die unumgänglichen Voraussetzungen für das Gelingen einer Währungssanierung gefordert worden sind und jetzt eingeleitet werden.

2. Zu den währungspolitischen Maßnahmen zählen: die Stillegung der Notenpresse, Einführung eines neuen Zahlungsmittels in Gestalt der Rentenmark, Ausnutzung der durch die Umlaufsgeschwindigkeit der Papiermark gegebenen Lage: an Stelle des zusammengeschrumpften Papiermarkumlaufs ein höherer Betrag an Rentenmark mit geringerer Umlaufsgeschwindigkeit und Zunutzemachung dieses Unterschiedes für den Finanzbedarf des Reichs. Wer geldtheoretisch geschult ist, mußte damals erkennen, daß die Ausnutzung dieser geldtechnischen Lage die Möglichkeit bot, das Finanzdefizit eine Zeitlang auf diese Weise zu decken.

3. Schlossen sich finanzielle Maßnahmen an, die dafür sorgten, daß dem Reiche wirksame Einnahmen erschlossen wurden. Wenn dennoch die Gesamtheit dieser Maßnahmen, die sich von allen bisherigen Versuchen dadurch unterschieden, daß sie von anderen Voraussetzungen und Bedingungen ausgingen und ihre Krönung in der nebenher gehenden Gründung einer von der Gesamtwirtschaft getragenen Rentenbank fand, wenn, wie gesagt, dieser letzte und einzigartige Versuch, die Währung in Ordnung zu bringen, gerade von den Banken mit Mißtrauen betrachtet worden ist, so muß das einigermaßen überraschen. Man hätte erwarten können, daß sich die Banken mit ihrem großen Einfluß und mit ihrer Geschäftspolitik hinter den Währungskommissar und dessen Maßnahmen gestellt hätten, zumal sie selbst an der Gründung der Rentenbank beteiligt waren. Für die Geschäftspolitik der Banken hätte dies vor allem bedeutet: Einstellung oder Einschränkung oder wenigstens Abbau der Papiermarkkreditgewährung. Jetzt wäre der Augenblick da gewesen, wo die Banken, dem Beispiele der Reichsbank folgend, geschlossen zum wertbeständigen

Kredit hätten übergehen müssen. Jetzt war auch für die Banken der Zeitpunkt gekommen, nach den Methoden der Goldrechnung zu verfahren. Dann wäre es möglich gewesen, für die Kredite wieder einen reinen Zinssatz in geringerer Höhe anzusetzen und die mögliche Geldentwertung gesondert zu verrechnen. Wenn die Banken darauf hinweisen, daß eine solche Maßnahme damals nicht durchführbar gewesen sei, weil eben die Mittel für eine Kreditgewährung fehlten, so ist demgegenüber zu sagen, daß doch ein großer Teil der Mittel vorhanden gewesen wäre, die auch jetzt, allerdings zu den ungeheuer hohen Tageszinssätzen, zur Verleihung gelangt sind. Es ist zuzugeben, daß die Kreditansprüche außerordentlich umfangreich waren. Aber wie schon betont, tragen die Banken selbst ein gut Teil Schuld daran, daß Handel und Industrie in so weitgehendem Maße auf die Benutzung des Bankkredits eingestellt waren; die Banken haben die Kreditansprüche selbst großgezogen und dabei ihre Kreditkundschaft mit niedrigen Zinssätzen verwöhnt. Dennoch hätten auch weniger hohe Zinsen in jener Zeit der beginnenden Markstabilisierung die übermäßigen Kreditansprüche bald zurückgedämmt. Außerdem stand das Mittel der Kreditverweigerung — vorsichtig angewendet — zur Verfügung, um die Kundschaft zur Einschränkung ihrer Geschäfte und zur Abstoßung von Waren zu zwingen.

Aber selbst angenommen, die Banken wären berechtigt gewesen, das Mißtrauen in die Weiterentwicklung höher einzuschätzen als das Vertrauen, das weite Kreise zum Gelingen der Währungsmaßnahmen haben mußten, so hätte doch dieser letzte und einzigartige Versuch der Reichsregierung, die Währung in Ordnung zu bringen, die Banken veranlassen müssen, zum mindesten eine abwartende Stellung einzunehmen, zumal sich dieser Versuch auf die Mitwirkung von Handel, Industrie und Landwirtschaft stützte. Statt dessen wird die Öffentlichkeit von dem geraden Gegenteil überrascht: weder eine Herabsetzung des an sich ungewöhnlichen Satzes von 6% pro Tag, noch die Aussonderung der Geldentwertungsprämie aus dem Provisionssatz, sondern noch am 27. November 1923 — 12 Tage nach dem Erscheinen der Rentenmark — wird die Erhöhung des Provisionssatzes von 6% pro Tag auf nicht weniger als 10% pro Tag verkündet. Diese Erhöhung des Zinssatzes wird offiziell mit dem Risiko der Geldentwertung begründet. „Die Banken sind es satt, ihre Substanz noch weiterhin zu opfern.“ Und weiter: obwohl es der Reichsbank gelingt, in Berlin den Kurs für 1 Dollar seit dem 20. November 1923 auf 4,2 Billionen Mark zu halten (in Köln zwar noch erhebliche Kursschwankungen vorkommen, jedoch der Höchstsatz für ein englisches Pfund bereits am 25. November 1923 mit 52 Billionen Mark erreicht wird, also auch hier eine weitere Steigerung nicht eingetreten ist), wird die Erhöhung des Satzes von 6%

auf 10% pro Tag sogar mit rückwirkender Kraft bis zum 21. November 1923 beschlossen. Gelinde ausgedrückt, liegt in dieser Maßnahme nichts Geringeres als ein völliges Abrücken von den staatlichen Währungsmaßnahmen. Selbst unter Würdigung der großen Schwierigkeiten, die den Geld- und Kapitalmarkt der damaligen Zeit beherrschten, muß man sagen, daß gerade diese letzte Maßnahme besser unterblieben wäre. Ja, man kann sogar sagen, wenn die Banken sich der Geldentwertung früher und besser angepaßt und Handel und Industrie in bescheidenerem Maße von dem Kredit der Banken Gebrauch gemacht hätten, wenn rechtzeitig die gesonderte Berechnung und Vergütung des Geldwertschwundes eingeführt worden wäre, dann wären in der Stabilisierungskrise zwar auch hohe Zinssätze in die Erscheinung getreten, aber diese Zinssätze hätten meines Erachtens sich in einem Rahmen von vorübergehend höchstens $^1/_2$ bis 1% pro Tag bewegen können. Zinssätze von 180% bis 360% pro Jahr wären ein genügender Ausdruck für den Kapitalmangel gewesen, der sich als das Ergebnis einer wahnsinnigen Inflationswirtschaft offenbaren mußte. Wiederum zugegeben, daß die Folgen der Kreditpolitik des voraufgegangenen Zeitabschnittes nicht mehr auszumerzen waren, so wäre doch, wie schon betont, mit den umfangreichen und durchgreifenden Wirtschafts- und Währungsmaßnahmen nunmehr der Zeitpunkt da gewesen, den reinen Zinssatz von der Geldentwertungsprämie zu trennen und Kredite nur noch auf wertbeständiger Grundlage auszuleihen. Wohlverstanden, in diesem Augenblick!

Der Einwand liegt nahe, daß solche Überlegungen reichlich post festum kommen. Demgegenüber ist es von einiger Wichtigkeit zu wissen und hier ausdrücklich zu betonen, daß — einem Berichte der „Köln. Zeitung" vom 27. November 1923 zufolge — einzelne Mitglieder der Kölner Bankenvereinigung an Stelle der Erhöhung des Zinssatzes von 6% auf 10% pro Tag tatsächlich die Valorisierung der Kredite vorgeschlagen haben, wie es in gleicher Weise auch in den Beratungen der Berliner Stempelvereinigung zum Ausdruck gekommen ist. Für die valorisierten Kredite sollte dann ein Zinssatz in Höhe von etwa 1‰ pro Tag in Anrechnung gebracht werden. Man sieht, daß die sachverständigen Kreise einen weit niedrigeren Zinssatz in Aussicht genommen hatten als den, den ich oben als möglich bezeichnet habe. Nicht nur diese abweichende Haltung einzelner Banken, sondern auch die Tatsache, daß sich die Kölner Bankenvereinigung unter dem Drucke einer sehr erregten Öffentlichkeit schon wenige Tage später zu der Erklärung veranlaßt sah, „daß der Satz von 10% pro Tag nicht in Anrechnung gebracht werden würde", zeigt zum mindesten, wie überstürzt die Bankenvereinigungen damals gehandelt haben. Um es noch einmal zum Ausdruck zu bringen: Wenn je in der langjährigen Entwicklung der Inflation der Augenblick gekommen war, eine abwartende Haltung einzunehmen, in Wirklichkeit es aber möglich und volkswirtschaftlich nötig war, die Bestrebungen der Reichsregierung durch den Übergang zur wertbeständigen Verrechnung zu unterstützen, so war es die Zeit vom 15. November bis 10. Dezember 1923. Statt dessen sehen wir, wie die Banken, die mehr als vier Jahre der Inflation fast untätig zugesehen haben, in dem Augenblick, wo die abwartende Stellung das äußerste an Aktivität darstellen mußte, aus ihrer vierjährigen Passivität zu einer überraschenden Aktivität übergehen: Erhöhung des Zinssatzes von 6% auf 10% pro Tag, ein Vorgang, dem es vorbehalten geblieben ist, in der Finanzgeschichte der Welt einzigartig dazustehen. Erst am 11. Dezember 1923 — nach weiteren 14 Tagen — gehen die Banken dazu über, den Zinssatz von 6% auf 3% pro Tag zu ermäßigen. Am 31. Dezember 1923 folgt die Ermäßigung von 3% auf 1% pro Tag. In Rheinland-Westfalen ist der Satz von 1% pro Tag schon ab 21. Dezember in Anwendung gekommen.

2. Die Begründung der Zinserhöhung.

Über die Höhe der Zinssätze beschließen die Vereinigungen von Banken und Bankiers, die sich für bestimmte Bezirke gebildet haben. Die Kölner Banken und Bankiers berufen sich auf die Beschlüsse der „Vereinigung von Banken und Bankiers in Rheinland und Westfalen, der wir als Mitglieder angehören“, und geben ihrer Kundschaft mit Unterschrift bekannt, daß sie den von der Vereinigung beschlossenen Satz zur Anwendung bringen. Demnach hat der Beschluß der Bankenvereinigung zunächst nur für die angeschlossenen Banken Bedeutung, nicht unmittelbar für die Kundschaft. Erst indem die Banken bekanntgeben, daß sie die beschlossenen Sätze in Anrechnung bringen, gelten diese für die Kundschaft. Sowohl die Beschlüsse der Bankenvereinigungen als auch die Mitteilungen an die Kundschaft lauten dahin, daß die aufgestellten Zins- und Provisionssätze Mindestsätze darstellen, die einzelnen Banken also danach das Recht haben, unter Berücksichtigung ihrer besonderen Lage auch noch über die vereinbarten Sätze hinauszugehen. In der Tat sind es vielfach gerade die der Vereinigung nicht angeschlossenen Banken und Bankfirmen, die sich darauf berufen, daß die im Bankverkehr „üblichen“ (nämlich von den Bankenvereinigungen festgesetzten) Zinssätze nur Mindestsätze seien, die ihnen das Recht geben, von sich aus auch höhere Sätze in Anrechnung zu bringen. Da sich die übrigen Geld- und Kreditinstitute, schließlich jedermann, auf diese Mindestsätze berufen können, einerlei, ob die Voraussetzungen für die Festsetzung der Höhe in dem einzelnen Betriebe erfüllt werden oder nicht, nehmen die Zinsfestsetzungen der Bankenvereinigungen den Charakter von Kartellpreisen an, die von einschneidender Bedeutung für den gesamten Geld- und Kapitalmarkt werden. Es ist daher notwendig, die Begründungen, die die Bankvereinigungen für ihre Zinspolitik anführen, etwas eingehender zu prüfen.

a) Risiko der Geldentwertung. Nachdem die Banken bis zum Beginne des zweiten Zeitabschnittes (1. August 1923) die Erhöhung der Zins- und Provisionssätze mit der „außerordentlichen Steigerung der Unkosten“ bzw. mit der „Verschlechterung der Geld- und Wirtschaftsverhältnisse“ begründet, nachdem ferner die Banken in dem zweiten Zeitabschnitt bis 15. November 1923 der sich überstürzenden Geldentwertung mehr oder weniger tatenlos zugesehen haben, begründen die Banken am 27. November 1923 die Erhöhung des Zinssatzes von 6% auf 10% pro Tag mit dem Risiko der weiteren Geldentwertung. Es ist zu beachten, daß am 15. November die Rentenbank ins Leben trat, und daß es der Reichsbank gelang, den Kurs für 1 Dollar vom 20. November 1923 auf 4,2 Billionen Mark zu halten. Allerdings war die Volkswirtschaft zu einem Chaos geworden, war der Geldverkehr, insbesondere im besetzten Gebiet, desorganisiert, machten sich noch überall starke Zuckungen des zusammenbrechenden Wirtschaftskörpers bemerkbar. Daß dieser Zusammenbruch nicht frei von Risiken war, und zwar nicht nur hinsichtlich der pünktlichen Zurückzahlung der Kapitalien, sondern auch mit Bezug auf weitere Geldwertschwankungen, soll nicht geleugnet werden[1]). Wenn aber die amtlichen

[1]) Nachtrag: Die Banken weisen darauf hin, daß weder am 20. November noch am 27. November 1923 (dem Tage der Heraufsetzung des Satzes auf 10%), ja nicht einmal im Dezember 1923 die Markstabilisierung als gelungen und endgültig anzusehen gewesen sei. Insbesondere wird betont, daß selbst in den beteiligten Regierungsstellen — Reichsfinanzministerium und Reichswährungskommissar — wie auch in der Reichsbank noch ein Gefühl der Unsicherheit vorhanden gewesen sei, und daß vor allem auch die Meinungen über die Zweckmäßigkeit der Festhaltung der Mark gegenüber dem Dollar auf einem Stande von 4,2 Billionen noch auseinander gegangen seien. Bis in den Dezember hinein sei daher das Risiko einer erneuten Geldentwertung tatsächlich vorhanden gewesen. Meine Stellungnahme trage dieser Unsicherheit nicht genügend Rechnung.

Ich kann darauf nur das Folgende erwidern: 1. Es hat sicherlich auch Leute gegeben, die der wohlüberlegten Meinung sein konnten, daß sich die Inflation totgelaufen habe, und daß es nur einer geringen Anstrengung bedurfte, um sie zum Stillstand zu bringen. 2. Dennoch habe ich — im Sinne der Banken — die Möglichkeit weiterer Geldwertschwankungen zugegeben. 3. Wenn sich die Banken auf die Regierungsstellen und die Reichsbank berufen, so mögen auch diese zwar in diesem oder jenem Augenblicke an dem Gelingen ihrer Absichten gezweifelt haben, — was aber den Unterschied ausmacht: die Reichsbank hat sich mit allen Kräften bemüht, den Kurs der Mark zu halten, der Währungskommissar ist mit aller Energie gegen den Unfug der Notgeldausgabe eingeschritten, und die Reichsregierung hat mit bewunderungswürdiger Energie die Maßnahmen weiter verfolgt, die ihr für das Gelingen der Währungsstabilisierung notwendig erschienen (2. und 3. Steuernotverordnungen, Verordnung über Goldbilanzen, Umstellung des Postscheckverkehrs auf Rentenmark zu einer Zeit, wo noch nicht einmal

Devisenkurse seit acht Tagen auf unveränderter Höhe gehalten wurden[1]), der Zinssatz für tägliches Geld an der Börse gleichfalls von seinem Höchstsatz am 15. November 1923 von 10 bis 35% pro Tag am 25. und 26. November 1923 auf 6 bis 10% pro Tag gesunken war, dann war die Geldentwertungsprämie — wenn man schon an der Vorausbestimmung mittels eines festen Provisionssatzes festhielt — mit 6% pro Tag überreichlich gedeckt. Es trifft auch nicht ganz zu, wenn insbesondere die Kölner Banken zur Kennzeichnung der Größe des Geldentwertungsrisikos auf die Entwicklung der Kölner Freiverkehrskurse für Devisen hinweisen, „die zur damaligen Zeit lustig weiterkletterten". Nach Zeitungsberichten wurde der Höchstkurs für ein Pfund in Köln mit 52 Billionen Mark, in London mit 47,5 Billionen Mark am 23. November 1923, drei Tage nach der Festsetzung von 1 Dollar auf 4,2 Billionen Mark in Berlin, erreicht. Am 24., 25., 26. November 1923 tritt keine weitere Steigerung, vielmehr ein Rückgang des Pfundes in Köln auf 46 Billionen Mark bzw. in London auf 42,5 Billionen Mark ein. Am 27. November 1923, dem Tage der Heraufsetzung des Zinssatzes von 6% auf 10% pro Tag, wird das Pfund in Köln noch mit 40 Billionen Mark, in London nur noch mit 30,5 Billionen Mark notiert. Selbst wenn

---

alle Gebiete mit Rentenmark versorgt waren). Und die Banken? 4. So bleibe ich dabei: als ihren Beitrag zur Währungssanierung hätten die Banken jetzt die Gelegenheit benutzen müssen, um ihrerseits auch zur Goldrechnung überzugehen, den wertbeständigen Kredit einzuführen, zum mindesten die Heraufsetzung des Zinssatzes von 6% auf 10% nicht nur unter dem Gesichtswinkel einer weiteren Geldentwertung — die die Reichsregierung verhindern wollte — zu betrachten. Die Banken hätten — wie oben weiter ausgeführt wird — auch den Fall ins Auge fassen müssen, daß es den vereinigten Anstrengungen von Regierung und Reichsbank nun doch gelingen würde, den Geldwert zu halten, und daß dann ein Zinssatz von 10% pro Tag mit Maßnahmen zusammentreffen mußte, die für die Zeiten der Inflation vielleicht Berechtigung haben konnten (Dekadenrechnung, Valutierungen), die aber bei stabilem Geldwert katastrophal für die Kreditnehmer wirken mußten.

[1]) Der Hinweis darauf, daß sich frühere Stabilisierungsversuche als trügerisch erwiesen haben, ist nicht stichhaltig. Insbesondere denkt man hierbei an die Stabilisierung 1 Dollar gleich 20 000 Papiermark in den Monaten Februar—März 1923. Doch lagen damals — wie auch bei späteren Versuchen — die Verhältnisse anders: der Ruhrkampf stand im Anfang seiner Ausdehnung, und alles deutete darauf hin, daß er an Bitterkeit und Umfang noch zunehmen werde. Da ferner nichts getan wurde, um die Finanzierung auf eine gesunde Grundlage zu stellen, vielmehr die Defizitwirtschaft ganz offensichtlich fortgesetzt wurde, mußte die Stabilisierung ein gewaltsamer künstlicher Eingriff bleiben, dessen Erfolg von den beschränkten Mitteln der Reichsbank abhängig war. Bei der Novemberstabilisierung war alles anders: der Ruhrkampf abgebrochen, die Wiederingangsetzung der Arbeit betrieben, die Notenpresse stillgelegt, Rentenmarkdarlehen an das Reich gesichert: Wirtschaft, Finanzen und Währung waren sozusagen auf dem Tiefpunkte angekommen, es ging so kaum noch weiter. Die energischen Maßnahmen der Regierung mußten daher dieses Mal die Hoffnung auf ein Halt auslösen.

diese Ziffern im einzelnen nicht zutreffen sollten — weil eine amtliche Kursfeststellung nicht vorliegt —, so steht doch fest, daß seit dem 23. November 1923 eine weitere Steigerung der Devisenkurse nicht mehr eingetreten ist, daß vielmehr der nach dem 27. November 1923 eingetretene Rückgang bis auf 20 Billionen Mark für 1 Pfund am 4. Dezember 1923 den Devisenkäufern große Einbußen gebracht hat.

Selbst wenn man die Einsetzung einer Risikoprämie für die Möglichkeit einer weiteren Geldentwertung an sich als berechtigt annehmen würde, so steht der hohe Satz von 10% — auch ein solcher von 6% — in einem auffallenden Mißverhältnis zu der tatsächlichen Lage, ganz abgesehen davon, daß die Banken nunmehr, wo an Stelle der bisherigen Sicherheit der fortschreitenden Geldentwertung höchstens noch die Wahrscheinlichkeit einer solchen getreten war, zur Valorisierung der Kredite übergehen mußten, was ja auch in den Verhandlungen der Bankenvereinigungen zum Ausdruck gekommen ist.

b) Betriebskosten. Als sich herausstellte, daß sich die Begründung des hohen Satzes von 10 bzw. 6% durch die Geldentwertungsprämie nicht mehr aufrechterhalten ließ, die amtlichen Devisenkurse in Berlin unverändert blieben, die Kölner Freiverkehrskurse sich mehr und mehr den Berliner amtlichen Kursen anpaßten, an der Börse die Zinssätze für tägliches Geld auf $^1/_2$ bis 2% zurückgingen, die Preise der Waren herabgesetzt wurden, trat für die Höhe des anormalen Zinssatzes eine neue Begründung in den Vordergrund: die Kosten. Es ist richtig, daß die Kosten im Bankbetriebe während der Inflationszeit erheblich gestiegen sind; man kann sagen, daß sie im Verhältnis zu denen anderer Betriebe erheblicher gestiegen sind, weil dem Anschwellen der Massenarbeit weder sofort eine entsprechende Organisation, noch die Einstellung genügend vorgebildeter Arbeitskräfte folgen konnte. Dazu kamen die Störungen im Verkehrswesen, die besonders stark auf die Abwicklung des Geldverkehrs einwirken mußten, kam auch die neue Arbeit, die aufgewendet werden mußte, um die eingerissene Unordnung wieder in Ordnung zu bringen. Als mit dem Aufhören der Inflation die aufgeblähte Bankarbeit ihr Ende fand, waren die Bankbetriebe nicht nur mit Arbeitskräften stark übersetzt, sondern es fand sich auch noch eine reichliche Menge Abwicklungs- und Räumungsarbeit vor, die zweifellos noch erhebliche Kosten verursachte. Es soll auch nicht bestritten werden, daß es den Bankbetrieben gestattet sein muß, ihre aufgewendeten Kosten in den Einnahmen wieder hereinzubringen. Wenn aber ein Hauptteil der Kosten aus den Resten des aufgeblähten Zahlungs- und Effektenverkehrs stammt, so mag es betriebspolitisch erwünscht und eines Versuches wert sein, diese Kosten mit auf den Kreditverkehr abzuwälzen, aus dem allein sich noch höhere Einnahmen erzielen lassen. Volkswirtschaftlich ist es aber ein Unding, den Zinssatz, der infolge der Marktlage die Tendenz einer außergewöhnlichen Höhe hat, auch noch mit anderen, ihn nicht unmittelbar angehenden Kosten zu belasten. Nach einer Auffassung, die in weiten Kreisen der Bankpraktiker anzutreffen ist, ist im Bankbetriebe eine genaue Selbstkostenrechnung nicht möglich. (Daß dem nicht ganz so ist, habe ich durch die Veröffentlichung einer Arbeit ebenso nachgewiesen, wie ich die Möglichkeit der Maschinenarbeit im Bankbetriebe dargetan habe (s. Anm. auf S. 108). Immerhin hätten nach einer rohen Selbstkostenschätzung die besonderen Gebühren für die einzelnen Leistungen der Banken in einem nie gesehenen Ausmaße erhöht werden können. Niemand würde die Berechtigung dieser Gebührenerhöhung in Zweifel gezogen haben. Sie würde wahrscheinlich nur die Folge gehabt haben, daß die Volkswirtschaft so lange auf die Leistungen der Banken verzichtet hätte, bis ihr die Gebühren wieder erträglich erschienen wären. Dann hätte sich für die Banken herausgestellt, daß diese ihre Einrichtungen eben unrentabel sind. Indem aber die Banken die gesamten Unkosten einfach in den Zinssatz einkalkulieren, trägt allein der Kreditnehmer, der vielleicht von den sonstigen Einrichtungen der Bank — Zahlungs- und Effektenverkehr — den geringsten oder gar keinen Gebrauch macht und sich außerstande sieht, durch sofortige Rückzahlung der Kredite sich den hohen Kosten zu entziehen, eine Last, die ihm zu tragen nicht allein zugemutet werden kann.

c) Kapitalmangel. Weiter wird zur Begründung des außergewöhnlichen Zinssatzes auf den großen Mangel an Kapital verwiesen, der im Gefolge der Währungsstabilisierung sich einstellt. Vor allem wird das Festhalten an dem hohen Satz von 6% pro Tag bis 10. Dezember und an dem Satz von 3% pro Tag bis 31. bzw. 21. Dezember 1923 mit diesem Hinweis begründet. Auf diese Weise wird der ursprünglich nur mit der Geldentwertungsprämie behaftete Provisions- bzw. Kreditkostensatz auf einmal wieder zum reinen Zinssatz, der nur noch die Leihgebühr für das knapp vorhandene Kapital darstellt. Daß die beispiellose Inflationswirtschaft dereinst mit dem größten Mißverhältnis zwischen Kapitalangebot und Kapitalnachfrage abschließen mußte, konnte nur denjenigen überraschen, der die beiden aus dem Wesen der Inflation geborenen Feinde des Geldkapitals nicht erkannt hatte: Aufzehrung durch die Finanzpolitik des Reiches und Flucht in die Sachwerte. Es ist also durchaus richtig, während und nach der Währungskrise von einem noch nie dagewesenen Kapitalmangel, von einer großen Kreditnot zu sprechen, zumal noch der Umstand hinzukam, daß infolge der Störungen im Zahlungsmittelverkehr die Übertragung der vorhandenen Leihkapitalien sehr erschwert wurde. Es ist außerdem zu berücksichtigen, daß die neu geschaffene Rentenmark nur in unvollkommener Weise in den Verkehr gelangte und sich ebenso unvollkommen die Aufrichtung eines

Rentenmarkgeldmarktes an Stelle des eingeschrumpften Papiergeldmarktes gestaltete.

Trotzdem ist es mir unmöglich, der Annahme beizutreten, daß der für ganz andere Verhältnisse geschaffene und aus der Geldentwertung geborene Provisionssatz für Papiermarkkredite in Höhe von 10% bzw. von 6% pro Tag mit einem Schlage nun auch der richtige Ausdruck für den eingetretenen Kapitalmangel sein konnte. Die Praktiker weisen gern darauf hin, daß eigentlich nur diejenigen von den Dingen etwas verstehen, die mitten im Bankbetriebe stehen; — nun denn: gibt es ein besseres Zeugnis für die Abschätzung der Lage des Geldmarktes als der schon (oben S. 132) erwähnte Vorschlag eines Teiles der Mitglieder der Bankenvereinigung, am 27. November 1923 den Zinssatz für valorisierte Kredite auf 1‰ pro Tag statt des tatsächlich beschlossenen Satzes von 10% pro Tag festzusetzen? Nun war zwar der Satz von 10% pro Tag für Papiermarkkredite bestimmt, die nach Meinung der Banksachverständigen mit dem Riesenrisiko der weiteren Geldentwertung behaftet waren. Abgesehen davon, daß nach meiner Meinung (siehe oben) auch für Papiermarkkredite ein Zinssatz von $^1/_2$%, höchstens bis 1% pro Tag ausreichend gewesen wäre, ist aber nunmehr zu berücksichtigen, daß mit der Zeit die Geldentwertung — auch als Begründung des hohen Satzes — zurücktrat und an ihrer Stelle jetzt eben die größere Betonung auf den Kapitalmangel gelegt wurde. Entsprechend hätte auch der Provisionssatz — viel schneller, als es geschehen ist — etwa den Sätzen für valorisierte Kredite angepaßt werden müssen, nicht aber, wie es tatsächlich der Fall war, das 100- bzw. 60fache dieser Sätze betragen dürfen. Wie weit und wie lange noch die Schätzung der Banksachverständigen und die von der Bankenvereinigung festgesetzten Zinssätze voneinander abwichen, zeigt folgende Übersicht:

Die Zinssätze wurden herabgesetzt:

am	11. Dezember	1923	von	6%	auf	3%	pro	Tag,
„	31. Dezember	1923	„	3%	„	1%	„	„
„	31. Januar	1924	„	1%	„	$^1/_2$%	„	„
„	15. Februar	1924	„	$^1/_2$%	„	14%	„	Jahr zuzügl. einer Provision,

die $^1/_2$%, dann 1%, dann 2% und ab 1. August 1924 $1^1/_2$% pro Monat beträgt. Also erst ab 16. Februar 1924 kommt ein Zinssatz von 20 bis 38% pro Jahr in Ansatz, nachdem bereits am 27. November 1923 in den Verhandlungen der Bankenvereinigungen ein ungefähr entsprechender Zinssatz mit 1‰ pro Tag, gleich 36% pro Jahr in Vorschlag gebracht worden war.

Schließlich, wenn wirklich der Kapitalmangel als alleiniger oder hauptsächlicher Grund für den hohen Sollzinssatz in Betracht kommt, dann bleibt ein anderer Widerspruch offen, nämlich die geringe Höhe der Habenzinsen. Der Mangel an Kapital hätte die Banken veranlassen müssen, auch mit den Habenzinsen entsprechend in die Höhe zu gehen, um alles verfügbare Kapital an sich zu locken bzw. den Anreiz zum Sparen zu stärken. Die Banken haben an Zinsen vergütet:

		Gebührenfreie Rechnung (Scheckkonten)	Gebührenpflichtige Rechnung (Kontokorrent)
ab 13. November	1922 . .	4% pro Jahr	6% pro Jahr
„ 18. Januar	1923 . .	4% „ „	7% „ „
„ 23. April	1923 . .	8% „ „	12% „ „
„ 2. August	1923 . .	10% „ „	18% „ „
„ 15. September	1923 . .	— [1]	2‰ „ Tag
„ 10. Oktober	1923 . .	—	1/2% „ „
„ 20. Dezember	1924 . .	—	1‰ „ „
„ 1. Februar	1924 . .	—	1/2‰ „ „
„ 16. Februar	1924 . .	—	6% „ Jahr

In der kritischen Zeit — 15. November bis 10. Dezember 1923 — wurden 6% bzw. 10% pro Tag belastet, hingegen erfolgte für Guthaben nur eine Verzinsung von 1/2% pro Tag. Der Zinssatz für Guthaben wird am 20. Dezember 1923 auf 1‰ pro Tag ermäßigt, obwohl bis 31. Dezember 1923 noch ein Debetzinssatz von 3% pro Tag in Kraft ist. Erst ab 16. Februar 1924 steht einem Debetzinssatz von 20 bis 38% pro Jahr ein Habenzinssatz von 6 bis 12% pro Jahr gegenüber, hat sich die Spanne zwischen beiden auf 14 bis 26% (gleich dem Dreifachen des Habenzinssatzes gegenüber dem Eineinhalbfachen vor dem Kriege) verringert. Also, wenn der hohe Sollzinssatz mit dem Mangel an Kapital begründet wird, so fällt auf, daß die Folgerungen aus dem Kapitalmangel nicht auch für die andere Zinsreihe der Banken, nämlich für die Habenzinsen, gezogen werden. Es ist bekannt, daß hierdurch eine vollständige Umschichtung am Geldmarkt herbeigeführt worden ist. Diejenigen Kreise, die noch über flüssige Geldkapitalien verfügen und gewohnt waren, diese den Banken als fremde Gelder zu überlassen, bieten jetzt ihre Gelder unmittelbar am Geldmarkte aus, und zwar in Anlehnung an die Sätze, die von den Bankenvereinigungen festgesetzt werden. Auf diese Weise werden diese — oben als zu hoch bezeichneten — Sätze richtunggebend für den gesamten Geldmarkt: sie ziehen alle übrigen Zinsforderungen in die Höhe. Handel und Industrieunternehmungen sowie Privatpersonen, die gerade über Geld verfügen, öffentliche Betriebe, vor allem Sparkassen, sie alle erzielen jetzt für ihre Geldkapitalien die hohen Zinssätze, die die Banken für ihre Kredite mit besonderer Begründung festsetzen, obwohl für die

[1] Ab 15. September 1923 erfolgt keine Verzinsung der Scheckkonten mehr bis 7. April 1924, wo ihre Verzinsung mit 4% pro Jahr wieder aufgenommen wird.

erstgenannten Geldgeber vielleicht ganz andere Kalkulationsgrundlagen maßgebend sind.

Überhaupt, es dürfte sich empfehlen, das Geldgebahren insbesondere der öffentlichen Kassen sowie der Sparkassen während jener Zeit der hohen Zinssätze nachzuprüfen. Von einzelnen Kassen ist bekannt, daß sie für ganze Bezirke die einzigen Stellen waren, die überhaupt noch Geld zur Ausleihung bereitstellten und dabei die höchsten Tagessätze forderten. Entweder mußten diese Mittel noch aus den Kreisen der Sparer stammen; dann erscheinen die hohen Tagessätze ungerechtfertigt, es sei denn, daß die Sparkassen entsprechend hohe Sätze auch an ihre Einleger vergütet haben. Oder die Mittel flossen aus der Ausgabe von Notgeld; dann kann nicht nur ein Verstoß gegen die Notgeldverordnungen, sondern auch eine übermäßige Bereicherung durch Erhebung hoher Zinsen vorliegen. Endlich käme auch der dritte Fall in Betracht: die eine Kasse begründet den hohen Zinssatz damit, daß sie das Geld von einer anderen Kasse erhalten hat, diese wieder von einer dritten und so fort. Dieser Kettenhandel mit Geldkapitalien wird dann als Geldausgleichgeschäft oder als Zinsarbitrage bezeichnet. Es wäre zu prüfen, ob die in Betracht kommenden Kassen auch schon früher solche Geldvermittlungsgeschäfte betrieben oder ob sie erst in jener Zeit der hohen Tageszinssätze Gefallen daran gefunden haben. Letzten Endes werden aber auch diese hin und her wandernden Kapitalien ihren Ursprung in jenen beiden Quellen: Einlagen der Sparer bzw. Einnahmen aus der Notgeldausgabe, gefunden haben.

d) Die Zinssätze des Geldmarktes. Das Merkwürdige ist, daß sich sowohl die Banken, als auch die übrigen Geldgeber ihrerseits wieder auf die hohen Zinssätze des Geldmarktes berufen, obwohl sie in nicht geringem Maße durch das eigene Verhalten auf die Zinssatzbildung dort eingewirkt haben. Aber auch abgesehen von diesem Zusammenhang der Dinge kann der Hinweis der Banken, daß sie sich bei der Festsetzung ihrer Zinssätze von den Zinssätzen am Geldmarkt haben leiten lassen, nicht ohne weiteres als zutreffend angesehen werden. Nach Zeitungsnotizen lassen sich für die kritische Zeit — 15. November bis 10. Dezember 1923 — die folgenden Zinssätze für Tägliches Geld an der Berliner Börse ermitteln:

15. Nov. 1923	5— 7% vormittags, 10—12% mittags, 18—20% nachmittags, bis 35% gefragt,
16. „ 1923	nach Börsenschluß 10—15% geboten,
17. „ 1923	20% morgens, 20—28% später,
18. „ 1923	—

19. Nov. 1923	. . . .	5—10%,
20. „ 1923	. . . .	10— 3%,
21. „ 1923	. . . .	7— 4%,
22. „ 1923	. . . .	6—15% und mehr,
23. „ 1923	. . . .	15—25% anfangs,
		8—12% später,
24. „ 1923	. . . .	18% vormittags,
		6% später,
25. „ 1923	. . . .	—
26. „ 1923	. . . .	10% vorbörslich gefragt,
		8—5% bei Beginn der Börse,
		12% in der zweiten Börsenstunde,
27. „ 1923	. . . .	5—15% je nach Güte,
28. „ 1923	. . . .	10—15%,
29. „ 1923	. . . .	8% vormittags,
	zu	3% im Verlauf der Börse erhältlich,
30. „ 1923	. . . .	1—2—5% schwankend,
1. Dez. 1923	. . . .	½—1%,
2. „ 1923	. . . .	—
3. „ 1923	. . . .	1—½—¼%; Berliner Kassenverein verlangte 2%,
4. „ 1923	. . . .	2— 1—½%,
5. „ 1923	. . . .	½—1½%,
6. „ 1923	. . . .	2—2½%—; Versteifung,
7. „ 1923	. . . .	1½%; reichlich angeboten,
8. „ 1923	. . . .	1—1½%; reichl. Angebot,
9. „ 1923	. . . .	1⅓—
10. „ 1923	. . . .	½—1½%.

Zu diesen Ziffern ist zunächst zu bemerken, daß es eine amtliche oder einheitliche Notierung des Zinssatzes für Tägliches Geld nicht gibt. Die Veröffentlichungen in den Zeitungen kommen durch Umfragen zustande, die zu verschiedenen Zeiten bei verschiedenen Stellen erfolgen und daher verschiedene Ergebnisse haben können. Die Zahlen können sowohl Grenzpreise als auch Angebot- und Nachfragepreise darstellen, zu denen gar keine oder nur wenige Geschäfte abgeschlossen worden sind. Auf keinen Fall besagen die veröffentlichten Zinssätze etwa, daß nun alle Geschäfte tatsächlich zu diesen Sätzen, noch weniger aber, daß sie ausgerechnet zu den höchsten Sätzen abgeschlossen worden sind. Wesentlich ist auch, daß nicht etwa alle Banken die gesamten Mittel, die sie in dieser Zeit zur Kreditgewährung verwendet haben, sich ausschließlich auf dem Wege des täglichen Geldes und weiter gerade zu den höchsten Sätzen beschafft haben. Abgesehen von den eigenen Mitteln, über die die einzelne Bank noch verfügte, standen ihr gewisse Beträge auch noch aus der hinausgeschobenen Valutierung für Einzahlungen, Überweisungen, vor allem aus gutgeschriebenen Schecks sowie aus der Zurückdatierung der auf sie gezogenen Schecks, endlich auch aus der Wechseldiskontierung bei der Reichsbank zur Verfügung. Jedenfalls geht es nicht an, allgemein zu sagen: die Tageszinssätze von

10% vom 21. November bis 30. November, 6% vom 1. Dezember bis 10. Dezember 1923 waren deshalb gerechtfertigt, weil die Banken für Tägliches Geld selbst höhere Sätze zahlen mußten. Das mag in einzelnen Fällen zutreffend gewesen sein; aber auch der Fall ist möglich, daß eine Bank ohne Rückgriff auf die Börse ausgekommen ist.

Wiederum: selbst angenommen, die einzelne Bank hätte die gesamten Mittel für ihre Kreditgewährung am Geldmarkt der Börse aufgenommen, dann zeigt die Übersicht, daß die Übereinstimmung mit dem Kontokorrentzinssatz nur recht unvollkommen ist. Am 24. November 1923 ist der Satz für Tägliches Geld zum Schlusse auf 6% zurückgegangen, am 26. November 1923 schwankte er von 5 bis 12%, vom 27. November 1923 an ist die Neigung zum Sinken deutlich erkennbar, am 30. November 1923 wird wieder ein Satz von 1 bis 2% pro Tag, am 3. Dezember 1923 ein solcher von $^1/_2$% pro Tag erreicht. Demgegenüber ist der Zinssatz der Banken in Höhe von 10% bis zum 30. November, in Höhe von 6% bis zum 10. Dezember 1923 und in Höhe von 3% bis zum 21. bzw. 31. Dezember 1923 in Kraft.

e) Kosten der Termingelder. Endlich wird das Festhalten an den hohen Tageszinssätzen von 6% bzw. 3% damit begründet, daß die Banken sogenannte Termingelder aufgenommen haben, für die sie bis zum Ablauf der vereinbarten Zeit selbst die hohen Zinsen zahlen müssen. Am 1. Dezember 1923 z. B. zu 8% pro Tag aufgenommenes Monatsgeld verursacht bis zum 31. Dezember 1923 täglich 8% Kosten, während der Kontokorrentzinssatz bis zum 10. Dezember 1923 „nur“ 6%, bis 31. Dezember 1923 „nur“ 3% beträgt. In diesem Falle hätte die Bank sogar noch einen beträchtlichen Schaden. Es mag sein, daß dies bei der einen oder der anderen Bank und hier wieder für das eine oder andere Kreditgeschäft eingetreten ist. Im allgemeinen ist aber nicht anzunehmen, daß sehr viele Banken gerade in der kritischsten Zeit so unvorsichtig gewesen sind, Geldleihgeschäfte auf längere Termine zu den höchsten Tagessätzen abzuschließen. Haben sie es dennoch getan, so heißt das noch nicht, daß sie nun auch berechtigt sein können, wegen dieser falschen Disposition in einzelnen Fällen bzw. weil ihnen an einzelnen Geschäften Verluste drohen, sich dieserhalb einer allgemeinen Ermäßigung der Zinssätze zu widersetzen.

Ist diese Begründung für die Festsetzung allgemeiner Kartellzinssätze nicht ohne weiteres anzuerkennen, so kommt weiter hinzu, daß die Termingelder auch vielfach nachträgliche Wandlungen in den Bedingungen erfahren haben. Zunächst wäre festzustellen, ob bei ihnen auch Zinseszinsen, entweder von Tag zu Tag, wie es beim täglichen Geld üblich wurde, oder von zehn zu zehn Tagen, wie im Bankkontokorrent, zu zahlen waren; in der Regel wurden die Zinsen nach Ablauf der Darlehensdauer, also nach einem Monat fällig, so daß die Zinszahlung mit der Rückzahlung des Kapitals erfolgte. Ferner ist es vorgekommen, daß nachträglich auch der Zinssatz geändert worden ist, als sich herausstellte, daß die Zinssätze am Geldmarkt — im Monat Dezember auf $^1/_2$% pro Tag — heruntergingen. Ja, als sich die Ermäßigung des Bankensatzes von 6% auf 3% nicht mehr umgehen ließ, haben sich die Versuche der Termingeldnehmer, sich mit ihren Geldgebern über die Herabsetzung des vereinbarten Zinssatzes zu verständigen, verstärkt. Es ist begreiflich, daß von den Ergebnissen in der Öffentlichkeit wenig oder gar nichts bekanntgeworden ist.

Man wird daher nur dort den Einstandspreis des Leihkapitals als maßgebende Grundlage für die Berechnung der Debetzinsen gelten lassen können, wo sich beide auf dieselbe Art von geliehenem und verliehenem Kapital beziehen, wenn z. B. eine Bank selbst tägliches Geld zu 15% oder zu 20% aufnimmt und dieses Kapital auch auf einen Tag an ihren Kunden weitergibt. Es geht aber nicht an, den Kunden für zehn Tage diese Zinssätze zu berechnen, obwohl sie vielleicht schon am nächsten Tage durch geringere Sätze am Geldmarkt abgelöst werden. Es ist daher auch gewagt, einen einheitlichen, für einen längeren Zeitraum bestimmten Satz nach dem stark schwankenden Tagessatz der Börse zu bestimmen, wie es die Bankenvereinigungen getan haben.

3. Kreditkosten und Wucher.

Es ist meine Überzeugung, daß sich selbst in der währungskritischen Zeit — 15. November bis 10. Dezember 1923 — nicht nur ein Zinssatz von 10%, sondern auch ein solcher von 6% pro Tag hätte vermeiden lassen, wenn die Kreditpolitik der Banken *vor* diesem Zeitabschnitt mehr oder *während* dieses Zeitabschnittes weniger auf die Geldentwertung eingestellt gewesen wäre, oder wenn die Banken als ihren Beitrag zur Währungsstabilisierung rechtzeitig zum wertbeständigen Kredit übergegangen wären, wie dies von einigen Mitgliedern der Bankenvereinigungen ja auch vorgeschlagen worden ist. Man wende nicht ein, daß man hinterher alles leicht besser wissen könne; es sollte im vorstehenden zunächst nur auf die Feststellung ankommen, ob die Zinspolitik der Banken zur damaligen Zeit betriebswirtschaftlich und volkswirtschaftlich richtig gewesen ist. Das ist nach meiner Meinung zu verneinen. Damit ist aber nicht zum Ausdruck gebracht, daß der Zinssatz von 10% oder 6% pro Tag nun ohne weiteres auch als *Wucher* anzusehen ist, oder daß mit der Festsetzung eines Zinssatzes von 10% oder mit der Festhaltung an dem aus der Inflationszeit übernommenen Zinssatz von 6% pro Tag eine vorsätzliche Ausbeutung der Kundschaft beabsichtigt gewesen ist[1]). Man kann es den Banken wirklich glauben,

[1]) Nur wenige Tage nach der Heraufsetzung des Zinssatzes von 6% auf 10% habe ich in einem Zeitungsaufsatz (betitelt: 10% pro Tag! siehe oben S. 119ff.) auf

„wenn sie es satt sein wollten, den Dummen zu spielen, auf dessen Rücken sich die Kreditnehmer bereicherten“. Der Ärger über die Ausnutzung ihrer Mittel und den Substanzverlust in der voraufgegangenen Zeit hat die Banken allerdings zur rechtzeitigen Erkennung der veränderten Verhältnisse blind gemacht. Was man aber den Banken zum Vorwurf machen kann und als ihre Schuld auslegen muß, das ist: daß sie die Auswirkungen dieser beispiellosen, einfach phantastischen Zinssätze doch auch für den Fall ins Auge fassen mußten, daß der alleinige Grund für ihre Höhe — die fortschreitende Geldentwertung — nicht eintreten würde. Sie mußten ferner daran denken, daß der Zinssatz von 10% bzw. 6% pro Tag mit einer Reihe von sonstigen „Bedingungen“ zusammentreffen würde, die — in der Zeit der Geldentwertung eingeführt — an sich durchaus berechtigt sein konnten, bei Aufhören der Geldentwertung aber die Wirkungen des hohen Zinssatzes bis ins Ungeheuerliche zu steigern in der Lage waren. So ist es tatsächlich gekommen. Wenn es sich schließlich nur darum gehandelt hätte, daß die Banken für einen neu zu bewilligenden Kredit jene Zinssätze gefordert hätten, dann hätte sich der Kreditnehmer damit abfinden oder auf den Kredit verzichten können. Indem aber die hohen Zinssätze einfach auf die bestehenden Kreditverhältnisse angewendet wurden, für die noch andere Inflationsbedingungen wie Valutierungen und Zinseszinsrechnungen bestanden, die dazu den meisten Kunden noch gar nicht voll zum Bewußtsein gekommen waren, mußte in vielen Fällen eine solche Wirkungssteigerung eintreten, daß gar mancher Schuldner über Nacht in die größte Verlegenheit geriet.

a) Valutierungen. Während der Inflationszeit sind die Banken dazu übergegangen, bare Einzahlungen erst per folgenden Werktag gutzuschreiben. Es ist richtig, daß das Nachzählen der großen Papiergeldmengen sowie insbesondere das Aussortieren der verschiedenen Arten des Notgeldes erhebliche Arbeit verursachte und eine Verfügung über das eingezahlte Geld (Wiederauszahlung) vielfach erst am folgenden Tage möglich war. Gegen die Hinausschiebung der Valutierung läßt sich daher nichts einwenden (wenn auch in vielen Fällen trotzdem eine Wiederverwendung des Geldes am gleichen Tage möglich gewesen sein

---

die Ungeheuerlichkeit eines solchen Satzes und der damit verbundenen Zinseszinsrechnung hingewiesen. Da dieser Aufsatz bei den zahlreichen Beschwerden und Prozessen gegen die Banken eine gewisse Rolle spielt, so möchte ich nicht unterlassen, noch einmal darauf hinzuweisen, daß ich damals nicht von „Wucher“ gesprochen habe. Wohl habe ich ausgeführt, daß der Satz von 10% pro Tag bedeute, daß praktisch eine Kreditgewährung nicht mehr in Frage komme, die Banken am Ende ihres Lateins seien und eine vollkommene Bankerotterklärung des Bankbetriebs vorliege. Ich habe mich hierbei nur in einem geirrt: daß tatsächlich noch Kredite zu diesen hohen Zinsen bis in das nächste Jahr hinein verlangt und gegeben worden sind.

mag). Das gleiche gilt für die Valutierung der Effektenverkäufe, weil auch hier die Banken erst nach zwei bis drei Tagen in den Besitz des Gegenwertes kamen (abgesehen von dem Fall, daß sie den Verkauf mit einem Ankauf in sich kompensieren konnten). Aus denselben Gründen mußte vielfach die Gutschrift eingereichter Schecks hinausgeschoben werden: Ortsschecks, weil die Einziehung am gleichen Tage nicht möglich war oder die Auszahlung wegen Mangels an Zahlungsmitteln sich verzögerte; Fernschecks, weil hier die Störungen im Verkehrswesen, insonderheit im besetzten Gebiet, hinzukamen. Daß infolge der allgemeinen Bestimmungen, daß Ortsschecks zwei oder drei Tage später, Fernschecks acht, bisweilen vierzehn Tage später gutgeschrieben wurden, die Banken in all den Fällen Zinsvorteile hatten, wo sich die Abwicklung beschleunigen ließ, soll ihnen nicht verdacht werden, zumal sie in anderen Fällen sicherlich auch zugesetzt haben. Man hätte es schließlich auch für berechtigt halten können, wenn die Banken bare Abhebungen den Kunden per einen Tag zuvor belastet hätten mit der Begründung, daß sie sich das Geld vorher beschaffen mußten. Es ist mir jedoch nicht bekannt, ob die Banken in Wirklichkeit von dieser Möglichkeit Gebrauch gemacht haben. Bekannt ist mir hingegen, daß eine Bank Akzepte, die sie für ihre Kundschaft geleistet hat, und für die der Kunde Deckung schaffen mußte, mit zwei Tagen vor Verfall belastet hat. Hier ergeben sich schon einige Widersinnigkeiten: der Kunde zahlt die Deckung pünktlich am Fälligkeitstag des Wechsels ein; sie wird ihm per folgenden Tag gutgeschrieben. Die Bank löst den Wechsel am Fälligkeitstage ein und belastet das Konto des Kunden per zwei Tage vorher. Es entsteht ein Unterschied von drei Tagen zu je 10% pro Tag, oder der Kunde hat für einen Wechsel von 50 000 M. insgesamt 65 000 M. zu zahlen. Hätte er die Deckung selbst für die Einlösung des Akzeptes verwendet, wären keinerlei Mehrkosten entstanden. Dieses Beispiel zeigt schon, wie an sich vielleicht berechtigte Verfahrensweisen durch den Hinzutritt hoher Zinssätze bei Aufhören der Geldentwertung für den Kunden geradezu grotesk wirken: hier sind 15 000 M. Zinsen entstanden, obwohl der Kunde einen Kredit nicht in Anspruch genommen hat.

Eine besondere Erwähnung verdient die Valutierung der von den Banken eingelösten Schecks. In der Regel werden die Schecks zum Tage der Ausstellung belastet, einerlei, an welchem Tage die Bank tatsächlich das Geld verauslagt. In gewöhnlichen Fällen wird man gegen dieses Verfahren nichts einzuwenden haben, weil die Zinsvergütung bei Guthaben recht geringfügig, die Zinsbelastung bei Schulden (1% über Banksatz pro Jahr) erträglich ist. Wenn aber die Zinssätze auf 6% pro Tag und mehr gestiegen sind, dann entstehen aus der Valutierung der Schecks per Tag der Ausstellung unter Umständen sehr erhebliche Zinsgewinne, bei denen durchaus nicht ausgemacht ist, daß die Bank allein darauf Anspruch hat. Die Banken weisen zwar darauf hin, daß sie die Summen für die Einlösung der auf sie gezogenen Schecks vorrätig halten müssen. Das stimmt jedoch nicht ganz. Sie müssen Kassenreserven für die gesamten Guthaben und gutgesagten Kredite halten; die Summe der wirklich ausgestellten Schecks ist ihnen gar nicht bekannt. Der Zinsentgang für die Kassenreserven kommt vielmehr kalkulatorisch darin zum Ausdruck, daß 1. die Banken für Guthaben eben viel geringere Zinsen zahlen, als sie für Kredite berechnen (vor dem Kriege 1 bis $1^1/_2$% für Habenzinsen und 5 bis 6% für Sollzinsen), 2. für die Bereitstellung von Krediten eine besondere Provision und für die Inanspruchnahme von Krediten höhere Zinsen zuzüglich besonderer Umsatzprovisionen berechnen. Es ist daher kein Grund einzusehen, woher die Banken das Recht für sich in Anspruch nehmen, die Zinsvorteile aus der Umlaufsdauer der Schecks allein zu genießen[1]).

b) Die Dekadenverrechnung. In der Zeit der fortschreitenden Geldentwertung mußten die Banken bald erfahren, daß selbst ein Tageszinssatz von 3% und mehr (seit 1. Oktober 1923 6%) kein Äquivalent für ihre Aufwendungen bedeutet, wenn er erst am Schlusse der üblichen Abrechnungsperiode (halbjährlich) zur Belastung gelangt. Im Anfang ging man zur monatlichen Abrechnung über, die freilich wegen Überlastung der Bankbetriebe nicht sofort und überall durchgeführt werden konnte; später wurde die zehntägliche Abrechnung üblich. Solange die Banken davon absahen, Zins und Geldwertschwund zu trennen, beides vielmehr im voraus in einem festen Prozentsatz der Kreditsumme zu fassen suchten, wird man ihnen jede „Nachhilfe“ zubilligen können, die dazu dient, die nachteiligen Folgen aus dem rohen Verfahren eines festen Prozentsatzes zu mildern. Die Verkürzung der Abrechnungsperiode ist als ein solches Hilfsmittel und nur als ein solches anzusehen. Statt der zehntäglichen Abrechnung hätte ebensogut eine fünftägliche, eine eintägliche, ja eine einstündliche Abrechnung Platz greifen können. Die Grenze hätte in dem Tempo der Geldentwertung gelegen: solange die aus diesen Methoden „errechneten“ Kreditkosten unterhalb der Höhe der eingetretenen Geldentwertung geblieben wären, könnte eine Beanstandung dieser Methoden — wirtschaftlich gesehen — nicht in Frage kommen. (Die technische Unmöglichkeit, der Geldentwertung mit festen „Sätzen“ beizukommen, hätte allerdings die Banken veranlassen müssen, sich zu gegebener Zeit dem Verfahren

---

[1]) Aus einem mir vorliegenden Gutachten, das von einer Großbank zu dieser Frage erstattet worden ist, geht hervor, daß einem Beschluß der Bankenvereinigung zufolge eingelöste Schecks ab 26. Oktober 1925 per Einlösungstag belastet worden sind. In zahlreichen Auszügen, die ich Gelegenheit hatte zu sehen, hatte jedoch dieser Beschluß keine Anwendung gefunden.

der Reichsbank [siehe oben] anzuschließen.) Mit den üblichen Zinseszinsen hat jedoch die Verkürzung der Abrechnungsperiode an sich nichts zu tun. Wiederum, in dem Augenblicke, wo die Geldentwertung aufhörte, wurde die Dekadenverrechnung an sich sinnlos, war ihre Berechtigung nicht mehr gegeben, mußten auf der anderen Seite die hohen „Prozentsätze", die als Geldentwertungsprämien gedacht waren, nunmehr als Zinsen geradezu katastrophal wirken: die Banken erzielten riesige Gewinne, während den Kunden der Ruin drohte, wenn es ihnen nicht gelang, mit größter Eile die Debetsalden abzudecken. Wenn hierbei aus Versehen kleine Restbeträge übrigblieben oder bei der Einzahlung die spätere Valutierung nicht berücksichtigt wurde, dann konnte es eintreten, daß schon in wenigen Tagen eine neue Schuld entstanden war, die die ursprüngliche Schuld um ein Vielfaches übertraf und den Schuldner in neue und ernste Verlegenheiten brachte.

In diesem Zusammenwirken von Geschäftsbedingungen, die auf die Geldentwertung zugeschnitten sind, mit den hohen „Zinssätzen", die gar keine Zinsen, sondern ein Äquivalent für die Geldentwertung darstellen, in einer Zeit, wo die Geldentwertung aufhört, liegt ein die Zinspolitik der Banken belastendes Moment. Insbesondere konnte man nunmehr nicht mehr anführen, daß die Dekadenabrechnung notwendig sei, um der Geldentwertung zu begegnen. Denn die Berechnung der im voraus festgesetzten Zinsen erfolgte ja nachträglich, und zwar zu einer Zeit, wo man genau wußte, ob eine Geldentwertung eingetreten war oder nicht. Seit dem 20. November 1923 ist die Geldentwertung tatsächlich zum Stillstand gekommen; trotzdem verharren die Banken nicht nur bei den hohen Zinssätzen, sondern auch bei der für ganz andere Zwecke eingeführten Dekadenabrechnung, rechnen sie von den hohen Zinsen wieder Zinsen, obwohl sie bei der nächsten Dekade wieder feststellen, daß die eigentliche Begründung für diese Abrechnungstechnik: die Geldentwertung, ausgeblieben ist. Aber auch hiermit noch nicht genug: es ist vorgekommen, daß die Banken noch Ende Dezember 1923 oder gar im Monat Januar 1924 die dekadenweise Zinsen- und Zinseszinsrechnung durchgeführt und die daraus entstandene Schuld auch wieder zurückdatiert haben, so daß es dem Schuldner einfach unmöglich war, aus seiner Schuld überhaupt herauszukommen. Auf diese Weise ist für manchen Kunden eine Notlage entstanden, insbesondere, wenn gleichzeitig sein Vermögen durch den Rückgang der Devisen- und Effektenkurse sowie der Warenpreise eine nominelle Verringerung (an Stelle der bei der Geldentwertung eingetretenen Steigerung) erfahren hatte.

Diese subjektive Notlage der einzelnen Kunden konnte verstärkt werden durch die sich nach Aufhören der Inflationswirtschaft offenbarende Lage des Geld- und Kapitalmarktes: die Aufzehrung und Verflüchtigung des flüssigen Geldkapitals in Sachwerte ließ mit aller Plötzlichkeit ein solches Mißverhältnis von Angebot und Nachfrage eintreten, daß man daneben von einer objektiven Notlage am Geld- und Kapitalmarkte sprechen kann. Der Mangel an Kapital und die Schwierigkeit, Kredite zu erhalten, waren es denn auch, die den Banken eine willkommene Gelegenheit boten, die hohen Zinssätze (nicht mit Recht, wie oben gezeigt, sicherlich nicht für die dekadenweise Zinseszinsberechnung) zu begründen, die auf der anderen Seite die Notlage einzelner Bankschuldner erheblich zu steigern imstande waren. Wie die Banken selbst wiederholt betont haben, haben sie in solchen Fällen, wo eine Verstrickung aller dieser Umstände für den Kunden eine besondere Härte entstehen ließ, insbesondere sich neue Schulden aus der Berechnung von Zinseszinsen in ungewöhnlicher Höhe angesammelt hatten, von ihren Forderungen nachgelassen und sich mit ihren Kunden unter der Hand über die Höhe der Schuld verständigt. Dieses „Entgegenkommen" legt ein beredtes Zeugnis davon ab, wie sehr die Banken erkannt haben, wohin im einzelnen Falle ihre auf Geldentwertung eingestellte Zinspolitik geführt hat. Ebenso bekannt ist auch, daß sich andere Banken auf keinerlei Entgegenkommen eingelassen haben und vielfach noch heute um die Hereinbringung der Forderungen prozessieren. Zu bedauern ist auch, daß die führenden Banken nicht allgemein die Folgerungen aus diesen Entgegenkommen gezogen und zum mindesten auf die nachträgliche Anwendung der Dekadenrechnung verzichtet haben. So ist manche Härte bestehen geblieben, insbesondere natürlich dort, wo sich die außenstehenden Banken auf die „üblichen Mindestzinssätze" der Bankenvereinigungen beziehen können.

Zusammenfassung.

Die Zinssätze von 10% und 6% pro Tag in der Zeit vom 15. November bis 10. Dezember 1923 sind unverhältnismäßig hoch. Sie sind der Ausfluß einer Geschäftspolitik, die lediglich den Fortgang der Geldentwertung im Auge und den Fall des Aufhörens der Geldentwertung nicht vorgesehen hatte. Die Stabilisierung des Geldwertes macht aus dem hohen Geldentwertungsprovisionssatz einen mehr oder weniger reinen, daher unerträglich hohen Zinssatz, aus der Berechnungstechnik des Geldentwertungsprovisionssatzes eine dekadenweise, nunmehr unberechtigte Zinseszinsberechnung. Es ist aber nicht möglich, dieses Verhalten der Banken ohne weiteres als eine vorsätzliche Ausbeutung der Kreditnehmer anzusehen. Durch das Zusammenwirken weiterer, der Inflationswirtschaft angepaßter Umstände, wie: Vor- und Rückvalutierungen, nachträgliche Belastung von Zinsen mit rückwirkender Kraft zu jenen hohen Sätzen und die Dekadenabrechnung, ist bei Aufhören der Geldentwertung für viele Schuldner eine subjektive Notlage entstanden, die durch die allgemeine Desorganisation des Geld- und Kapitalmarktes verstärkt worden ist. Im gleichen Maße, wie die Schuldner in Verlegenheit gerieten, steigerte sich der Gewinn der Banken in einem bis dahin nie gesehenen Ausmaße. Hiernach ist der Zinssatz von 6% pro Tag an sich, obwohl infolge falscher Geschäftspolitik zu hoch, noch nicht schlechthin als Wucher zu bezeichnen. Wohl aber können die Merkmale des Wuchers in den Auswirkungen dieser Geschäftspolitik auf den einzelnen Konten gegeben sein. Das kann nur von Fall zu Fall festgestellt werden.

VI. Kreditfragen der Gegenwart.

Vortrag, gehalten auf der Tagung des deutschen Buchdrucker-Vereins am 7. September 1925 in Kissingen.

Als Praktiker des Wirtschaftslebens stoßen Sie tagtäglich auf die Fragen, die Gegenstand meines heutigen Vortrages sein sollen. Es kann nicht meine Aufgabe sein, Ihre Erlebnisse, die täglichen Sorgen und Mühen, insbesondere auch in Ihrem Beruf, Ihnen hier vorzuführen. Als Wissenschaftler habe ich eine andere Aufgabe, nämlich die, die Erscheinungen des Kredit- und Kapitalverkehrs, von denen der Reichswirtschaftsminister Dr. Neuhaus ausführte, daß sie zu den wichtigsten Problemen unserer heutigen Wirtschaftskrisis gehören, vor Ihnen klarzulegen, deren Ursache und Wirkung zu erläutern, die Zusammenhänge dieser Erscheinungen mit den einzelnen Betrieben, wie in der Volkswirtschaft im ganzen darzustellen. Fürchten Sie nicht, daß der Theoretiker vor Ihnen Theorie treiben will, lediglich um der Theorie willen! Meine Ausführungen sollen vielmehr den Zweck haben, Ihnen die Grundlage zu geben für Ihre Einstellung zu den Mitteln und Maßnahmen, die Sie ergreifen wollen hinsichtlich der Wiederherstellung Ihres Gewerbes, aber darüber hinaus auch für Ihre Einstellung zu den wichtigsten Problemen unserer Volkswirtschaft.

Ich werde die Fragen, die ich behandeln will, in drei Gebiete aufteilen. Das erste Gebiet soll die Frage des deutschen Geld- und Kapitalmarktes behandeln, das zweite Gebiet soll betreffen die Kreditpolitik der Reichsbank und das dritte Gebiet endlich die Frage der ausländischen Kredite.

A. Der deutsche Geld- und Kapitalmarkt.

Zunächst der deutsche Geld- und Kapitalmarkt! Ich will Ihnen die Fragen vorführen, die heute im Mittelpunkt des Interesses stehen. Nicht soll es mir darauf ankommen, die Gesamterscheinung dieses Geld- und Kapitalmarktes vorzutragen. Die erste Frage, die uns entgegentritt, lautet: Was kennzeichnet den Geld- und Kapitalmarkt von heute? Kapitalmangel oder Kreditnot?

1. Sie wissen, daß als Rückstand aus der Inflation übriggeblieben ist die Investierung flüssiger Mittel, ein Mehr an Produktionsanlagen, das zu einem Teil unbrauchbar, unrentabel und daher überflüssig ist. Es ist ein Irrtum, anzunehmen, daß diese halb unfreiwillige Investierung nun auf Jahre hinaus etwa keinen Kapitalbedarf mehr erzeuge. Im Gegenteil! Soweit diese Produktionsanlagen unterhalten, in Gang gesetzt, verbessert werden müssen, soweit im übrigen Ersatzanschaffungen notwendig sind, entsteht ein laufender Bedarf an Mitteln, an Kapital. Und weiter, was vielfach übersehen wird: eine Volkswirtschaft wie die deutsche, erfährt täglich eine Zunahme, Veränderung und Umgestaltung ihrer Bedürfnisse. Das beeinflußt auch die Produktion, die sich fortgesetzt auf die Gestaltung der Bedürfnisse umstellen muß: im kleinen wie im großen. Das Wachsen der Bevölkerung erfordert mehr Güter, eine Ausdehnung der Produktion und damit neuen Kapitalbedarf. Dazu kommt — ich werde im Schlußwort darauf zurückkommen —, daß große Teile unserer Wirtschaft rückständig sind in ihrer technischen und wirtschaftlichen Produktivität gegenüber dem Auslande. Um uns herum in der Welt sind auf vielen Gebieten Fortschritte erzielt, hinter denen wir zurückstehen. Wir haben hinter den Mauern der Inflation und einer entwerteten Valuta gelebt. Wir haben nicht gewirtschaftet in dem alten Sinne: geringster Aufwand, größter Erfolg, sondern wir haben nur eine Ausgabewirtschaft betrieben. Soll diese Rückständigkeit wettgemacht werden, so sind betriebsorganisatorische und technische Umstellungen erforderlich, die wiederum die Bereitstellung von Kapital bedingen. Endlich — das brauche ich in diesem Kreise nicht näher auszuführen — fehlt es an flüssigen Mitteln, um die Betriebe in Gang zu setzen, in Gang zu halten, um Rohstoffe einzukaufen, Löhne zu bezahlen. Sie sehen also, es besteht ein gewaltiger Kapitalbedarf, und weiter ein Kapitalbedarf, was ich sehr zu beachten bitte, für dauernde Zwecke, ein Kapitalbedarf, der für gewöhnlich durch Erhöhung des eigenen Kapitals oder durch langfristiges Fremdkapital gedeckt wird. Kapital ist es, was uns fehlt; um Kredit im Sinne des kurzfristigen Leihkapitals handelt es sich nur insoweit, als er zur Ergänzung des eigenen Kapitals ohne Gefährdung der Betriebssicherheit in Anspruch genommen werden kann. Vor dem Kriege arbeiteten die deutschen Unternehmungen durchschnittlich zu drei Vierteln bis vier Fünfteln mit eigenem Kapital, wie Eigenkapital, Aktienkapital, zu einem Viertel bis einem Fünftel mit kurzfristigen Krediten oder langfristigem Leihkapital, wie Obligationen und Hypotheken. Auch jetzt entfällt von dem bestehenden Kapitalbedarf nur ein Teil auf kurzfristige Kredite, eben: nur ein Teil!

Das Ergebnis dieser Betrachtungen ist: wir haben einen Bedarf an langfristigem Betriebskapital und einen entsprechend geringeren Bedarf an kurzfristigem Leihkapital. Wenn wir nun dieses kurzfristige Kapital —

dem Sprachgebrauch entsprechend — Kredit schlechthin nennen, dann müssen wir feststellen: nicht Nachfrage nach Kredit in diesem Sinne ist das Ausschlaggebende, sondern ein gewaltiger Bedarf an langfristigem Kapital kennzeichnet die heutige Lage. Ja, ich werde noch auszuführen haben, daß sich die Frage der kurzfristigen Kredite ganz anders gestaltet als die des langfristigen Kapitals; ich werde Ihnen noch den Beweis zu erbringen haben, daß wir nicht einmal einen Mangel an kurzfristigen Krediten haben, sondern vielmehr ein Überfluß an Mitteln für kurzfristige Kredite besteht, wie das die Besprechung des Geldmarktes sogleich zeigen wird.

2. Wir haben eine große Nachfrage nach Kapital, und ich füge hinzu: eine Kapitalnot deshalb, weil das Angebot an Kapital in keiner Weise ausreicht, die Nachfrage zu decken. — Woher kommt das Angebot von Kapital? Kapital entsteht aus ersparten Einkommensteilen. Es gibt keinen anderen Weg in der Volkswirtschaft, Kapital zu produzieren, als den: zu sparen, vom Einkommen Teile zurückzulegen, die man nicht verbraucht, sondern die angelegt werden, verliehen werden als Kapital. Diese Kapitalbildung stellt den Fonds dar, aus dem die Volkswirtschaft neue Produktionsanlagen schafft, die einer wachsenden Bevölkerung die erforderlichen Güter zur Verfügung stellen. Das gesamte deutsche Volkseinkommen wurde vor dem Kriege auf 40 Milliarden Mark pro Jahr geschätzt. Davon wurden etwa 32 Milliarden Mark verbraucht und etwa 8 Milliarden Mark gespart, die dem Kapitalmarkt zugeführt wurden. Es ist außerordentlich schwierig, heute die Höhe des Volkseinkommens zu beziffern; aber wir können aus der verringerten Produktion, aus den uns genommenen ausländischen Kapitalanlagen, besonders auch aus den mangelhaften Erträgen unserer Aktiengesellschaften schließen, daß dieses Volkseinkommen im ganzen heute geringer sein muß als vor dem Kriege. Diese Tatsache wird unbestritten sein. Berücksichtigen Sie ferner, daß die Löhne und Gehälter, überhaupt unsere Einkommen zwar schichtweise, wie ich das später noch auszuführen habe, bemerkenswerte Veränderungen erfahren haben, im ganzen aber zurückgeblieben sind, und stellen Sie diesem im ganzen verringerten geldlichen Einkommen die Tatsache der höheren Preise gegenüber, so ergibt sich eins als unwiderlegbar, nämlich: daß unsere Kaufkraft im ganzen zurückgegangen ist und für die Zwecke des Sparens uns weniger Mittel zur Verfügung stehen. Nehmen Sie dazu noch die großen Steuerlasten, die auf der einen Seite die Einkommen erheblich schmälern, zum Teil sogar die Vermögen angreifen, auf der anderen Seite bei der Verausgabung durch die Behörden nur beschränkt zu neuen Sparkapitalien führen, so bleibt: daß diesem Weniger an Kapitalbildung gegenübersteht die ungeheure Nachfrage nach langfristigem Kapital. Das ist der Kernpunkt der Krise: eine Kapitalnot. Hohe Preise, fehlendes Kapital und niedrige

Einkommen sind nicht verschiedene Ursachen der Wirtschaftsnot, sondern der gemeinsame Ausdruck unserer verringerten Kaufkraft, der jetzt bloßgelegten Verarmung des deutschen Volkes.

Freilich haben die Sparkassenguthaben, wie Sie vielleicht einwenden werden, zugenommen, in erfreulichem Maße sogar erheblich zugenommen, und es ist auch sicher, daß darunter viele neue Sparkapitalien, Guthaben von Leuten sind, die früher in der Statistik nicht so im Vordergrunde gestanden haben. Diese Schichten sind, was zu beachten ist — ich komme im einzelnen noch darauf zurück — vor allen Dingen der Handwerkerstand und die Kreise der kleinen Händler. Diese Kreise sind es in erster Linie, die an der Vermehrung der Spareinlagen beteiligt sind. Wie die Sparkassen selbst ausführen, stellt nun aber die Zunahme der Spareinlagen bei den Sparkassen nicht ausschließlich neues Kapital dar; sondern in erheblichem Umfange auch aus der Umwandlung von Sachwerten hervorgegangenes Geldkapital, das lediglich die Besitzer gewechselt hat und nun zu den Sparkassen gelangt ist. Es bleibt: die Kapitalbildung ist noch sehr gering, wir stehen vor einem Kapitalmangel; und wie auf anderen Märkten, wo Angebot und Nachfrage sich in diesem Mißverhältnis gegenüberstehen, finden wir auch hier auf dem Kapitalmarkt, daß der Preis für Kapital, also der Zinssatz für das Leihen von Kapital, naturgemäß hoch sein muß. Und nun mache ich die zweite Feststellung: daß die in Erscheinung tretenden Zinssätze noch viel höher sein müßten, wenn lediglich das Spiel von Angebot und Nachfrage nach langfristigem Kapital zum Austrag käme. Aber in Wirklichkeit tritt etwas anderes ein, und das verleiht der heutigen Krise erst das Gepräge, nämlich, daß die hohen Zinssätze nicht nur eine Zurückhaltung des Kapitalbedarfs bewirken, sondern jetzt dazu führen, daß die Nachfrage nach langfristigem Kapital in ausgedehntem Maße die äußere Form des kurzfristigen Kredites annimmt und damit auf dem Geldmarkt, insonderheit als Bankkredit, in die Erscheinung tritt. Die Folge ist: langfristiger Kapitalbedarf, also ein Bedarf, der eigentlich auf dem Wege der Erhöhung des Eigenkapitals oder der Ausgabe von Aktien und Obligationen befriedigt werden müßte, tritt in der Form des kurzfristigen Bankkredites, also des Kontokorrentkredites und des Wechselkredites auf. Und die Wirkung müßte nun eigentlich sein, daß jetzt am Geldmarkt — das ist der Markt für kurzfristige Kredite — die Zinssätze entsprechend steigen müssen. Daß sie es nicht tun, daß vielmehr diese Ansprüche zu relativ niedrigen Zinssätzen Befriedigung finden können, liegt an anderen Ursachen, die die Merkwürdigkeiten des Geldmarktes ausmachen, und von denen ich nachher sprechen will.

Ich bitte, die Gefahren zu beachten, die darin liegen, daß die Betriebe langfristig benötigte Kapitalien durch kurzfristige Kredite beschaffen. Diese Finanzierungspolitik führt zu einer schweren Illiquidität, nicht nur der einzelnen Betriebe, sondern der ganzen Volkswirtschaft, wenn es nicht gelingt, die Ablösung der Kredite durch eine Kapitalbeschaffung sicherzustellen, d. h. durch Erhöhung des eigenen, unkündbaren Kapitals (Aktien) oder durch Aufnahme langfristigen Leih(Obligationen-, Hypotheken-)kapitals, was solange unmöglich ist, als der Kapitalmarkt nicht wieder in Ordnung ist. Wenn die Banken hier nicht auf der Hut sind, können wir noch in gefährliche Krisen hineinkommen. Ich brauche in diesem Zusammenhang nur auf die Vorgänge im Stinneskonzern hinzuweisen, um die Gefahren mit aller Deutlichkeit vor Ihren Augen entstehen zu lassen. Denn nichts anderes liegt hier vor als das, was ich soeben gekennzeichnet habe. Der Person des Stinnes war es gelungen, den ungeheuren Kapitalbedarf seines Konzerns auf dem Wege kurzfristiger Kredite zu befriedigen, und nur der Person des Stinnes war es zuzuschreiben, daß die Prolongation aller dieser Kredite immer wieder gelang. Als Stinnes nicht mehr war, als die Auseinandersetzungen zwischen den Familienmitgliedern in die Öffentlichkeit drangen, wurden die Gläubiger unruhig, und es erfolgten von allen Seiten Kündigungen dieser kurzfristigen Kredite. Man hat den Banken den Vorwurf gemacht — und diesen Vorwurf hört man ganz besonders in industriellen Kreisen —, als ob die Banken mit Absicht, aus Feindschaft gegen die Person des Stinnes, diesen Konzern zerschlagen, Aktienpakete einfach verschleudert hätten, lediglich, um ihre Macht zu zeigen. Wer so urteilt, verkennt die Aufgaben der Banken sehr. Die Banken können ihrem ganzen Aufbau nach und mit Rücksicht auf die eigene Sicherheit und Liquidität in der Hauptsache nur kurzfristige Kredite gewähren. Würden die Banken langfristige Kredite, also gewissermaßen Beteiligungskapital, geben, dann würden wir bald auch vor einer Illiquidität der Banken stehen. Wenn aber eine Stelle in unserer so bedrängten Volkswirtschaft sorgen muß, daß sie liquid ist und bleibt, so sind es gerade die Banken. Wenn die Banken vor dem Kriege der Industrie für dauernde Zwecke in gewissem Umfange Kredite zur Verfügung stellten, geschah dies nur mit Rücksicht auf ihre Ablösung durch das Emissionsgeschäft, das heute ganz darniederliegt.

3. Ich habe mehrfach vom Geldmarkt gesprochen. Ich verstehe unter „Geldmarkt“ den Markt für kurzfristige Leihkapitalien oder den Kredit schlechthin, auf drei Monate, höchstens sechs Monate, während es sich bei langfristigem Kapital um ewiges oder wenigstens 10—30jähriges Kapital handelt, das den Betrieben für diese Zeit zur Verfügung steht.

Auf dem Geldmarkte haben sich nun merkwürdige Vorgänge abgespielt. Die Depositen der Banken sind in beträchtlichem Maße gestiegen. Im Augenblick weisen die Banken wieder etwa 5 Milliarden

Mark fremder Gelder gegen etwa 9 Milliarden Mark vor dem Krieg auf. Sie sehen, daß mehr als die Hälfte der Vorkriegsziffer schon wieder erreicht ist. Aber es wäre falsch, bereits dieselben Rückschlüsse zu ziehen, wie früher. Die Zusammensetzung der fremden Gelder ist eine andere. Erstens handelt es sich um erhöhte Kassenbestände derjenigen Unternehmungen, die jetzt infolge der allgemeinen Kapitalnot sich bemühen, selbst liquid zu bleiben, und liquide sein ist heute oberster Grundsatz jedes Betriebes. Ferner kommen hinzu die Guthaben, die aus den unverbrauchten ausländischen Krediten einstweilen in Mark verfügbar gehalten werden. Es kommen hinzu die ausländischen Guthaben, solche Guthaben, die Ausländern gehören, und von denen Sie sofort erkennen werden, daß sie ganz anders verwendet werden müssen als inländische Guthaben, und endlich kommen hinzu die Kapitalien, die die Besitzer aus Vorsichtsgründen noch nicht selbst anlegen wollen: Kapitalien, die unter anderen Verhältnissen unmittelbar Anlage in Hypotheken oder auf dem Aktienmarkt finden würden. Insbesondere die Gestaltung der Aktienkurse reizt wirklich nicht zur Anlage in Effekten, und so führt die Zurückhaltung dazu, daß die Kapitalien, die eigentlich dem langfristigen Kapitalmarkt zugute kommen müßten, sich zur Zeit als Depositen bei den Banken niederschlagen, und es ist selbstverständlich, daß die Banken sie nur kurzfristig verwenden, weil sie jederzeit oder mit kurzen Kündigungsfristen wieder abgezogen werden können.

Damit komme ich zur Kreditgewährung. Sie wollen jetzt schon sehen: was den Banken zur Verfügung steht, sind nicht Mittel, die langfristig verwendet werden können, sie vertragen mehr oder weniger eine nur kurzfristige Ausleihung. Der Bedarf an wirklich kurzfristigen Krediten ist aber nicht so groß; was verlangt wird, sind eigentlich langfristige Kredite zur Auffüllung des dauernd benötigten Betriebskapitals. Dennoch zeigen die Bilanzen der Banken, daß die Kreditgewährung in großem Umfange zugenommen hat. Sieht man näher zu, so findet man sogar, daß die Zahl der Einzelkredite, die die Bank gewährt hat, größer ist als früher; entscheidend ist aber, daß die Höhe der einzelnen Kredite geringer ist. Dennoch bleibt, daß der Kreditbedarf lies: Kapitalbedarf in Wirklichkeit viel größer ist als die gewährten Kredite, und daß ein großer Teil aller Kreditansprüche unbefriedigt bleiben muß. Ich kann es mir an dieser Stelle nicht versagen, darauf hinzuweisen, daß, wenn die Sparkassen, die mit einer außerordentlichen Schnelligkeit wieder über Mittel verfügten, den Kreisen des Mittelstandes nicht zu Hilfe gekommen wären, sich die Kreditschwierigkeiten in noch ganz anderem Ausmaße in der Volkswirtschaft zeigen würden. Allerdings glaube ich auch der Vermutung Raum geben zu müssen, daß die Kreditgewährung, sowohl der Banken als auch der Sparkassen, mir schon heute als sehr weitgehend erscheint, und daß vielleicht schon sehr viele von diesen sogenannten kurzfristigen Krediten — man drückt das in der Banksprache so aus — als eingefroren zu bezeichnen sind, d. h. sie haben nicht die Verwendung gefunden, für die sie verlangt worden sind; sie sind zweifellos und in großem Umfange als Kapital, d. h. langfristig, verwendet worden. Darin liegen — wie schon betont — Gefahren, wenn ihre Abdeckung nicht durch wirkliches Beteiligungskapital oder durch Aktien und Obligationen gelingt. Diese Überlegungen werden sicherlich die Banken veranlassen, doppelt vorsichtig zu sein.

Wenn dem so ist, dann haben Sie auch die Erklärung dafür, daß die Depositengelder, diese flüssigen Kapitalien der Volkswirtschaft nicht in der Kreditgewährung verwendet werden dürfen: die Anlegung erfolgt auf dem Geldmarkt der Börse. Hier werden die Kapitalien ausgeliehen, hier werden gewissermaßen auch Kredite gewährt; aber das Merkmal dieser Kredite ist — was nicht laut genug betont werden kann — die nicht mehr zu übertreffende Pünktlichkeit der kurzfristigen Rückzahlung. Hier gibt es kein Fristüberschreiten, keine Prolongationen der festgelegten Rückzahlungstermine, einerlei, ob es sich um sogenanntes tägliches Geld oder um Monatsgeld oder um Privatdiskonten handelt: die ganze Technik des Börsenverkehrs wie die Auswahl der Schuldner, der Geldnehmer, ist auf dieses Merkmal pünktlichster Erfüllung abgestellt. Dazu kommt das zweite Merkmal: daß für diese kurzfristigen Kredite erste, vielfach doppelte und dreifache Sicherheiten gestellt werden müssen. An der Börse gibt es keinen Blankokredit. Es ist noch nicht vorgekommen, daß beispielsweise die Seehandlung der Deutschen Bank jemals einen derartigen Kredit gegeben hätte, ohne erstklassige Sicherheiten zu verlangen. Das sind die Merkmale des kurzfristigen Geldleihverkehrs an der Börse. Wenn dem so ist, dann sind — wie Sie jetzt erkennen wollen — die Betriebe, die ja in erster Linie Kapital für langfristige Zwecke benötigen, von diesem Geldmarkte der Börse ausgeschlossen. Für die Banken bedeuten die Ausleihungen an der Börse leicht greifbare Reserven, liquide Anlagen, auf die sie als Gegenposten zu ihren Depositen nicht verzichten können.

Diese kurzfristigen Gelder und ihre Verwendung sind es nun gewesen, die den Zinssatz herabgedrückt haben von 10% pro Tag auf 1% pro Tag, 1% pro Monat bis auf die Sätze, die heute an der Börse für tägliches Geld mit 7—9% und Monatsgeld mit 11% angegeben werden. Das Herabgleiten der Zinssätze am Geldmarkt hat natürlich bewirkt, daß überall versucht worden ist, auch den Bedarf an langfristigem Kapital am Geldmarkt zu decken. Auf diese Weise haben eigentliche Kapitalmarktsansprüche Unterkunft am Geldmarkte gefunden und den Kapitalmarkt entlastet. Daß hierdurch nicht eine Zinssatzsteigerung am Geldmarkt eingetreten ist, liegt an zwei weiteren Umständen.

Der erste Umstand sind die öffentlichen Gelder. Fürchten Sie nicht, daß ich hier näher auf die Fälle Barmat, Kutisker usw. eingehen werde. Wie mir scheint, sind die Aufklärungen, die der Untersuchungsausschuß herbeiführen wollte, mehr von politischen Nebenzwecken beeinflußt gewesen. Was mich veranlaßt, auf diese Vorgänge zurückzukommen, ist aber nicht die politische, sondern die wirtschaftliche Seite, die, wie ich glaube, nicht immer richtig erkannt worden ist.

Vor dem Kriege hatten wir in Deutschland ein durchaus brauchbares System der Kapitalaufsaugung und der Kapitalverwendung. Im Mittelpunkt standen die Banken, die auf breiter dezentralistischer Grundlage in ihrem Filial- und Depositenkassensystem Depositen und die sonstigen verfügbaren Kapitalien an sich zogen und zum großen Teil auch wieder dezentralistisch zur Ausleihung brachten. Nur die großen Reserven kamen zur Zentrale, von wo aus sie dann am Geldmarkt der Börse Anlage fanden. Neben den Banken standen die Genossenschaften und die Sparkassen, die die angesammelten Kapitalien fast ausschließlich in ihren lokalen Bezirken und überwiegend langfristig verwendeten. Das ist nach der Stabilisierung anders geworden, und zwar deshalb, weil überraschenderweise die Geldansammlung zuerst wieder bei den Sparkassen einsetzte, dann sich der Postscheckverkehr wieder auffüllte. Erst zuletzt gelang es den Banken, ihr Depositengeschäft wieder in Gang zu bringen. Durch den plötzlichen Zufluß neuer Mittel kamen die Sparkassen in eine merkwürdige Lage: ihre früheren Anleihegeschäfte kamen wegen der Unsicherheit der Lage nicht in Betracht; so blieb nichts anderes übrig, als die flüssigen Gelder an die Girozentralen abzuschieben, wo sich bald ganz erhebliche Summen ansammelten. Ähnlich bei der Post! Durch die Wiederingangsetzung des Zahlungsverkehrs erhöhten sich die Guthaben im Postscheckverkehr von Tag zu Tag, bis sie die ansehnliche Summe von etwa 500 Mill. Mark erreichten. Und endlich die Gelder in den öffentlichen Kassen, die eigentlichen öffentlichen Gelder! Das Reich, das während des Krieges und während der Inflation eine verhängnisvolle Steuerpolitik getrieben hat, das Reich brachte es nach der Inflation und dieser fürchterlichen Vermögensvernichtung fertig, aus der deutschen Wirtschaft, wie das niemand von uns für möglich gehalten hätte, einen Betrag von über 5 Milliarden Mark an Steuern herauszuziehen, ein Betrag, der so erheblich war, daß mehr als 2 Milliarden Mark Überschüsse entstanden. Ich weiß sehr wohl, daß Herr Reichsfinanzminister von Schlieben diesen Überschußbetrag nicht gelten lassen will; trotzdem bleibt die Tatsache bestehen, daß 5 Milliarden Mark und mehr durch die Kassen des Reiches gegangen sind und hier zeitweilig eine Überfüllung erzeugt haben, die mit Gewalt nach einer entsprechenden Anlage drängte.

Und nun ergab sich etwas Merkwürdiges! Das ist, daß alle diese öffentlichen Stellen, mögen sie nun Girozentrale oder Postkasse oder Seehandlung heißen, oder auch das Reich selbst — es stellte sich etwas Merkwürdiges ein, und das stellt sich immer ein, wenn eine Behörde kaufmännischer sein will als der Kaufmann — daß diese Behörden auf einmal fanden, daß die Verwendung ihrer Gelder am Geldmarkte zu geringe Zinserträge abwarfen. 9% oder 12% p. a. genügten nicht. Was lag näher, als nach rentableren Ausleihungen Ausschau zu halten? Sie mußten mit Neid erkennen, daß im Kontokorrentkredit der Banken 20—25% zu verdienen waren. Die Folge war, daß die verantwortlichen und unverantwortlichen Leiter dieser Kassen der Neigung nicht wiederstehen konnten, Geschäfte mit ihren Geldern zu machen und einfach das zu tun, was die Banken mit großem Erfolg taten, nämlich Kredite an die Wirtschaft zu gewähren. Die öffentlichen Stellen haben also, wie ich nochmals betonen möchte, das Geld nicht angelegt, sondern sie haben Kredite gewährt. Sie sind von dem früheren System der Kapitalanlage abgegangen und haben sich jetzt einem Bankgeschäftszweig gewidmet. Der Unterschied zwischen diesen beiden Dingen ist den Leuten gar nicht aufgegangen. Dieser Unterschied ist der folgende:

Wenn man Kapital anlegt, geht man von den Marktgewohnheiten hinsichtlich der Sicherheit, der Realisierbarkeit und der Rentabilität aus. Das soll heißen: der Markt bestimmt die Sicherheit, die Höhe der Verzinsung und die Realisierbarkeit. Wenn ich Privatdiskonten kaufe, so ist das eine Kapitalanlage. Da verhandele ich nicht über die Art und Form der Wechsel, die als Privatdiskonten zu gelten haben, auch nicht über die Höhe des Zinssatzes und die Realisierbarkeit, alles dieses wird von den Börsenusancen bestimmt: Privatdiskonten sind Akzepte ganz bestimmter erstklassiger Banken, Höchslaufzeit 3 Monate, der Privatdiskontsatz ist soundso hoch. Die Kreditgewährung ist etwas anderes. Wenn eine Bank Kredit gewährt, so muß sie die Kreditwürdigkeit des einzelnen prüfen, die Qualität der Sicherheiten beurteilen, die Verwendung des Geldes und die Rückzahlung berücksichtigen. Kreditgewährung ist die vornehmste Kunst des Bankbetriebes, und diese Kunst kann man nicht über Nacht erwerben, sondern nur wie andere Künste in langer Erfahrung und nicht ohne Enttäuschungen und Lehrgeld erlernen. Diesen so wichtigen Unterschied zwischen sicherer Kapitalanlage und Kreditgewährung haben alle diese Kassen übersehen; denn Sie wissen, daß sie sämtlich über eingetretene Verluste zu klagen haben. Ich gehe auf die banktechnischen Fehler dieser Geldgeschäfte nicht weiter ein, die darin liegen, daß die Sicherheit und die Realisierbarkeit falsch eingeschätzt worden ist, sondern ich möchte hier auf einen anderen Gesichtspunkt hinweisen. Es handelt sich bei den öffentlichen Geldern zum großen Teil um Kapitalien, die der Wirtschaft auf dem Wege der Steuern entzogen oder von dieser durch Einzahlung auf Sparkassen-

oder Postscheckkonto geliehen worden sind. Sie sind es gewesen, die den von mir eingangs erwähnten Kapitalbedarf der Unternehmungen mit herbeigeführt, die Kapitalnot der Wirtschaft verstärkt haben. Die Stellen aber, die durch das Zusammentreffen eigenartiger Umstände — nicht durch eigenes Verdienst — in den Besitz dieser Mittel gekommen sind, gehen nun dazu über, diese Beträge nicht etwa der Wirtschaft im ganzen wieder zur Verfügung zu stellen, sondern sie leihen sie jetzt an einzelne Persönlichkeiten, wie Barmat, Kutisker usw. aus. Darin liegt das volkswirtschaftliche Bedenken, abgesehen von der banktechnisch mangelhaften Sicherheit und Realisierbarkeit. Aber ebenso falsch wäre es, jetzt einfach zu sagen, wenn diese Gelder dem Geldmarkt zur Verfügung gestanden hätten, dann wäre die Kapital- oder Kreditnot geringer gewesen oder gar geschwunden. Das stimmt deshalb nicht, weil — nach meinen früheren Ausführungen — am Geldmarkt nur der kurzfristige Kredit Befriedigung findet und nicht der langfristige Kredit, nach dem der große Bedarf ist. Dadurch, daß man die öffentlichen Gelder einfach auf den Geldmarkt gebracht hätte, wäre der langfristige Kapitalbedarf der Wirtschaft nicht befriedigt worden. Was notwendig war, war also nicht eine einfache Umlegung, sondern eine Neuorganisation in der Anlage der öffentlichen Gelder; und diese Organisation ist unter Leitung des Reichsbankpräsidenten Dr. Schacht zustande gekommen. Sie ist im wesentlichen die folgende: Die öffentlichen Gelder werden in den für sie in Betracht kommenden Spitzenstellen: Seehandlung, Post, Reichskreditbank, konzentriert. Die Kassen legen den Hauptteil in Privatdiskonten oder in Reichsbankwechseln an; auf dem Wege über diese Wechsel gehen die Kapitalien in die Wirtschaft, aber, wie ersichtlich, nur kurzfristig. Das Entscheidende bei der neuen Regelung ist nun, daß von den konzentrierten Kapitalien nunmehr auch dem Kapitalmarkt langfristige Gelder zur Verfügung gestellt werden können, indem langfristige Darlehen an den Mittelstand oder an öffentliche Verbände gegeben, Goldpfandbriefe gekauft oder Hypotheken ausgeliehen werden können. Die Zuführung von Mitteln an den Kapitalmarkt, vor allem auch die Wiederaufrichtung des Hypothekenmarktes muß das große Ziel sein, dem sich alles unterzuordnen hat[1]).

---

[1]) Über die Wiederingangsetzung des Privatdiskontgeschäftes schrieb ich in dem Aufsatz: Zur Lage des deutschen Geld- und Kapitalmarktes, Köln. Zeitg. vom 1. März 1925, wie folgt:

Um die relativ beträchtlichen kurzfristigen Mittel des Geldmarktes auf dem Kapitalmarkt (für langfristige Kredite) verfügbar zu machen, wird empfohlen, das Privatdiskontgeschäft wieder aufleben zu lassen. Der Gedanke ist auf den ersten Blick bestechend, besonders, wenn man an die Funktion denkt, die der Privatdiskontmarkt vor dem Kriege ausübte. Die Hauptmasse der Privatdiskonten bildeten damals die Bankakzepte. (Nicht etwa Prima-Warenwechsel, wie heute vielfach angenommen wird. Wollte man einen Privatdiskontmarkt

Was uns in diesem Zusammenhang interessiert, ist aber, daß dem großen Kapitalbedarf am Kapitalmarkt gegenübersteht eine vielleicht ebenso große Geldflüssigkeit am Geldmarkte, daß diese Geldflüssigkeit zum großen Teil herbeigeführt worden ist eben durch jene öffentlichen Mittel, und daß diese öffentlichen Mittel dem Betriebskapital der Wirtschaft entzogen worden sind. So bleibt als Merkmal der eigentümlichen Verfassung des Geld- und Kapitalmarktes ein Kapitalmangel am Kapitalmarkt und Geldüberfluß am Geldmarkt. — Mit diesen paar Worten haben Sie die Kennzeichnung des ersten Fragengebietes.

B. Die Kreditpolitik der Reichsbank.

Die zweite Frage, die ich vor Ihnen zu behandeln habe, betrifft die Stellung der Reichsbank zu diesen Erscheinungen des Geld- und Kapitalmarktes. Ein weitverbreiteter Aberglaube ist, daß die Reichsbank den Schlüssel zum Kapitalmarkt in der Hand habe, sie brauche jetzt nur den Kapitalbedarf aus dem Füllhorn ihrer Mittel zu befriedigen, und — so meint man — der Kapitalmangel wäre beseitigt und alles in

---

lediglich auf der Grundlage des Warenwechsels schaffen, so wäre damit nicht viel gewonnen, wie sogleich gezeigt werden wird.) Der Aussteller dieser Bankakzepte war in der Hauptsache die Industrie, die sich auf diesem Wege auch die Mittel für langfristige Zwecke beschaffen konnte. Käufer waren die Banken, die in den Privatdiskonten eine ebenso sichere als liquide Kassenreserve sahen. Die Einlösung der Wechsel erfolgte so lange durch Prolongation (Ausstellung neuer Wechsel an Stelle der alten), bis eine eigentliche Kapitalbeschaffung durch Aktien und Obligationen die Mittel dazu lieferte. Auf diese Weise wurde tatsächlich an sich kurzfristiges Leihkapital (Depositen der Banken) vorübergehend am Kapitalmarkt (für langfristige Zwecke) verwandt und so ein Ausgleich zwischen beiden Märkten geschaffen. Läßt sich diese Brücke heute auch schlagen? Es darf nicht übersehen werden, daß das geschilderte Ineinandergreifen von Geld- und Kapitalmarkt nur möglich war, weil gewisse Voraussetzungen gegeben waren. In erster Linie stand die endgültige Einlösung der Akzepte durch Ausgabe von Aktien oder Obligationen zu erwarten, die die Mittel dem Geldmarkte wieder zuführte. Dazu kam die Möglichkeit der Banken, durch Rediskontierung ihres Wechselportofeuilles auf die Reichsbank, das Ausland und andere Geldgeber zurückgreifen zu können. Alles dies ist heute nur in beschränktem Maße möglich. Die Reichsbank sperrt sich gegen weitere Kredite, um nicht durch Geldschöpfung das Preisniveau in Unordnung zu bringen. (Inzwischen geändert.) Die Ausgabe von Aktien und Obligationen, die sicherlich eines Tages wieder in Gang kommen muß und wird, ist heute völlig ungewiß, zumal die Betriebe auch noch vor den hohen Zinsen zurückschrecken. Wie soll aber das Ausland Mut finden, deutsche Bankakzepte zu rediskontieren, wenn sich ihnen die vorstehenden Hemmungen entgegenstellen? Das sind auch die Gründe, warum die Banken der Wiederingangsetzung des Privatdiskontgeschäfts skeptisch gegenüberstehen; sie müßten zuvor auch ihr Akzept in größerm Umfang wieder der Industrie zur Verfügung stellen, was wiederum angesichts der eigenartigen Lage des Kapitalmarktes nicht ohne weiteres möglich ist. Man sieht: von welcher Seite man auch die Frage anpacken mag, man stößt immer wieder auf den springenden Punkt: den Mangel an Kapital.

schönster Ordnung. Sie wissen aber aus eigener Erfahrung, daß die Reichsbank eine solche Verwendung ihrer Mittel ablehnt, vielmehr eine außerordentliche Zurückhaltung in ihrer Kreditgewährung an den Tag legt, ja sogar dazu übergeht, ihre Kreditgewährung einzuschränken. Die Frage nun, die uns beschäftigen soll, ist die: Ist die Politik der Reichsbank richtig? Wir wollen sie in der Gegenüberstellung: Diskontpolitik oder Kreditrestriktion zu beantworten suchen. — Was soll diese Gegenüberstellung bedeuten? Unter Diskontpolitik versteht man die Maßnahmen, die die Banken treffen, um durch Erhöhung oder Ermäßigung des Diskontsatzes auf den Umfang ihres Kreditgeschäftes einzuwirken. Wenn beispielsweise der Kreditbedarf der Wirtschaft groß ist, sehr viele Wechsel entstehen und in großer Menge zur Reichsbank kommen, dann muß sich die Bank überlegen, ob sie diese Wechsel mit Rücksicht auf ihre Zahlungsfähigkeit — wie Noteneinlösung — oder aus volkswirtschaftlichen Gründen — wie Ausdehnung des Kreditverkehrs — samt und sonders diskontieren soll, oder ob sie den Ansturm abdrosseln soll. Man spricht von Diskontpolitik, wenn die Bank dazu übergeht, den Ansturm abzudrosseln lediglich durch eine Erhöhung ihres Diskontsatzes. Dann ist ihre Kalkulation die folgende: Die Erhöhung des Diskonts verteuert die Wechseldiskontierung, dadurch entstehen für die Betriebe höhere Kosten; nicht alle Betriebe werden aber in der Lage sein, diese höheren Kosten auch auf die Preise abzuwälzen, sie werden von der Inanspruchnahme des teueren Kredites nach Möglichkeit absehen. Auf diese Weise werden sich die Kreditansprüche im ganzen verringern. Nach dieser Überlegung arbeitete die Diskontpolitik der Reichsbank vor dem Kriege. Das bedeutete, daß jeder ordentliche Geschäftsmann, der über gute kaufmännische Wechsel verfügte, diese jederzeit bei der Reichsbank diskontieren konnte; er mußte höchstens mit der Erschwerung rechnen, daß unter Umständen der Diskontsatz erhöht wurde; aber er konnte damit rechnen, daß er unter allen Umständen zu barem Gelde kommen würde. Auf diese Diskontierungsmöglichkeiten waren auch die deutschen Banken eingestellt. Die Reichsbank war vor dem Kriege die Bank der Banken, und die Banken konnten in der Haltung eigener Reserven sparsamer sein.

Demgegenüber bedeutet Kreditkontingentierung, daß die Reichsbank eine Höchstsumme der von ihr insgesamt zu gewährenden Kredite festlegt und diese Summe auf ihre Kunden umlegt. Auf diese Weise erhält der einzelne Kunde — auch die Banken — nur Kredite in ganz bestimmter Höhe; darüber hinaus haben sie von der Reichsbank nichts zu erwarten, selbst wenn sie an sich vermögend sind oder geeignete Wechsel haben. Der erste Nachteil liegt darin, daß jetzt eine mechanische Abgrenzung der Kredite notwendig wird, bei der allerdings die Härten durch eine geschickte Handhabung von seiten der einzelnen Reichsbankstellen ausgeglichen, allerdings auch vermehrt werden können. Bei der Gegenüberstellung der beiden Verfahrensweisen muß man im Auge behalten, daß die Wirkungen der Diskontpolitik in der von mir geschilderten Weise nur eintreten, wenn wir eine ausbalancierte Preis- und Wirtschaftslage haben, eine Wirtschaftslage, bei der tatsächlich eine geringe Erhöhung des Diskonts eine so fühlbare Belastung des einzelnen Betriebes mit Kosten bedeutet, daß dieser Betrieb eine solche Belastung einfach nicht vertragen und er wettbewerbsunfähig würde, wenn er zu dem hohen Diskontsatz den Kredit auf längere Zeit in Anspruch nehmen würde. In einer solchen Lage befand sich mehr oder weniger die deutsche Volkswirtschaft vor dem Kriege. Nach dem Kriege und auch heute liegen die Dinge noch anders. Es gibt Betriebe, die immer noch inflationistisch und spekulativ eingestellt sind; sie glauben immer noch, daß sie die hohen Kosten schon herauswirtschaften können, wenn sie nur erst mal den Kredit bzw. das Geld haben. Sie würden jeden Kredit, den sie erlangen können, nehmen und die Kosten in die Höhe treiben, während die vorsichtigen Betriebe, vielleicht gar die lebenswichtigsten Betriebe, die Höhe des Zinssatzes abschrecken würde, Kredit in Anspruch zu nehmen. Das ist das Hauptbedenken gegen die Wirksamkeit der Diskontpolitik in der gegenwärtigen Zeit. Und ich glaube, ehe wir nicht samt und sonders von dieser spekulativen Einstellung abkommen und uns wieder an den Gedanken der Produktion gewöhnen, solange, glaube ich, wird die Reichsbank an dem System der Kreditkontingentierung festhalten müssen.

Hinzu kommt noch, was auch vom Reichsbankpräsidenten Schacht ins Feld geführt wird: die überragende Bedeutung des Diskontsatzes der Reichsbank, und daß sich nach diesem Satz alle anderen Zinssätze in der Volkswirtschaft richten. Ohne die Kreditkontingentierung würde der Diskontsatz der Reichsbank angesichts der großen Nachfrage nach Krediten weit höher sein als jetzt; das würde aber zur Folge haben, daß das gesamte Zinsniveau höher läge — zu einer Zeit, wo die Klagen über zu hohe Zinssätze nicht verstummen wollen. Allerdings beeinträchtigt die Niedrighaltung des Diskontsatzes den Anreiz zum Sparen, zur Kapitalbildung. Doch möchte ich glauben, daß unter den heutigen Verhältnissen ein paar Prozent mehr oder weniger für die Kapitalbildung nicht entscheidend sein können, und daß dieser Mangel heute das kleinere Übel darstellt. Aber wir dürfen hinzufügen, daß dieser Zustand nicht ewig dauern wird, und wir können auch schon die Feststellung machen, daß die von mir erwähnte spekulative Einstellung stark im Zurückgehen begriffen ist, daß ein genaues Kalkulieren wieder die Oberhand gewinnt und jedermann zu überlegen beginnt, ob er mit den hohen Zinskosten auch wirklich an sein Ziel kommen wird. So ist sicher damit zu rechnen, daß die Kreditkontingentierung in absehbarer Zeit aufhören muß. Jedenfalls wird es das erste Ziel der

Reichsbankpolitik sein, den Abbau dieser Kreditkontingentierung vorzubereiten. Allerdings wird es sich dann vielleicht als notwendig erweisen, zu einer Diskonterhöhung zu schreiten, um den bei dem Abbau der Kontingentierung zum Durchbruch kommenden Kreditbedarf einzudämmen; es sei denn, daß die Reichsbank so lange wartet, bis sich Angebot und Nachfrage wieder aufeinander eingespielt haben. Ich befinde mich also mit meiner Meinung in einigem Widerspruch zu der landläufigen, die dahin geht, daß das nächste Ziel der Reichsbankpolitik eine Herabsetzung des Zinssatzes sein wird. Sie können den Einwand erheben, daß die Reichsbank noch vor nicht allzu langer Zeit den Zinssatz von 10 auf 9% ermäßigt hat, und darin einen Widerspruch mit meiner Ansicht finden. Aber von dieser Zinssatzermäßigung hat der Reichsbankpräsident selber ausgeführt, daß sie lediglich ein Entgegenkommen gegenüber der Wirtschaft darstelle, daß er mit diesem Vorgehen der Zinssatzermäßigung die Unternehmungen anregen möchte, ihrerseits mit den Preisen herunterzugehen. Die Zinssatzermäßigung — so können wir ohne weiteres behaupten — ist in den wirklichen Kapital- und Kreditverhältnissen Deutschlands heute noch nicht begründet. Allerdings macht es schließlich nicht viel aus, ob der Diskontsatz 10 oder 9% beträgt. Der Unterschied von 1% ist nicht so bedeutend. Für die Herabsetzung des Zinssatzes kommt aber noch ein Umstand in Betracht, der sie erst verständlich macht, das ist das dritte Gebiet, das wir zu besprechen haben, die Fragen der ausländischen Kredite.

C. Die ausländischen Kredite.

Ich höre Sie in Gedanken sagen: Wir haben mittlerweile so viel von den ausländischen Krediten gehört, verschonen Sie uns mit Erörterungen dieser Art. Ich bitte Sie, sich zu beruhigen: ich will Ihnen nichts von der Praxis dieser ausländischen Kredite erzählen, Ihnen nicht lang und breit auseinandersetzen, wie man sie erhält, oder besser, wie man sie nicht erhält. Wenn ich es unternehme, vor Ihnen über die ausländischen Kredite zu sprechen, so ist meine Aufgabe eine andere. Ich werde Ihnen die leitenden Gesichtspunkte hervorheben, die wichtig sind für die Beurteilung dieser ausländischen Kredite, sowohl für die einzelnen Betriebe als auch für die Volkswirtschaft im ganzen.

1. Und nun stelle ich einen Satz an die Spitze, der sicherlich Ihr Kopfschütteln erregen wird; aber ich tue dies mit Absicht, um ihn als ersten Gesichtspunkt in Ihr Hirn einzuhämmern; nachher werde ich Ihnen dann sagen, wieweit man diesen Satz einschränken kann. Ich könnte auch umgekehrt vorgehen und sagen: Dies und jenes ist an den ausländischen Krediten gut, jedoch dieser und jener Nachteil ist damit verbunden. Das tue ich also nicht, sondern ich stelle

den Satz an die Spitze: Die ausländischen Kredite bedeuten für die deutsche Volkswirtschaft zusätzliche Kaufkraft, und wenn man diese zusätzliche Kaufkraft Inflation nennt, also Inflation![1]). Das haben weite Kreise unserer Wirtschaft, und ich füge hinzu, auch unsere Behörden, nicht immer erkannt. Ein Beispiel soll meine Behauptung klarmachen. Nehmen Sie an, Krupp hat in New York einen Kredit von 10 Millionen Dollars, oder sagen wir rund 40 Millionen Mark, erhalten. Diese 10 Millionen Dollars sind der Firma Krupp bei einer New-Yorker Bank gutgeschrieben worden. Die Firma Krupp läßt sich amerikanische Noten kommen, was sie in Wirklichkeit natürlich nicht tut, und sie verwendet diese Noten im Inlande zur Bezahlung ihrer Arbeiter. Was ist geschehen?

---

[1]) An den

Deutschen Buchdrucker-Verein

Berlin.

Aus verschiedenen Unterhaltungen habe ich den Eindruck gewonnen, daß meine Ausführungen über die Goldinflation mißverstanden sein können. Vielleicht ist es möglich, in Ihrer Zeitschrift einen kurzen Hinweis zu bringen, der das klarstellt, was ich gemeint habe. Ich habe immer von Inflation im wissenschaftlichen Sinne gesprochen, d. h. von dem Zustand, bei dem eine Geldvermehrung ohne gleichzeitige Gütervermehrung stattfindet, oder genauer: bei dem das Geld, die Kaufkraft nicht unmittelbar aus der Wirtschaft selbst hervorgeht (Verkauf, Einkommen, Gewinn). Nun ist bei einer künstlichen Geldschöpfung (Kreditgewährung) auf Grund von Notenausgabe oder Buchkredit sehr wohl zu unterscheiden, zu welchem Zwecke diese Neuschaffung von Kaufkraft (aus dem Nichts) erfolgt. Während des Krieges und in der Nachkriegszeit bis zur Stabilisierung handelte es sich in der Hauptsache um eine Geldschöpfung für staatliche Zwecke (Reich) und ferner für Konsumzwecke: das neugeschaffene Geld wurde nicht in den Dienst der Produktion gestellt, sondern zur Bezahlung von Heereslieferungen bzw. Beamtengehältern verwendet. Es war eine Geldvermehrung bei gleichzeitiger Güterverringerung; daher auch der große Einfluß auf die Preisbildung und die rapide Geldentwertung. Bei der von mir festgestellten Goldinflation, herrührend aus der Zuführung ausländischer Kredite in die deutsche Volkswirtschaft, handelt es sich gewissermaßen um eine „produktive" Inflation in dem Sinne, daß die neugeschaffene Kaufkraft in den Betrieben für produktive Zwecke verwendet wird, und daß später die fertiggestellten Waren auch eine Gütervermehrung bedeuten. Wenn diese Waren wirklich kommen und absatzfähig sind, dann ist lediglich die Kaufkraft aus den ausländischen Krediten (Bezahlung von Löhnen) während der Zwischenzeit in die Volkswirtschaft geströmt und hat — das bleibt natürlich bestehen — hier die Tendenz, die Preise zu steigern, vor allem auch auf dem Markt der Konsumgüter. Aber diese Preissteigerung muß sich in engen Grenzen halten, zumal die Menge der ausländischen Kredite beschränkt ist. Es kommt auch in Betracht, daß in diesem Falle (der produktiven Inflation) betriebs- und wirtschaftspolitische Gegenmaßnahmen leichter und mit größerer Wirkung durchzuführen sind als in dem Falle der hinter uns liegenden, alle Dämme niederreißenden konsumtiven Inflation, die das Reich betrieben hat. Durch Ausbalancierung des Haushalts ist diese Inflation erledigt. Sie ist auch für die Zukunft unmöglich, da es der Reichsbank untersagt ist, dem Reich Kredite zu geben. Grund zu einer Beunruhigung, daß es zu einer neuen, im Sinne der hinter uns liegenden Inflation kommen könnte, liegt also nicht vor.

In der deutschen Volkswirtschaft ist ein Mehr an Zahlungsmitteln entstanden, wenn auch vorläufig noch in der Form der Dollarnoten; aber Sie wissen, daß man auch mit Dollarnoten in Deutschland kaufen kann. Wir haben vor uns eine Vermehrung der Geldmenge im Inlande, und wir haben aber nicht eine gleichzeitige Vermehrung auch der Warenmenge im Inlande. Die 10 Millionen Dollars bedeuten eine zusätzliche Kaufkraft. Die Gütermenge hat sich noch nicht verändert. Das bedeutet nach der Geldtheorie: wenn sich die Geldmenge erhöht, ohne daß gleichzeitig eine Erhöhung der Warenmenge vor sich geht, daß dieses Mehr an Zahlungsmitteln auf eine unveränderte Warenmenge stößt und damit die Tendenz zur Steigerung der Preise auslöst, oder, wie es richtiger heißen muß: Diese gesteigerte Geldmenge kann, da die Gütermenge dieselbe geblieben ist, weniger kaufen; also liegt hier die Tendenz zur Geldentwertung vor. Nun werden Sie sagen: Krupp bezahlt seine Arbeiter nicht in Dollarnoten. Das ist richtig, und wir kommen zum zweiten Fall, der nicht nur möglich, sondern wirklich ist: Krupp gibt die Devisen — das sind Anweisungen auf das durch den Kredit entstandene Guthaben im Ausland — an die Reichsbank und läßt sie in Noten umwechseln, um die Löhne in Mark auszahlen zu können. Was geschieht? Die Reichsbank nimmt die Devisen ins Portefeuille, gibt dagegen Noten aus, vermehrt die Notenausgabe, erhöht den Zahlungsmittelumlauf, schafft mehr Geld. Wiederum ist die Gütermenge dieselbe geblieben: zusätzliche Kaufkraft — Inflation!

Wir entnehmen daraus den wichtigen Satz: Wenn die ausländischen Kredite dazu verwendet werden, in Deutschland Zahlungen zu bewirken, liegt zunächst eine Kaufkraftmehrung vor. Deshalb wird die Forderung erhoben, die ausländischen Kredite — soweit die Währungspolitik in Betracht kommt — für bestimmte Zwecke zu reservieren. In erster Linie sollen die ausländischen Kredite zur Einfuhr von Waren verwendet werden. Werden für die Devisen im Ausland Waren gekauft und diese nach Deutschland eingeführt, dann liegt eine Warenvermehrung vor, und wenn jetzt die Geldmenge im Inland dieselbe geblieben ist, dann haben wir das, was notwendig ist, nämlich eine Vermehrung von Waren, ein größeres Angebot von Waren bei gleichbleibender Geldmenge, und damit die Tendenz zur Senkung der Preise. Also muß die Forderung lauten: Ausländische Kredite nur in Warenform. Wie Sie sehen: eine theoretisch einwandfreie Überlegung. Und nun bitte ich Sie, denken Sie an die Aufregungen in Deutschland, die jedesmal eintraten, wenn bekannt wurde, daß das Ausland seinen Kredit nur zur Verfügung stellen wollte, wenn es seine Waren dagegen verkaufen konnte, ganz abgesehen davon, daß es nationalwirtschaftlich und betriebswirtschaftlich etwas Selbstverständliches ist, wenn das Ausland seine Waren loswerden will. Volkswirtschaftlich gesehen, sind Devisen eben nichts anderes als Anweisungen auf Waren anderer Länder; Warenimporte im Zusammenhang mit Auslandskrediten ist also eigentlich das Normale. Währungspolitisch sind die Waren sogar für das kreditnehmende Land erwünscht.

Jetzt werden Sie verstehen: Die augenblickliche Passivität unserer Handelsbilanz ist zu einem großen Teil darauf zurückzuführen, daß wir Waren importiert haben, die wir nicht in bar, nicht mit unserer Ausfuhr, sondern eben mit diesen ausländischen Krediten bezahlt haben. Vergleichen Sie damit die Klagen sonst ganz einsichtiger Leute — auch die Presse ist voll davon —, daß die Passivität unserer Handelsbilanz ebenso rätselhaft wie unheilvoll sei, ja: für diese Kreise ist dieser Zustand der Anfang vom Ende. Hier haben Sie die Zusammenhänge: Ausländische Kredite können sich nur in Waren niederschlagen. Die Waren beeinflussen die Importseite unserer Handelsbilanz, und soweit wir sie nicht mit unserer Ausfuhr bezahlen können, stehen eben diesen Posten entsprechende ausländische Kredite gegenüber. Die passive Zahlungsbilanz Deutschlands ist die Folge der ausländischen Kreditzufuhr.

Nun werden Sie fragen: Trifft denn diese Theorie von der Warenvermehrung und der Preissenkung auch in der Wirklichkeit zu? Ihre Antwort wird lauten: Nein! Im Gegenteil, wir haben seit dieser Zeit keine Preissenkung, sondern eine Preissteigerung. Wie erklärt sich dieses Auseinandergehen von Wirklichkeit und Theorie?

Zunächst wollen wir den einen bestimmten Fall ins Auge fassen, nämlich den, daß wir Fertigwaren importieren. Was geschieht? Wir bekommen mehr Fertigwaren herein. Die Folge wird sein, da ja die Preise im Auslande niedriger waren, daß wir jetzt billigere Fertigwaren haben, und daß unsere Industrie, die die gleichen Fertigwaren herstellt, nicht mehr konkurrenzfähig ist, weil hier die Kosten und Preise höher sind. Die Folge einer solchen Fertigwareneinfuhr wäre also eine Schädigung unserer Industrie, verbunden mit Absatzstockungen, Einschränkung der Arbeit, Arbeiterentlassungen oder Stillegungen. Sie sehen, daß dem Vorteil einer verbilligten Fertigwareneinfuhr der Nachteil der Störung der eigenen Wirtschaft gegenübersteht. Hier greifen hochbedeutsame sozialpolitische und politische Fragen ein, die hier nicht zu erörtern sind, die aber zu beachten sind, wenn man mit der billigen Fabrikateeinfuhr eine Preisherabsetzung inländischer Industrieerzeugnisse erzwingen will.

Nun ist die Preissenkung bekanntlich nicht eingetreten; es ist nicht schwer, hierfür eine Erklärung zu finden. Man findet immer wieder, daß die Bedeutung des Geldes nicht richtig gewürdigt wird. Zweierlei ist zu beachten. Indem das Ausland Deutschland die erwähnten Kredite zur Verfügung gestellt hat, konnte Deutschland über ausländische Zahlungsmittel bzw. ausländische Kaufkraft verfügen, und Deutschland hat dieses ausländische Geld ausgegeben, hat die Kaufkraft in Tätigkeit gesetzt, hat das getan, was notwendig und was allein möglich war, nämlich: hat mit dem Gelde im Ausland gekauft. Die Kredite sind es gewesen, die sich auf dem Weltmarkt in einer Nachfrage nach Waren äußerten und hier die Preise in Bewegung brachten. Sieht man von den besonderen Ursachen auf den einzelnen Märkten, wie z. B. auf dem Getreidemarkt, ab, so finden wir, daß die Lebendigmachung der ausländischen Kredite in der Welt durch Deutschland dazu beigetragen hat, daß zu gleicher Zeit im Auslande die Preise anziehen. Die Folge war, daß man nur zu steigenden Preisen kaufen konnte, und nun stellt sich das, was theoretisch unbedingt richtig war, in der Wirklichkeit eben nicht ein: die Preissenkung im Inland, weil inzwischen die Preise im Auslande gestiegen waren und die höheren Ankaufskosten in Rechnung gestellt werden mußten. Von entscheidender Bedeutung für das inländische Preisniveau ist aber zweitens, daß eben die ausländischen Kredite nicht ausschließlich zum unmittelbaren Import von Waren verwendet, sondern tatsächlich zu einem erheblichen Teil in inländische Zahlungsmittel umgewandelt worden sind, bzw. deren Gegenwert zu einem Teil noch als Währungsreserve bei der Reichsbank ruht. Wir wollen von der Reichsbank nachher sprechen, doch schon jetzt werden Sie einsehen, daß die richtige Handhabung der ausländischen Kredite von der größten Wichtigkeit für die deutsche Volkswirtschaft ist.

Betrachten wir die letzte Verwendung der ausländischen Kredite. Das ist die, daß mit Hilfe der ausländischen Kredite ausländische Rohstoffe nach Deutschland eingeführt, diese Rohstoffe in Deutschland umgearbeitet und dann als Fertigwaren wieder exportiert werden. Das ist nach Meinung aller maßgebenden Stellen der Idealfall für die Benutzung ausländischer Kredite. Aber wir dürfen uns nicht täuschen! Denn auch in diesem Idealfall liegen gewisse Gefahren, die man nicht übersehen darf. Ich will sie kurz darlegen.

Wenn wir die ausländischen Kredite verwenden, um Rohstoffe zu kaufen, dann haben wir in Deutschland zwar die Rohstoffe, die zur Ingangsetzung oder Beschäftigung der Betriebe erforderlich sind; wir schaffen damit auch ein Mehr von Gütern, das exportiert und aus dem nicht nur der Devisenkredit unmittelbar zurückgezahlt werden kann, sondern sogar noch ein Devisenüberschuß entsteht, der zur Abtragung anderer Schulden verwendet werden kann. Aber zwischen dem Zeitpunkt der Aufnahme des ausländischen Kredits und der Fertigstellung der Güter bzw. der Wiederausfuhr liegt ein Zeitraum, und während dieses Zeitraumes kann wieder der Zustand eintreten, den ich oben mit Inflation gekennzeichnet habe! Warum? Wenn ich ausländische Rohstoffe kaufe und sie im Inlande verarbeiten will, muß ich Löhne und sonstige Betriebskosten verauslagen. Nehme ich auch für diese Auslagen ausländische Kredite auf, bzw. lasse ich einen Teil der Kredite durch die Reichsbank in Noten umwechseln, so zahle ich in einem Augenblick

Löhne, für die der Gegenwert in der Volkswirtschaft ja noch nicht da ist, sondern erst durch die Fertigstellung der Produkte geschaffen werden soll. Die Arbeiter erhalten schon jetzt eine Kaufkraft, die sie zur Bestreitung ihres Lebensunterhaltes ausgeben, während die entsprechenden Gegenwerte erst später eingeführt werden. So bleibt auch in diesem an sich wünschenwerten Falle, daß selbst mit dieser Verwendung der ausländischen Kredite eine Inflation verbunden sein kann und tatsächlich gewesen ist, weil ja die Mehrzahl der Betriebe über die kreditierten Rohstoffe hinaus ausländische Kredite in Anspruch zu nehmen sich gezwungen sahen. Allerdings wirkt die Ausfuhr von Waren dahin, daß später ein Mehr an ausländischer Kaufkraft entsteht, mit der man Güter hereinholen kann, ohne daß es dazu eines Kredites bedarf. Dieser Vorteil bleibt natürlich bestehen, und er gilt uneingeschränkt, wenn es sich um reine Veredelungskredite handelt.

Nach diesen mehr theoretischen Überlegungen stellen wir nunmehr das Ergebnis fest, und dieses Ergebnis ist: da die meisten ausländischen Kredite verwendet worden sind zur Auffüllung des Betriebskapitals, vielfach sogar als Anlagekapital Verwendung gefunden und nur in verhältnismäßig geringem Umfange der Wiederausfuhr von Gütern gedient haben, so ergibt sich, daß die ausländischen Kredite im ganzen bisher inflationistisch gewirkt haben. Damit haben Sie, so glaube ich, auch die Erklärung für die merkwürdige Tatsache, die ich vorhin nur gestreift aber nicht erläutert habe. Ich habe gesagt: Das Volkseinkommen ist heute geringer als vor dem Kriege; ich habe mich aber vorsichtig ausgedrückt und hinzugefügt: nicht in allen Bevölkerungsschichten gleichmäßig, sondern unterschiedlich. Jetzt haben Sie die Erklärung: wir leben in einer Zeit der Kreditinflation. Es ist ein Merkmal aller Inflationserscheinungen, daß sich das nominelle Einkommen aller Kreise nicht gleichzeitig und gleichmäßig erhöht; es sind jeweilig bestimmte Schichten, die ihr Einkommen zuerst der Inflation anzupassen vermögen. So auch heute. Kaufkräftig sind jetzt in erster Linie alle diejenigen, die ausländische Kredite erhalten haben; kaufkräftig sind ferner die Schichten geworden, die aus diesen ausländischen Krediten ihren Lohn, ihr Gehalt empfangen bzw. ihren Gewinn ziehen. Da erfahrungsgemäß unsere Kaufkraft im ganzen geringer geworden ist, und die augenblicklichen Einkommen zu einem großen Teil für die nächstliegenden Lebensbedürfnisse verausgabt werden, so begreifen Sie, wie sich die neue Kaufkraft zuerst in die Schichten des Mittelstandes, des Lebensmittelhandels und der kleinen Handwerker ergießt, denen es heute ganz gut geht. Wie anders ist sonst die merkwürdige Erscheinung zu erklären, daß beispielsweise die D-Züge heute weit mehr benutzt werden als vor dem Kriege, oder sich in Restaurants, in Theater, Vergnügungen der Großstadt Leute finden, die das Geld mit vollen Händen ausgeben? Das sind schließlich diejenigen, die an dem „Segen“

der ausländischen Kredite teilnehmen. Andere Schichten bleiben bei dieser Inflation im Hintertreffen, das sind die Festbesoldeten; und aus diesen Schichten kommen die Klagen, daß sie kein Geld haben und sich einschränken müssen. Hierzu gesellen sich die Klagen aus der Industrie über den mangelhaften Absatz, insbesondere dort, wo es sich darum handelt, nicht nur Konsumgüter, sondern Produktionsgüter herzustellen, Güter, die wieder zur Produktion verwendet werden, für die die Kaufkraft nicht ausreicht, für die kein Kapital vorhanden ist.

2. Zu einem Teil sorgen natürlich die ausländischen Kredite selbst dafür, daß die inflatorische Wirkung zurückgeht, indem die Devisen ausländische Waren ins Land ziehen. Die Gegenwirkung würde sogar eine vollkommene sein, wenn die Gesamtmenge der Devisen auch wirklich zum Import verwendet würde. Zweierlei ist aber zu beachten: erstens der Zeitraum zwischen Flüssigmachung der Devisen in Mark und zweitens die Geld- und Kreditpolitik der Reichsbank. Der Zahlungsmittelumlauf hat sich von Mitte des vorigen Jahres bis heute um fast 2 Milliarden Mark erhöht. Der größte Teil dieser Steigerung geht auf die Umwandlung von ausländischen Krediten zurück, darunter allein 800 Millionen Mark, die der Reparationsagent für inländische Sachlieferungen ausgegeben hat. Der Gold- und Devisenbestand der Reichsbank ist um mehr als 1 Milliarde Mark gestiegen. Wir haben eine Inflation, und diese Inflation ist genau genommen: eine Goldinflation[1]). Wir haben eine zusätzliche Menge an Gold bekommen, und dieses Mehr an Gold hat die deutsche Volkswirtschaft inflationistisch, so darf ich mich jetzt wohl ausdrücken, verseucht[2]). Es ist außerdem bemerkenswert, daß die Reichsbank trotz der reichlichen Zufuhr ausländischer Kaufkraft nicht vollkommen an ihrer Kontingentierungspolitik für Kredite festhalten könnte. Sie hat vielmehr die eigene Kreditgewährung noch gesteigert, ob aus freien Stücken oder unter dem Drucke der Verhältnisse — das mag dahingestellt bleiben. Der sich hieraus für die Preisgestaltung ergebenden Gefahr ist sich die Reichsbank wohl bewußt, und sie ist seit Mitte 1925 zu einer neuen Einschränkung der Kredite geschritten. Theoretisch durchaus begründet. Das Mehr an Kaufkraft, das aus den ausländischen Krediten einströmt, wird gewissermaßen durch die Reichsbank abgesogen, indem hier Kredite gekündigt und zurückgezahlt werden. Die Reichsbank treibt, indem sie die Kredite einschränkt, also Deflationspolitik. Es ist allerdings keine eigentliche Deflationspolitik, sondern es liegt eine Scheindeflation vor,

---

[1]) Vgl. die Anmerkung auf S. 163.

[2]) Dieser Ausdruck erscheint mir im Druck doch etwas zu drastisch. Ich möchte daher sagen: beeinflußt und eine Tendenz zur Steigerung der Preise ausgelöst. Vgl. dazu auch meine Ausführungen auf dem VI. Deutschen Bankiertag (15. September 1925) in Berlin.

weil diese Deflationspolitik der Reichsbank nur erfolgt auf Grund der durch die ausländischen Kredite gleichzeitig bewirkten Inflation.

Ich glaube, daß ich Ihnen damit die wichtigste Frage, die uns heute berührt, klargemacht habe, und ich bitte Sie, mit mir noch einen Schritt weiter zu gehen und zu fragen: welche Wirkungen von einer Deflationspolitik ausgehen können? Da stoßen Sie auf eine Merkwürdigkeit. Gewiß, durch die Krediteinschränkung wird der Volkswirtschaft Kaufkraft entzogen; doch zwei Fragen ergeben sich. Die erste Frage: Wird etwa das gesamte Mehr an Kaufkraft, das durch die ausländischen Kredite hereinkommt, auf diesem Wege zurückgezogen und unschädlich gemacht? Wenn das der Fall wäre, dann würden die ausländischen Kredite wenig Zweck haben. Aber auch wenn man dies tun würde, bleibt folgendes übrig: Sind diejenigen, die die ausländischen Kredite aufnehmen, die also in erster Linie von dieser Zusatzkaufkraft Nutzen haben, auch just dieselben, die jetzt unter der Durchführung der Krediteinschränkung zu leiden haben? Nun trifft zwar die Krediteinschränkung die gesamte Kundschaft der Reichsbank und über die Banken weitere Kreise der Wirtschaft; aber in ebenso vielen Fällen werden Leute von der Krediteinschränkung betroffen, die zugleich auch von den ausländischen Krediten ausgeschlossen sind. Bei ihnen drückt sich dann die Kapitalkrise in verstärktem Maße aus. Sie werden daher den Satz, den ich zum Schluß noch aussprechen möchte, nicht so paradox finden, wie es auf den ersten Blick erscheint: Wir führen mit Hilfe der Auslandskredite Bananen und Apfelsinen ein, und auf der anderen Seite werden die Kredite einer Maschinenfabrik oder anderer lebenswichtiger Unternehmungen durch die Reichsbankpolitik immer mehr eingeengt. In dieser Kennzeichnung liegt natürlich eine Übertreibung; im Grunde genommen ist der Sachverhalt aber zutreffend. Das ist das Problem des Tages, auf das ich Sie aufmerksam machen wollte[1]).

3. Nun lassen Sie mich mit ein paar Worten auf die betriebswirtschaftliche Seite der Auslandskredite eingehen. Ich kann mich dabei kurz fassen, da ich vor Praktikern spreche. Es ist Ihnen bekannt, daß nicht jeder einen Auslandskredit bekommt, der ihn haben möchte und auch verdient. Ausschließlich sind es die großen Firmen und Konzerne, die in den Genuß der ausländischen Kredite kommen und so ihr betriebswirtschaftliches Bedürfnis nach Kapitalergänzung befriedigen. Die große Masse der Kreditsucher ist von diesem Weg der Kapitalbeschaffung ausgeschlossen. Für die Verwendung der ausländischen Kredite kommen verschiedene Gesichtspunkte in Betracht, die miteinander konkurrieren und von größter Wichtigkeit sind. Das sind erstens die Kosten. Sie betragen 7—9%, verglichen mit den inländischen Kredit-

[1]) Vgl. im übrigen hierzu die weiteren Ausführungen in dem Aufsatz: Auslandskredite und Inflation S. 179.

kosten erträglich, aber vom Standpunkt der Rentabilität eine schwere Last. Vor dem Kriege konnte man die durchschnittliche Rentabilität für die einzelnen Erwerbszweige mit 6—8% annehmen unter Berücksichtigung eines Zinssatzes von 5—6%. Daraus ersieht man, in welchem Maße heute die Kreditkosten in die Überschüsse eingreifen. Wenn man den Vorkriegsmaßstab anlegen wollte, ist es ein schlechtes Geschäft, ausländische Kredite aufzunehmen. Natürlich ist es heute die Not, die es den Betrieben nahelegt, auf dem Wege über die ausländischen Kredite ihren dringendsten Kapitalbedarf zu befriedigen. Die Schmälerung der Rente bedeutet aber nicht nur einen Ausfall für das beteiligte Kapital, sondern unter Umständen auch eine Beunruhigung für den ausländischen Kreditgeber, der dadurch veranlaßt wird, vorzeitig zu kündigen.

Der zweite Gesichtspunkt ist, daß nicht nur die Mittel für die laufende Zinszahlung aufzubringen sind, sondern auch an die Rückzahlung zu denken ist. Sie wissen, daß die ausländischen Kredite in der Regel kurzfristig sind, also nach 3 oder 6 Monaten, vielleicht auch nach einem Jahr zurückzuzahlen sind. Womit sollen denn aber die Kredite zurückgezahlt werden, wenn im Inland der Kapitalmangel anhält und die Betriebe nicht auf die Ergänzung ihres Kapitals durch Kredit verzichten können? So kommt man zu der oft gehörten Forderung, ausländische Kredite nur in langfristiger Form, in langfristigen Anleihen aufzunehmen. Aber dem stehen wieder die hohen Kosten gegenüber, die die Betriebe auf so lange Dauer nicht übernehmen können. Die Praxis hat vielfach einen Mittelweg gefunden: 5jährige Anleihen, die aber vom Schuldner auch früher zurückgezahlt werden können, allerdings gewöhnlich nur mit Erhöhung des Rückzahlungskurses. Vom Kostenstandpunkt aus wäre langfristiges Beteiligungskapital des Auslandes vorzuziehen, bei dem der Kreditgeber am Gewinn oder Verlust beteiligt ist. Das Ausland wird aber nur geneigt sein, sich bei solchen Unternehmungen zu beteiligen, die frei von jedem Risiko sind und deren Rentabilität gesichert erscheint. Vom deutschen Standpunkt sind dies naturgemäß zugleich jene Unternehmungen, die bestrebt sind, fremdländischen Einfluß von sich fernzuhalten. Andererseits wird das Ausland wenig Neigung haben, sich an solchen deutschen Unternehmungen mit Kapital zu beteiligen, die der eigenen Industrie unerwünschten Wettbewerb machen. Es ist ein Unterschied, ob ein selbst industriell entwickeltes Land einem ebensolchen Kapital zur Förderung der Industrie zur Verfügung stellt, oder ob eine solche Kapitalanlage in einem mehr agrarwirtschaftlichen Lande erfolgt, das die Zinsen und Rückzahlungen mit Rohstoffen bezahlt. Hier muß die praktische Kunst des Betriebswirtschaftlers das am meisten Geeignete herauszuholen versuchen. Sonst muß auch die Finanzpolitik der Unternehmungen streng darauf abgestellt sein, zur Auffüllung des Betriebskapitals die

Aufnahme von Auslandskrediten als letzte Notmaßnahme zu betrachten, bis sich der Kapitalmarkt so weit gebessert hat, daß wieder für langfristige Zwecke inländisches Kapital zur Verfügung steht. Dann kann der ausländische Kredit durch die Ausgabe von Aktien oder Obligationen, durch Aufnahme von Hypotheken oder Erhöhung des Eigenkapitals abgelöst werden. Damit wäre für den Betrieb die Möglichkeit gegeben, aus den Schwierigkeiten herauszukommen.

4. Doch ist es unerläßlich, zum Schluß hierbei noch der volkswirtschaftlichen Seite der ausländischen Kredite zu gedenken. Die Verzinsung der ausländischen Kredite, die für den einzelnen Betrieb zunächst nur einen Aufwand in Mark darstellen, bedeuten für die Volkswirtschaft im ganzen eine Nachfrage nach Devisen. Das Ausland nimmt nicht Mark, sondern will in eigener Währung bezahlt sein. Devisen können nur entstehen aus Export und sonstigen Dienstleistungen für das Ausland, Devisen für die Zinszahlung nur aus dem Mehrexport gegenüber der notwendigen Einfuhr. Volkswirtschaftlich wird die Zinszahlung erst möglich sein, wenn entsprechende Exportüberschüsse da sind. Und nun gar erst die Rückzahlung der insgesamt aufgenommenen ausländischen Kredite, deren Betrag man auf etwa $2^1/_2$ Milliarden Mark schätzen kann. Auch sie kann schließlich nur erfolgen aus Exportüberschüssen; es sei denn, daß die Umwandlung der Kredite in eine langfristige Anleihe zu günstigeren Bedingungen dereinst möglich ist. Das bedeutet also zunächst, daß wir nicht nur unsere eigene Wirtschaft in Ordnung bringen, sondern auch so viel exportieren müssen, daß wir Zinsen und Kapital in Devisen, also als Exportüberschuß, abzahlen können. Wie sich die Gläubigerländer mit der gesteigerten Ausfuhr deutscher Waren abfinden werden, ist eine neue Frage, die für die schließliche Behandlung der Kredite nicht ohne Bedeutung ist. Ich komme in meinen Schlußbemerkungen noch darauf zurück. Zunächst stellt — wie gesagt — die Aufbringung der Zinsen und Rückzahlung des Kapitals für eine Volkswirtschaft, die so stark von Krieg und Inflation getroffen worden ist wie die unsrige, eine ungeheure Last dar.

Selbstverständlich nimmt die Reichsbank auf diese Zukunftslasten weitestgehend Rücksicht. Sie sammelt schon heute Devisen für diese Zwecke an, und es ist eine der dringendsten Aufgaben der Reichsbank, für diese Fälle gewappnet zu sein. Allerdings erwachsen der Volkswirtschaft aus der Devisenpolitik der Reichsbank nicht unerhebliche Lasten. Die Beziehungen zwischen Ansammlung eines Devisen- und Goldbestandes zur Preisgestaltung sind schon oben besprochen worden. Nicht unberücksichtigt dürfen auch die unmittelbaren Kosten bleiben. Wie schon erwähnt, wird die Summe der ausländischen Kredite auf über $2^1/_2$ Milliarden Mark geschätzt; die Reichsbank hält dagegen eine Reserve von etwa 1 Milliarde Mark. Die $2^1/_2$ Milliarden Mark kosten 9—10%

p. a. und die 1 Milliarde Mark, die als Gold oder Devisen bei der Reichsbank liegt, bringt gar nichts ein oder als Guthaben im Ausland höchstens 2—3% p. a. Sie sehen, diese Vorsorge ist auch für die Volkswirtschaft im ganzen kein gutes Geschäft; sie ist aber notwendig, um einen möglichen Ansturm auf die Währung abschlagen zu können.

Zum anderen ist nicht zu übersehen, daß die Zufuhr ausländischen Kapitals der Volkswirtschaft im ganzen doch eine beträchtliche und wünschenswerte Entspannung gebracht hat. Nicht nur, daß zahlreiche Betriebe wieder in Gang gekommen sind und eine völlige Stockung vermieden worden ist, sondern auch — was uns in diesem Zusammenhange mehr interessiert — die ausländischen Kredite haben in entscheidendem Maße auf die Gestaltung des deutschen Geld- und Kapitalmarktes eingewirkt. Durch sie sind erhebliche Teile der allerdringendsten Kapitalnachfrage befriedigt und der deutsche Kapitalmarkt für andere Ansprüche frei geworden. Vor allem ist ihre Bedeutung für den Geldmarkt zu betonen. Indem die Betriebe wieder in nennenswertem Umfange über Kapital verfügen, sind sie in der Lage, ihre Kassenbestände bei den Banken zu erhöhen, die als Depositen den Geldmarkt flüssiger gestalten. Dazu kommt, daß unverbrauchte Reste von Auslandskrediten zeitweilig als Markguthaben bei den Banken stehenbleiben, von wo aus sie gleichfalls an den Geldmarkt gelangen. So steht — wie ich eingangs betont habe — fest, daß die Flüssigkeit des Geldmarktes in hohem Maße auch auf den Zustrom von ausländischen Krediten zurückzuführen ist, und ich füge jetzt hinzu, daß ihre Rückzahlung ebenso leicht die umgekehrte Wirkung herbeiführen kann.

D. Die Heilung der Kapitalkrise?

Wenn ich zu guter Letzt noch mit ein paar Worten auf die Möglichkeiten eingehe, die einen Ausweg aus diesen Wirrnissen und Schwierigkeiten eröffnen, so möchte ich vorher meine bisherigen Ausführungen noch einmal dahin zusammenfassen: Es fehlt uns an Kapital, d. h. an langfristig verfügbaren Geldkapitalien. Der Geldmarkt — für kurzfristige Leihkapitalien — ist flüssig. Eine Gefahr besteht darin, daß diese flüssigen Kapitalien langfristig verwendet werden. Die Flüssigkeit des Geldmarktes wird hauptsächlich herbeigeführt durch die Ansammlung öffentlicher Gelder, die zum Teil eines Tages wieder verschwinden, sowie durch den Zustrom ausländischer Kredite, die die ganze Volkswirtschaft in Schwingungen versetzen und — wie wir gesehen haben — nicht ohne Gefahren sind. Das ist die Lage.

1. Wenn ich nun dazu übergehe, die Maßnahmen zur Heilung der Krise anzuführen, so sind zuerst jene zu nennen, die auf eine bessere Ausnutzung des vorhandenen Kapitals hinzielen. Sie betreffen hauptsächlich die Bank- und Kredittechnik, die ich in diesem Kreise nicht ausführlich

behandeln möchte. Ich will nur folgendes erwähnen. Es ist selbstverständlich, daß die von mir skizzierte Lage des Geld- und Kapitalmarktes es als dringend notwendig erscheinen läßt, die vorhandenen Geldkapitalien so restlos wie möglich zu sammeln und sie so zweckmäßig wie möglich den kreditbedürftigen Teilen der Wirtschaft wieder zuzuführen. Es ist die Frage, ob diese Kapitalansammlung und -verteilung durch die überkommene Organisation des Bankwesens am besten gewährleistet ist. Über diese Frage haben sich unter den Beteiligten, den Banken auf der einen Seite und den Sparkassen bzw. Girozentralen auf der anderen Seite, Meinungsverschiedenheiten herausgebildet. Praktisch wird es auf eine Arbeitsteilung zwischen diesen beiden Mächten des Kreditverkehrs hinauslaufen müssen. Unbestritten ist jedoch, daß die große Zahl der Bank- und Sparkassenbetriebe kreditverteuernd wirkt, weil sie naturgemäß mit vielen Kosten belastet sind. Vor allem aber kommt hier hinzu, daß nicht unbeträchtliche Kapitalien durch den eigenen Kassenbestand dieser großen Zahl von einzelnen Bankstellen gebunden sind, die sich verringern würden, wenn nicht an jedem kleinen Ort 6 Großbanken, 2 öffentliche Banken und 3 Genossenschaftsbanken Kredit—einschränkungen betrieben. Daß außerdem die innere Organisation der Banken verbesserungsbedürftig ist, brauche ich Ihnen nicht zu sagen, die Sie mit den Banken täglich zu tun Gelegenheit haben.

Zur Verbesserung der Kredittechnik das Folgende! Die Banken dürfen bei der Bemessungsgrundlage für die Höhe des Kredits nicht mehr in dem Maße wie früher von dem Vermögen des Kunden ausgehen, sondern müssen mehr den einzelnen Verwendungszweck des Kredits ins Auge fassen bzw. das einzelne Geschäft finanzieren, das der Kunde mit dem Gelde der Bank durchzuführen gedenkt, überhaupt mehr von dem Umsatz und dem Ertrag des Betriebes ausgehen. Vermögen ist heute unter Umständen einfach totes Kapital; mehr wie je kommt es wieder auf die Persönlichkeit des Kreditsuchenden, auf seinen Ruf, seine Tüchtigkeit und Zuverlässigkeit sowie auf die Art seines Betriebes an. Zu erwähnen sind ferner die Verbesserung der Diskontierung offener Buchforderungen, die vom Reichsbankpräsidenten befürwortete Vermehrung des Wechsels als Zahlungsmittel und die im Gang befindliche Wiederaufrichtung des Privatdiskontmarktes. Es würde mich reizen, nachzuweisen, daß die Einführung des Wechsels als Zahlungsmittel wiederum eine Inflation in dem Sinne bedeutet, daß, wenn von einem bestimmten Zeitpunkt an der Wechsel allgemein als Zahlungsmittel benutzt wird, dies eine Erhöhung der Geldmenge bedeuten kann. Allerdings ist diese Art der Geldvermehrung so lange das kleinere Übel, als sich die Wechselausstellung den Warenumsätzen anpaßt.

Endlich erscheint noch der Hinweis wichtig zu sein, daß sich auch die Form der Kapitalbeschaffung in Zukunft ändern wird. Die

Aktie ist nicht mehr beliebt, nachdem man erfahren hat, daß die Unternehmungen keine Dividende verteilen. So wird bei der Kapitalbeschaffung sicherlich das System der fest verzinslichen Obligationen wieder mehr in Übung kommen, die fest verzinsliche und besonders gesicherte Anleihe, auf die die Unternehmer in Krisen gern zurückgreifen. Ich brauche nur an die Geburtsstunde der Obligationen zur Zeit der Eisenbahngründungen in den 40er und 50er Jahren zu erinnern. Es ist ferner nicht ausgeschlossen, daß die Notlage dazu führen wird, daß die Unternehmungen auch noch weitergehende Zugeständnisse machen müssen, nur um Kapital zu bekommen. Wir werden damit rechnen müssen, daß Obligationen, die mit dem Anrecht auf Umtausch in Aktien ausgestattet sind, die sogenannten Convertible-Bonds, Eingang in unser Finanzierungswesen finden werden. Auch der genossenschaftliche Zusammenschluß, der bereits in weiten Kreisen des Handwerks und des Kleinhandels Fuß gefaßt hat, wird Fortschritte machen und dazu beitragen, den Betrieben Kapital zuzuführen. Es dürfte Ihnen bekannt sein, daß in Sachsen die bereits in den 90er Jahren viel erörterte Idee einer Industriebank, besser: Industrieschaft, verwirklicht werden soll. Diese nach den Grundgedanken der Hypothekenbanken errichtete Bank soll die Aufgabe haben, für die Industriebetriebe langfristige Kredite dadurch zu beschaffen, daß sie Obligationen bzw. Pfandbriefe ausgibt, die an der Börse gehandelt werden. Die Schwierigkeiten liegen natürlich in der richtigen Abschätzung des Wertes und der Sicherheiten, die die kreditsuchenden Betriebe als Unterlage für den langfristigen Kredit zu bieten vermögen.

2. Die bisher erwähnten Maßnahmen bezwecken eine bessere Bewirtschaftung des vorhandenen Kapitals. Naturgemäß können sie nicht den großen Kapitalmangel beseitigen, dem Kapitalmarkt wieder ein normales Aussehen geben. Sie vermögen lediglich kleine Erleichterungen zu schaffen, hier und dort dem einzelnen Betrieb etwas zu helfen; dem Kapitalmarkt kann fühlbar nur durch Zuführung neuen Kapitals geholfen werden. Und hier setzen ja in erster Linie die Bestrebungen ein, auf dem Wege des Kredits ausländisches Kapital der deutschen Wirtschaft zuzuführen. Ich brauche meinen Ausführungen über die Rolle dieser ausländischen Kredite nichts mehr hinzuzufügen. In diesem Zusammenhang wäre nur noch zu betonen, daß es Aufgabe der Banken sein muß, an der Beschaffung der ausländischen Kredite dort, wo sie erwünscht sind oder das kleinere Übel darstellen, mitzuwirken, um zu verhindern, daß die betriebswirtschaftlichen und volkswirtschaftlichen Gefahren zu groß werden. Soll ich in diesem Zusammenhang noch auf das Schlagwort des Tages eingehen, daß auch der deutschen Landwirtschaft ausländische Kredite in Höhe von nicht weniger als 5—6 Milliarden Mark mit Hilfe der Rentenbankkreditanstalt zugeführt werden sollen? Ein phantastischer Plan! Nach meinen Ausführungen bitte ich Sie, mich davon zu entbinden, Ihnen die

fürchterlichen Wirkungen auszumalen, die die Zuführung von 5—6 Milliarden Mark zusätzlicher Kaufkraft auf unsere Volkswirtschaft auszuüben in der Lage sind, ganz abgesehen davon, daß ich nicht annehmen kann, daß die Landwirtschaft imstande sein wird, die Kosten in Höhe von 8—10% auf die Dauer herauszuwirtschaften.

Worauf es letzten Endes allein ankommt, und das soll das Ergebnis unserer Betrachtungen sein, ist: die Kapitalbildung im Inland zu fördern, mit allen Mitteln zu versuchen, eigenes Kapital wieder hervorzubringen, eigenes Kapital, das den Betrieben wieder langfristig als Hypotheken, Anleihen oder als Beteiligungskapital zur Verfügung steht, langfristiges eigenes Kapital, das die Betriebe der Sorge um die baldige Rückzahlung enthebt, das vor allem unsere Volkswirtschaft von dem Druck der ausländischen Kredite befreit. Das ist es, worauf es einzig und allein ankommt. Und wie läßt sich dieses Kapital schaffen? Wir wollen nicht auf die Phantasten und Propheten hören, die uns — genau wie in der Inflationszeit — dies oder jenes schnell wirkende Rezept vorgaukeln, wir wollen nüchtern bleiben und die Dinge sehen, wie sie sind, dann gibt es nur ein einziges Mittel, um aus diesen Schwierigkeiten herauszukommen und dieses Mittel ist ebenso einfach wie bekannt: durch Arbeit Kapital bilden und sparen! Die tägliche Kleinarbeit jedes einzelnen von uns im Dienste der Gesamtheit, das ist die Weisheit, die uns vorwärts und weiter bringt. Es gibt eben kein Zaubermittel, das uns über einen verlorenen Krieg und eine verhängnisvolle Inflationspolitik hinwegbringen kann. Nur dadurch, daß wir in Arbeit wieder aufbauen, was uns verlorengegangen ist, genau so, wie wir es vor dem Kriege getan haben, überwinden wir die Not.

Wenn Sie mir gestatten, ein persönliches Geständnis zu machen, so glaube ich allerdings — aber das ist nicht eine wissenschaftliche Meinung, sondern mein persönlicher Glaube — ich glaube nicht, daß die Wiedererholung der Wirtschaft etwa so einsetzt, daß nun alle Betriebe, die wir in Deutschland haben, durch technische Fortschritte und organisatorische Verbesserungen einfach in eine erhöhte Produktivität, in eine gesicherte Rentabilität hineinwachsen werden, daß dieses Ziel — wie gesagt — von allen Betrieben, die nun einmal vorhanden sind, erreicht wird. Ich glaube vielmehr, daß, wie immer in Zeiten großer Krisen, wo sich — wie heute in Deutschland — die Gehirne von Millionen von Menschen abmartern, um der Schwierigkeiten Herr zu werden, daß, wie die Geschichte lehrt, aus diesen Krisen meist große Umwälzungen hervorgehen, Umwälzungen, die das Wirtschaftsleben auf eine neue Stufe führen und, von irgendeinem Produktionszweig ausgehend, große neue Produktionsmöglichkeiten eröffnen, so daß nachher all das, was sich dieser Entwicklung nicht anzuschließen vermag, einfach als totes Kapital, was es eigentlich schon heute ist, am Wege bleibt. Ich glaube an solche große weltwirtschaftliche Entwicklungsmöglichkeiten auch heute noch. Die Fähigkeiten unserer Unternehmer und Arbeiter bürgen dafür, daß diese Möglichkeiten nicht ungenutzt für uns verstreichen werden — wenn es gelingt, auch in politischer Beziehung die Bahn frei zu machen. Und ich glaube ferner, daß die Erholung nicht vom Export deutscher Massenwaren ausgehen wird, sondern von deutscher Qualitätsarbeit, die der deutschen Volkswirtschaft angemessenen Gewinn abwirft und zugleich diejenigen in großem Umfang beschäftigen wird, die durch die Umstellung erwerbslos werden.

Wenn wir in die Zukunft sehen, dann fühle ich mich verpflichtet, zu bekennen, daß ich den Daweszahlungsplan als einen großen Fortschritt aus diesem Wirrwarr ansehe, einen Fortschritt, der darin liegt, daß wirtschaftliche Überlegungen nicht mehr, wie bisher, einfach von politischen Machtgelüsten niedergeboxt werden. Dazu kommt, daß dieser Plan trotzdem ein großer politischer Erfolg war: ein Meisterwerk amerikanischer Bankkunst! Er bringt die beiden Ansichten, die sich bezüglich der deutschen Zahlungsfähigkeit und der internationalen Tributzahlungen überhaupt gegensätzlich gegenüberstanden und die nicht zu versöhnen waren, die französische und die deutsche Auffassung, zu einer Art friedlichen Einigung. Nach dem Dawesplane haben die Franzosen die große Hoffnung, nun alles das von Deutschland zu bekommen, was sie glauben, und wir haben die Hoffnung, daß dieser Zahlungsplan an der Unmöglichkeit seiner endgültigen Durchführung zusammenbrechen wird.

Es ist Ihnen bekannt, daß wir vom Jahre 1929 ab jährlich $2^1/_2$ Milliarden Mark Tributzahlungen zu leisten haben. Sie wollen sich erinnern, daß wir heute noch keinen Exportüberschuß haben, vielmehr von Auslandskrediten leben, die uns gerade die Wirtschaftsführung für den eigenen Bedarf ermöglicht. Bedenken Sie weiter, daß die ausländischen Kredite eines Tages aufhören, und daß wir in Zukunft die Zinsen und Kapitalrückzahlungen hierfür durch Exportüberschüsse aufzubringen haben. Zu diesen Lasten soll dann noch die ungeheure Summe von $2^1/_2$ Milliarden Mark hinzukommen, die letzten Endes auch nur aus entsprechenden Überschüssen unserer Zahlungsbilanz, in der Hauptsache also wieder durch Mehrexport ins Ausland, übertragen werden kann. Die Tributzahlung bedeutet, daß der inländischen Volkswirtschaft $2^1/_2$ Milliarden Mark zunächst auf dem Wege der Steuern entzogen und dann dem Reparationsagenten zur Verfügung gestellt werden, der sie zu transferieren, in Devisen umzuwandeln hat, die allein der Mehrexport liefern kann. Das bedeutet zugleich, daß der deutschen Volkswirtschaft im gleichen Umfang Kaufkraft entzogen wird. Theoretisch muß die Entziehung von $2^1/_2$ Milliarden Mark zu einem Preisdruck führen, der an sich den Export fördert. Aber es ist noch sehr die Frage, ob die Steuerbelastungen, die wir schon heute zu tragen haben, noch um weitere Milliarden Mark gesteigert werden können. Noch viel schwieriger wird es sein, diese $2^1/_2$ Milliarden Mark als Waren zu exportieren. Das setzt im Inlande niedrige Löhne voraus, die sich der deutsche Arbeiter auf die Dauer nicht gefallen läßt, sicherlich auch nicht verdient. Dazu kommt das andere: daß diese Tributleistungen auch für das Ausland keinen reinen Segen darstellen. Sie bedeuten einen ungeheuren Wettbewerb am Weltmarkt und für diejenigen, die diese Reparationen empfangen, die Gefahr, daß sich einzelne Schichten vorzugsweise bereichern, woraus sich leicht Schwierigkeiten innen- und außenpolitischer Art entwickeln können. M. E. hat Liefmann in seinem neuen Buche: Vom Reichtum der Nationen, überzeugend nachgewiesen, daß es im Zeichen unserer kapitalistischen Wirtschaftsordnung als ein weltwirtschaftlicher Unsinn angesehen werden muß, Werte von solch ungeheuren Beträgen übertragen zu wollen unter Völkern, die auf gleicher industrieller und wirtschaftlicher Entwickelungsstufe stehen. Man kann aus Agrarländern, die Nahrungsmittel und Rohstoffe an industrielle Siegerstaaten liefern, schließlich große Summen ziehen; ein industriell hochentwickeltes Land, wie es Deutschland ist, kann einen Tribut nur in hochwertigen Industrieerzeugnissen leisten, was zum mindesten zur Störung derjenigen Volkswirtschaften führen muß, deren Industrie auf ähnlicher Entwicklungsstufe steht.

Man kommt nun einmal um die Klippe nicht herum: entweder man will Reparationen, dann muß der Weltmarkt deutsche Waren aufnehmen, oder: man will die gesteigerte deutsche Warenausfuhr nicht, dann gibt's auch keine Reparationen. Diese Frage wird die nächste Zukunft beherrschen. Aus dem Bestreben, sich vor der deutschen Ausfuhr zu schützen, kann sich nun die Lage ergeben, daß die Gläubiger es vorziehen, sowohl die Zinsen als auch die Kredite in Deutschland weiterarbeiten zu lassen. Überträgt man diese Anlagepolitik auch auf die Reparationszahlungen, dann können schon in ein paar Jahren phantastische Zahlen ob der Größe des in Deutschland tätigen Auslandskapitals entstehen. Nimmt man dazu noch die gigantische Verschuldung Europas an Amerika und bedenkt man, daß auch diese letzten Endes nur abgetragen kann auf dem Wege des Warenexports, dann ergeben sich Probleme, die fast als unlösbar anzusehen sind, und die in erster Linie auf der Tagesordnung einer Weltwirtschaftskonferenz stehen müssen.

VII. Auslandskredite und Inflation[1]).

Auf dem VI. Bankiertag[2]) berichtete Bankier Löb in einem groß angelegten Referat über die Auslandskredite. Nur in einem Nebensatz erwähnte er, daß er „nicht an die von vielen nationalökonomischen Autoritäten als sicher angesehene, mindestens vorübergehende inflatorische Wirkung solcher Kredite glaube". Niemand wird das Urteil eines solch erfahrenen Praktikers leicht nehmen; mit dem Glauben ist es aber nicht allein getan, insbesondere ist der Wissenschaft damit nicht gedient. Die nachfolgenden Ausführungen wollen versuchen, die in Betracht kommenden Fragen zunächst nach der grundsätzlichen Seite zu klären, um dadurch eine Grundlage für die Abschätzung der tatsächlichen Einwirkung der Auslandskredite auf die Preisgestaltung zu gewinnen.

A. Auslandskredite und Geldbeschaffung.

Sofern die Betriebe die ausländischen Kredite dazu verwenden, um das fehlende Betriebskapital aufzufüllen, steht die Beschaffung von Markzahlungsmitteln im Vordergrund. Die Devisen werden bei der Reichsbank in Noten umgetauscht. Wenn die Reichsbank die aufgenommenen Devisen nicht im gleichen Augenblick an die Importeure, die damit Einfuhrwaren bezahlen, weitergibt, so liegt zweifellos eine Vermehrung der inländischen Geldmenge vor, ohne daß gleichzeitig auch die Warenmenge eine entsprechende Vermehrung erfahren hat. In diesem Falle bedeuten die ausländischen Kredite eine zusätzliche Kaufkraft für die deutsche Volkswirtschaft, der die Tendenz zur Steigerung der Preise innewohnt. Es liegt Inflation[3]) vor in dem Sinne

---

[1]) Vgl. Bankarchiv 1925, Nr. 5.
[2]) 14.—16. September 1925.
[3]) Über den Begriff: Inflation s. oben S. 32 und S. 163.

einer zusätzlichen Kaufkraftschöpfung gegenüber einer zunächst gleichgebliebenen Warenmenge.

Ob und inwieweit sich die Tendenz zur Preissteigerung in eine wirkliche Steigerung aller Preise umsetzt, ist von verschiedenen Umständen abhängig. Werden die Markzahlungsmittel unmittelbar für Konsumzwecke ausgegeben, z. B. wenn Betriebe Lebensmittel für ihre Arbeiter im Inlande kaufen oder Bauten errichten, die dem Wohnkonsum der Arbeiter dienen, oder wenn Kommunen ausländische Kredite zur Bezahlung von Beamtengehältern oder zum Bau von Grüngürteln und Sportanlagen, die der Gesundheit der Bevölkerung zugute kommen sollen, verwenden, so kommt eine Gütervermehrung überhaupt nicht oder die zu erwartende Mehrarbeitsleistung vielleicht erst nach geraumer Zeit in Betracht. Ist die Gesamtmenge der für diese Zwecke aufgenommenen ausländischen Kredite groß und ist andererseits die Warenmenge im ganzen zusammengeschrumpft, bzw. die sonst noch in der Volkswirtschaft ruhende Kaufkraft nur gering — wie es nach Beendigung der Inflation im Jahre 1924 im Gegensatz zur Vorkriegszeit der Fall war —, dann ist die tatsächliche Einwirkung auf das gesamte Preisniveau ohne Frage sehr erheblich. Inwieweit die ausländischen Kredite in Wirklichkeit diesen Zwecken gedient haben, vermag ich nicht zu sagen. Die wiederholten Hinweise der Regierungsstellen, des Reichsbankpräsidenten, in jüngster Zeit auch der Banken, daß Auslandskredite nur für produktive Zwecke zulässig seien, lassen den Schluß zu, daß sie in nennenswertem Maße auch eine konsumtive oder nicht unmittelbar produktive Verwendung gefunden haben müssen.

Produktive Zwecke liegen vor, wenn die Kredite — wie auch sonst im Kreditverkehr — der Durchführung einer wirtschaftlichen Tätigkeit, der Hervorbringung von Gütern bzw. von Dienstleistungen im weitesten Sinne des Wortes dienen. Produktiv in diesem Sinne bedeutet, daß die mit Hilfe der Kredite erzeugten oder durch den Handel bewegten Güter einen in der Volkswirtschaft vorhandenen Bedarf nicht nur zu befriedigen imstande sind, sondern auch tatsächlich umgesetzt, d. h. zum Gebrauch oder Verbrauch gekauft werden. Dann ist der Kredit aus dem erzielten Erlös zurückzahlbar, was voraussetzt, daß für den letzten Umsatz nicht wieder von neuem Kredit beansprucht wird, sondern wirkliches Einkommen oder Kapital zur Verfügung steht. Nur in diesem Falle steht die aus der Kreditschöpfung entstehende zusätzliche Kaufkraft in unmittelbarem Zusammenhang mit der Gütererzeugung: der Geldvermehrung steht eine Warenvermehrung gegenüber. Von hier aus ergibt sich die oft gehörte, besonders auch in Bankkreisen vertretene Meinung: es genüge eben diese produktive Verwendung der Kredite, dann könne keine Inflation vorliegen; im Gegenteil, die Schaffung von Krediten für diese Zwecke könne nur erwünscht sein, die Volkswirtschaft erhalte neue Antriebe, die Mehrerzeugung verhindere eine Preissteigerung. Es ist zweifellos, daß diese Überlegungen in sehr vielen Fällen ihre praktische Bestätigung finden und daher als richtig empfunden werden. Trotzdem übersehen sie drei Gesichtspunkte, die gerade für die gegenwärtigen Verhältnisse von größter Bedeutung sind.

Zunächst wird übersehen, daß zwischen der Entstehung der zusätzlichen Kaufkraft, also hier: der Umwandlung der ausländischen Kredite in Marknoten bzw. ihrer ersten Verausgabung und der Fertigstellung der entsprechenden Güter ein mehr oder weniger großer Zeitraum liegt. Werden die Kredite z. B. zum Bau von Kanälen verwendet, so kann es Jahre dauern, bis die Leistungen des Kanals der Volkswirtschaft zugute kommen; in der Zwischenzeit stoßen die für die Herstellungsarbeiten aufgewendeten Summen auf die noch nicht vergrößerte Gütermenge. Von diesem Gesichtspunkt aus ist es ein Unterschied, ob die Kredite der Herstellung von Produktionsanlagen oder von Gütern für den unmittelbaren Bedarf dienen, von denen letztere in kürzerer Zeit auf den Markt kommen und der vergrößerten Geldmenge gegenübertreten. Der zweite Gesichtspunkt hängt hiermit zusammen: werden die Kredite zur Erweiterung der Produktionsanlagen benutzt, so ergießt sich die künstliche Kaufkraft zunächst auf den Markt der Produktionsmittelgüter (Maschinen) oder der Rohstoffe und über die Lohnzahlungen auch auf den Markt der Konsumgüter. Auf dem Produktionsmittelmarkt kann im Augenblick eine andere Lagerung von Angebot und Nachfrage herrschen als auf dem Markte der Konsumgüter. Es kommt hinzu, daß natürlich auch die Produktion mißlingen kann, die Vermehrung der Güter also überhaupt ausbleibt. Entscheidend für die heutigen Verhältnisse ist aber der dritte Gesichtspunkt: Umfang und Plötzlichkeit der aufgenommenen Auslandskredite und ihr Verhältnis zur latent vorhandenen, im Augenblick ruhenden Kaufkraft. Die deutsche Volkswirtschaft vor dem Kriege war überreich mit Waren ausgestattet; dazu kam, daß erhebliche Beträge an Kaufkraft in Gestalt von reichlichen Kassenbeständen in Publikum und Betrieben ruhten, so daß ein gewisser Spielraum für die Zuführung zusätzlicher Kaufkraft bestand, ohne daß immer oder sofort damit eine Steigerung der Preise verbunden zu sein brauchte. Wenn hingegen heute in eine von Kaufkraft entblößter Volkswirtschaft, wie die deutsche, in schneller Reihenfolge und in kurzer Zeit ein Milliardenbetrag zusätzlicher Kaufkraft hineingepumpt wird, so ist der Antrieb zur Steigerung der Preise naturgemäß größer, zumal wenn man dazu berücksichtigt, daß die erhoffte Gütervermehrung günstigenfalls erst nach einer geraumen Zeit erfolgt, soweit die Kredite (s. o.) überhaupt eine produktive Verwendung gefunden haben. Natürlich wird das später zu erwartende Angebot von Waren die Preise drücken, und dieser Preisdruck wird um so erheblicher sein, je mehr der Zufluß neuer Auslandskredite nachläßt. So ist sicher, daß grundsätzlich selbst die Kreditschöpfung zu „produktiven" Zwecken preissteigernde Tendenzen auslöst, und daß dieser Preisantrieb unter den heutigen Verhältnissen besonders stark sein muß.

Die andere Voraussetzung war, wie oben betont, daß die gegen Mark umgetauschten Devisen nicht sofort zum Import verwendet werden, sondern zunächst in den Besitz der Reichsbank übergehen, wo sie zur Deckung für die ausgegebenen Noten dienen. Dieser Vorbehalt führt zur nächsten Frage:

B. Auslandskredite und Außenhandel.

Die Theorie besagt: Aus den Auslandskrediten entstehen Devisen. Die Devisen werden in inländische Noten umgewandelt. Die neuen Noten steigern die Preise (in 1. besprochen, nun aber weiter): die Preissteigerung führt zu einer Verringerung des Exportes und zur Vermehrung des Imports der nicht im Preise gestiegenen Auslandswaren. Dadurch entsteht eine größere Nachfrage nach Devisen. Die Notenbank gibt Devisen gegen Rückfluß von Noten ab. Die Geldmenge im Inland wird verringert, die Preise sinken. Die alte Lage ist wiederhergestellt. Aus dieser Theorie geht zweierlei hervor. Zum ersten: Die Auslandskredite sind in letzter Linie Warenkredite. Wenn sich auch das Geld in die Kette dieser Vorgänge — als Devisen und Noten — einschiebt, so sind es doch schließlich Waren, die an das kreditnehmende Land fließen, und die — so fügen wir hinzu — nur wieder in Waren (oder Dienstleistungen) zurückgezahlt werden können und müssen. Hierbei tritt auch die Rolle des Goldes als Währungsmetall deutlich in die Erscheinung: es ist gleichsam das Bindemittel zwischen den Preisen der einzelnen Länder, indem es durch seine Umwandlung in einheimisches (Landes-) Geld das Hindernis der verschiedenen Währungen überbrückt und den Ausgleich der Warenpreise ermöglicht, soweit nicht andere Maßnahmen (der Handelspolitik usw.) dies verhindern oder erschweren. Und das andere ist, daß auch die Theorie die durch die ausländischen Kredite zunächst bewirkte Preissteigerung betont, die dann allerdings automatisch wieder eine Rückbildung der Preise nach sich zieht.

Es ist zweifellos, daß diese Theorie richtig ist und jederzeit ihre Bestätigung in der Wirklichkeit findet und gefunden hat. Auch läßt sich heute nicht der Einwand erheben, daß Deutschland noch keine Goldwährung habe. Solange die Reichsbank die ihr eingereichten Devisen in Landesgeld (d. s. Noten) umtauscht und gegen

Noten Devisen abgibt, ist praktisch — da die Devisen in den wichtigsten Ländern ohne Mühe und Kosten gleichfalls in Landesgeld umgetauscht werden können — eine Währung gegeben, die international wie eine Goldwährung wirkt. So kommt es, daß einzelne Befürworter der Auslandskredite einfach auf die oben gekennzeichnete Funktion hinweisen und kurzerhand alle Bedenken der Preisgestaltung mit dem Hinweis auf die selbsttätige Ausgleichswirkung ablehnen. Andere geben zwar zu, daß die Konjunkturkurven durch den Ablauf der kettenmäßig vorhandenen Vorgänge schroffer verlaufen, die Preisschwankungen also größer sein können; aber das sei alles nur vorübergehend, wesentlich sei die produktionsfördernde Wirkung der Auslandskredite.

Ich glaube nun, daß diese Beurteilung für die Zeit vor dem Kriege mit ihrem fein ausbalancierten System der Zinssätze und Preise, und nicht zuletzt auch auf Grund der sehr weitgehenden Solidarität der Geldmärkte durchaus am Platze ist, aber wiederum nicht ohne weiteres für die augenblicklichen Verhältnisse gilt, insbesondere für die Verhältnisse, unter denen im Augenblick die deutsche Volkswirtschaft zu arbeiten gezwungen ist. Der Kapitalbedarf nach der Stabilisation, sowie die Wiederingangsetzung und Umstellung der Betriebe auf der einen Seite, die völlige Vereinzelung Deutschlands im internationalen Kreditverkehr und die nur langsam wieder in Gang kommende Rentabilität der deutschen Unternehmungen auf der anderen Seite führen dazu, daß der Ablauf der Vorgänge in der Kette der Theorie in Wirklichkeit nicht so sicher, reibungslos und vor allem nicht so prompt vor sich geht[1]). So muß — wie schon unter 1. betont — die einseitige, sich über einen Zeitraum von 12 Monaten erstreckende Kreditzufuhr von im ganzen $2^1/_2$ Milliarden Mark deshalb so stark auf die Preise einwirken, weil die Umstellung der Betriebe eine gewisse Zeit erfordert und die Mehrerzeugung nicht von heute auf morgen in die Erscheinung tritt. Es kommt nun hinzu, daß auch die importfördernde Wirkung der hohen Preise nicht sofort eine Senkung der Preise nach sich zieht: weil 1. Teile der eingeführten Waren als besondere Auslandswaren nicht unmittelbar mit den Inlandwaren in Wettbewerb treten bzw. sofort in den Konsum übergehen, 2. im übrigen die Zoll- und Kartellpolitik einem Preisrückgang entgegenarbeitet, und 3. entscheidend: die aus den ausländischen Krediten hervorgehenden Devisen eben nicht sofort oder überhaupt nicht zur Einfuhr von Waren verwendet worden sind. Hier greift die Devisenpolitik der Reichsbank ein, von der im Zusammenhang mit der Kreditpolitik weiter unten die Rede

[1]) Das übersieht auch Hahn: „Wirken Auslandskredite inflatorisch?" (Magazin der Wirtschaft vom 24. Sept. 1925), dessen Ausführungen ich im übrigen zustimmen kann.

sein soll. So trifft heute die alte Theorie von den Auslandskrediten nur beschränkt zu. Insbesondere sind die von ihr an sich zugegebenen Preissteigerungskurven stärker, während die Ausgleichstendenzen gehemmt sind und langsamer wirken. Die Auslandskredite verschärfen durch ihre Wirkung auf die Preise heute mehr wie je die Konjunkturbewegungen[1]).

Anders liegen die Dinge beim direkten Import. Zunächst möge noch einmal betont werden, daß ausländische Kredite bzw. ihre Verkehrsform, die Devisen, nichts anderes sind als Bezugsscheine für die Waren (oder Dienstleistungen) des betreffenden Landes, wenn man von dem Gold absieht, auf das sie in erster Linie lauten. So ist es eine weltwirtschaftliche Notwendigkeit, daß die ausländischen Kredite sich schließlich für die Kreditnehmer als Import von Waren niederschlagen. Der gesteigerte Import drückt sich dann in einer Passivität der Zahlungsbilanz aus. Stehen aus der Ausfuhr genügend Devisen zur Verfügung, so bedarf es nicht der Kredite, um Waren einzuführen. Die Kreditaufnahme erfolgt, weil nicht genügend Devisen vorhanden sind; sie stellt den Gegenposten in der Zahlungsbilanz für die eingeführten Waren dar. Ausländische Kredite und passive Zahlungsbilanz gehören also zusammen. Daß dies nicht immer erkannt worden ist und die „zunehmende Passivierung der deutschen Zahlungsbilanz" mit Schrecken aufgenommen worden ist, läßt nicht gerade auf tiefes Verständnis für diese Dinge schließen[2]).

Wenn die aus den ausländischen Krediten stammenden Devisen unmittelbar im Ausland zum Kaufen verwendet werden, so kann es sich erstens um Fertigwaren handeln. Ihr Import vermehrt die inländische Gütermenge, ohne daß sich zunächst die Geldmenge verändert hat. Einer gleichgebliebenen Geldmenge steht jetzt ein größeres Warenangebot gegenüber. Die Folge muß sein: eine Ermäßigung der Preise, also das, was seit langer Zeit bei uns angestrebt wird. Diese Schlußfolgerung ist einwandfrei. Es ist daher verständlich, wenn die Befürworter der Auslandskredite auf diese Wirkung mit besonderem Nachdruck hinweisen. Sie übersehen nur, daß die Fertigwareneinfuhr, wenn sie diese Wirkung auf die Preise hat, der einheimischen Industrie große Schwierigkeiten bereiten muß, wenn diese, was anzunehmen ist, bei den herabgesetzten Preisen nicht mehr wettbewerbsfähig ist; es sei denn, daß die Preisermäßigung alsbald auf die Lebenshaltungskosten übergreift und die Herabsetzung der Löhne möglich ist. Aber auch in diesem Falle wird es nicht ohne Lohnkämpfe, Arbeiter-

---

[1]) Worauf auch Liefmann: „Vom Reichtum der Nationen", Karlsruhe 1925, S. 54, hinweist.

[2]) Vgl. hierzu auch Hirsch: „Ist die deutsche Handelsbilanz passiv?" Magazin der Wirtschaft, 19. Febr. 1925.

entlassungen und zeitweilig auch Stillegungen abgehen. Die Erzwingung sinkender Preise durch eine Fertigwareneinfuhr kann also leicht innerpolitische Rückwirkungen auslösen.

Bei den seit der Stabilisation nach Deutschland geflossenen Auslandskrediten kann die unmittelbare Wareneinfuhr eben nicht übermäßig groß gewesen sein, da die Kredite — wie gezeigt — in der Hauptsache ins Inland zur Umwandlung in Mark gelangt sind, davon ein Teil — wie noch zu zeigen ist — als Währungs- und Devisenreserve bei der Reichsbank ruht und schließlich ein Teil für die Rohstoffeinfuhr abzusetzen ist. So erklärt sich m. E. auch die anscheinend widerspruchsvolle Entwicklung der Preise für Großhandelswaren und der Lebenshaltungskosten: die Steigerung beider Reihen im Jahre 1924 (bis 28. Februar 1925) auf gleichmäßig 136% ist eben darauf zurückzuführen, daß die ausländischen Kredite zum allergrößten Teil in Geldform durch die deutsche Volkswirtschaft gehen und erst später — und dann auch nur zum Teil — zum Import gelangen. Es ist ferner zu berücksichtigen, daß die Käufe aus den ausländischen Krediten, die neue Kaufkraft, die Deutschland auf dem Weltmarkt entwickelte, hier zweifellos eine Tendenz zur Steigerung der Preise ausgelöst hat, die natürlich die preissenkende Wirkung im Inland beeinträchtigen mußte. Und es entspricht auch der hier vertretenen Anschauung, wenn ab 28. Februar 1925 die Großhandelsziffern eine Veränderung nicht mehr erfahren haben, während die Lebenshaltungskosten weiter auf 143 am 31. Juli 1925 gestiegen sind: die Rohstoffeinfuhr setzt stärker ein, hingegen wirkt sich die aus den Auslandskrediten eingeführte zusätzliche Kaufkraft — über die Unternehmungen: Lohnzahlungen — mit voller Kraft in der Gestaltung der Lebenshaltungskosten aus.

Ein Wort zweitens noch zu den Rohstoffen, die eingeführt, in Deutschland veredelt und dann wieder ausgeführt werden (Reexport). Werden sie mit ausländischen Krediten im Ausland bezahlt und später gegen Devisen im Ausland wieder verkauft, so wird an sich weder die deutsche Geldmenge noch die Warenmenge beeinflußt: sie sind für die Geldtheorie und die Preise ein neutraler Posten. Wirtschaftlich gesehen, liefert dieser Veredelungsverkehr den Unternehmungen Gewinn, den Arbeitern Lohn und der Volkswirtschaft im ganzen einen Devisenzuwachs: Währungsverkaufserlös abzüglich Währungsankaufskosten. So betrachtet, stellen sie den Idealfall für die Benutzung der ausländischen Kredite dar. Was Wunder, wenn sie in den Vordergrund geschoben und in erster Linie allen Kreditnehmern empfohlen werden. Wiederum: alles richtig. Und dennoch darf nicht unerwähnt bleiben, daß diese Idealfälle in der hinter uns liegenden Zeit des Kapitalhungers der deutschen Unternehmungen kaum so rein in der Wirklichkeit gegeben waren. Den meisten Unternehmungen, die von den Veredelungskrediten Gebrauch machen wollten und konnten, genügte es nicht, daß sie lediglich die zu verarbeitenden Rohstoffe auf diese Weise erhielten; sie nahmen, wenn sie konnten, darüber hinaus Kredite in Anspruch, um durch Umwandlung in Mark sich die Mittel für die Lohnzahlung und andere Aufwendungen zu beschaffen. Dadurch entstehen auch hier grundsätzlich preissteigernde Tendenzen. Man darf eben bei der Frage der Auslandskredite nicht übersehen, daß sie heute unter dem Gesichtspunkte: koste es, was es wolle, und in großen Beträgen von einer Volkswirtschaft an sich gezogen und aufgesogen werden, deren Produktionseinrichtung noch nicht wieder so arbeitet, daß — wie vor dem Kriege — die Glieder in der Kette der Theorie selbsttätig und mit der nötigen Schnelligkeit reagieren. Dazu kommt, daß die Rückwirkungen der Auslandskredite in hohem Maße auch von dem Verhalten der Notenbank abhängig sind.

C. Auslandskredite und Reichsbank.

Eine wesentliche Vorbedingung für die Richtigkeit der oben angeführten Theorie, d. h. für den selbsttätigen Ablauf des Preisausgleiches, ist eine „vernünftige“ Kreditpolitik der Notenbank. Sie soll zuerst die ihr angebotenen Devisen gegen Noten eintauschen. Diese Umwechselung der Devisen in Noten macht keine Schwierigkeiten, zumal die Devisen oder das dahinterstehende Gold im Augenblick sogar das Deckungsverhältnis der ausgegebenen Noten verbessert. Wenn später der Export durch die gestiegenen Preise ins Stocken kommt und die billigeren Auslandswaren ins Land strömen, dann soll die Notenbank die Nachfrage nach Devisen aus ihren Beständen befriedigen bzw. Gold für die Ausfuhr zur Verfügung stellen. Normalerweise werden die Devisen bei der Notenbank mit Noten bezahlt, so daß automatisch eine Verringerung der Geldmenge eintritt. Hier nun setzt der Vorbehalt der Theorie ein: Die Notenbank soll „vernünftig“ handeln, d. h. also entsprechend der abfließenden Devisen- oder Goldbestände Noten zur Einziehung bringen. Von dieser Verringerung der Geldmenge kommt dann der Druck auf die Inlandspreise und ihre Wiederanpassung an die Weltmarktpreise. Der zu erwartende und notwendige Druck auf die Preise muß ausbleiben, wenn die Notenbank „unvernünftig“ handelt, d. h. ihren Devisen- bzw. Goldbestand verringert, ohne gleichzeitig auch den inländischen Geldumlauf zu verringern, z. B. Devisen nicht gegen Zurücklieferung von Noten, sondern gegen Diskontierung von Wechseln verkauft. In normalen Zeiten sorgen die Bankgesetze für die Innehaltung einer „vernünftigen“ Kreditpolitik, indem sie die Ausdehnung des Notenumlaufes in ein bestimmtes Verhältnis zum Gold- bzw. Devisenbestand bringen. Im übrigen sorgten vor dem Kriege außerdem die mehr oder weniger große Übereinstimmung des volkswirtschaftlichen Zustandes der hauptsächlich am Weltverkehr beteiligten Länder, die geringen Preisunterschiede von Land zu Land, das leichte Fluktuieren der Kredite sowie die Tatsache, daß den genommenen Krediten gleichzeitig auch im Exportgeschäft gewährte Kredite gegenüberstanden, dafür, daß die in der Theorie behaupteten Rückwirkungen auf Preise und Geldmenge auch schon mit Rücksicht auf den relativ geringen Umfang der in Betracht kommenden Kredite in der Regel nur geringfügige Ausmaße annehmen konnten.

Bei oberflächlichem Zusehen hat die Reichsbank tatsächlich nach dieser Theorie gehandelt: in der Zeit der einströmenden Auslandskredite hat sich der deutsche Zahlungsmittelumlauf um mehr als 2 Milliarden Mark erhöht. Die Theorie gibt auch die anfängliche Preissteigerung aus der Vergrößerung der Geldmenge zu; diese Vergrößerung ist tatsächlich sehr erheblich gewesen. Leider läßt die Tatsache, daß aus dem Reichsbankausweis die genaue Devisenbewegung nicht zu ersehen ist, keine einwandfreie Feststellung darüber zu, ob die Reichsbank auch in den einzelnen Etappen der Devisenbewegung nach der Theorie gehandelt hat, d. h. ihren Notenumlauf bei Zunahme der Devisen gesteigert und bei Abnahme der Devisen eingeschränkt hat. Mit Sicherheit ist nur festzustellen, daß sich der Zahlungsmittelumlauf seit Mitte vorigen Jahres bis Ende September 1925 ständig von Monat zu Monat erhöht hat. Ja, wenn man die Berechnungen des Berliner Tageblattes und der Frankfurter Zeitung gelten läßt, dann hat die Reichsbank bis Ende Juli 1925 sogar noch die eigene Kreditgewährung an die Wirtschaft gesteigert, so daß ein Teil des erhöhten Notenumlaufs auf die Zunahme der Wechseldiskontierung zurückzuführen ist. Es ist klar, daß durch diese entgegenkommende Kreditpolitik — wobei dahingestellt bleiben mag, ob die Reichsbank aus freien Stücken oder unter dem Druck der Verhältnisse gehandelt hat — die preissteigernden Tendenzen der Auslandskredite zweifellos verstärkt worden sind. Entscheidend ist aber, daß die von der Reichsbank umgewechselten Devisen zu einem erheblichen Teil bei der Reichsbank verblieben bzw. umgewandelt worden sind. Der Gold- und Devisenbestand der Reichsbank hat sich in der Zeit von Mitte 1924 bis Ende September 1925 um etwa 1 Milliarde Mark erhöht. Wichtig ist also, daß der zweite Teil der Vorgänge in der Kette der Theorie: Rückfluß der Devisen ins Ausland zur Zeit noch durch die Gold- und Devisenpolitik der Reichsbank unterbrochen ist[1]).

[1]) Die Bedeutung dieses Satzes wird klar, wenn man sich der entsprechenden Vorgänge in der Vorkriegszeit erinnert. Angenommen: das Ausland lege — infolge eines höheren Zinssatzes — Kredite nach Deutschland. Die Kreditnehmer

Die Gefahren, die aus dieser Kreditschöpfung für die in der Rekonvaleszenz befindlichen deutschen Volkswirtschaft erwachsen können, sind dem Reichsbankpräsidenten natürlich nicht unbekannt. Die Reichsbankausweise zeigen, daß in den letzten Monaten nicht nur keine weitere Vermehrung der inländischen Kredite, sondern vielmehr eine Abnahme eingetreten ist. Die Reichsbank treibt nunmehr eine Deflationspolitik: Einschränkung der Kredite, um von hier aus Einfluß auf die Preise zu gewinnen. Es handelt sich aber nicht um eine eigentliche Deflationspolitik, sondern um eine Scheindeflation: Gegenwirkung gegen die gleichzeitig durch die Auslandskredite bewirkte Inflation.

Natürlich wäre es ebenso falsch, wenn die Reichsbank in vollem Umfange der hereinströmenden Auslandskredite, sofern sie bei ihr in Mark umgewandelt würden, entsprechende Inlandskredite einziehen würde, um — geldtheoretisch — jede Preissteigerung zu verhindern. Auf diese Weise würde jede Benutzung der Auslandskredite zur Auffüllung des Betriebskapitals illusorisch gemacht, nicht jede Benutzung der Auslandskredite überhaupt: sie würden nur sofort auf ihren eigentlichen Zweck hingelenkt, nämlich zum Kauf im Ausland. Es ist aber

---

bieten die aus der Kreditgewährung stammenden Devisen am Devisenmarkt aus. Das Angebot drückt den Preis für Devisen — den Wechselkurs — nach unten. Der Verkäufer der Devisen — der Kreditnehmer — erhält entsprechend weniger Mark, wodurch sich für ihn die Kosten des Auslandskredits erhöhen. Auf der anderen Seite schafft der sinkende Wechselkurs einen Anreiz, die billig gewordenen Devisen zu erwerben, um dagegen Auslandswaren einzutauschen. Auf diese Weise ist die unmittelbare Verbindung der Auslandskredite mit der Einfuhr von Waren hergestellt, ohne daß es zunächst einer Mitwirkung der Notenbank bedarf. Indem der Importeur die Devisen erwirbt, überträgt er seine bisherige Kaufkraft an den Kreditnehmer, der sie nunmehr im Inland für seine Zwecke verwendet. Auf diese Weise hat sich an der Gesamtmenge an Kaufkraft nichts geändert. Wohl aber bringt der Importeur mit den erworbenen Devisen neue Auslandswaren ins Land, die die Warenmenge erhöht und die anfängliche Preissteigerung zurückbildet.

Die Voraussetzung ist allein, daß der Rückgang der Wechselkurse so erheblich ist, daß — bei angenommener Übereinstimmung der Warenpreise — der Bezug ausländischer Waren lohnend ist. Die Rückzahlung des Kredits erfolgt aus der Mehrerzeugung, die unter der Mitwirkung des Auslandskredits zustande gekommen ist, d. h. wenn die Preisherabsetzung inzwischen so stark geworden ist, daß sich nunmehr der Export lohnt und hieraus wieder Devisen entstehen.

Wird weiter angenommen, daß die Beanspruchung von ausländischen Krediten in größerem Umfang erfolge und das Angebot von Devisen wachse, so kann es geschehen, daß der Wechselkurs auf den sog. Goldimportpunkt sinkt. In diesem Falle wird es für den Devisenbesitzer vorteilhafter, anstatt — wie bisher — Devisen zu veräußern, entsprechende Mengen Gold einzuführen. (Ob diese sog. Goldimporte unmittelbar von den Kreditnehmern oder auf dem Wege bankmäßiger Geschäfte — Arbitrageure — bewirkt werden, ist in diesem Zusammenhang nicht wesentlich.) Wichtig allein ist, daß dieses Gold für den Kreditnehmer nur Bedeutung hat, wenn er es im Inland in Währungsgeld umwandeln kann. Vor dem Krieg war die Reichsbank nach dem Bankgesetz verpflichtet, Gold zu einem festen nun einmal so, daß es der deutschen Wirtschaft an Betriebskapital mangelt, und daß — solange nicht genügend Inlandkapital zur Verfügung steht — der Weg der Auslandskredite beschritten werden muß, damit die Betriebe wieder in Gang kommen und die Möglichkeit haben, sich den veränderten Weltmarktverhältnissen anzupassen. Indem die Reichsbank die Auslandskredite, die — wie wir gesehen haben — in der Hauptsache in Mark umgewandelt werden, also zunächst eine zusätzliche Kaufkraft darstellen, in die deutsche Volkswirtschaft einläßt, durchbricht die Reichsbank selbst ihren Grundsatz der Kreditrestriktion, soweit sie eben nicht in vollem Ausmaß der übernommenen Devisen eine Einschränkung ihrer Kredite vornimmt. Man kann auch umgekehrt sagen: Das Verhalten der Reichsbank ist widerspruchsvoll; auf der einen Seite betreibt sie rücksichtslose Kreditrestriktion und auf der anderen Seite läßt sie Auslandskredite unbehindert in die deutsche Volkswirtschaft ein. Und einen Schritt weiter ist es nur, zu sagen: Warum gibt die Reichsbank nicht unmittelbar selbst diese Kredite, lies: zusätzliche Kaufkraft? Wozu diese Kompliziertheiten mit dem Ausland? Richtig ist, daß grundsätzlich die Wirkung auf die

---

Preis anzukaufen, d. h. diese Umwechslung in Landesgeld vorzunehmen. Nahm die Reichsbank das — angenommen — aus den Auslandskrediten stammende Gold gegen den Umtausch in Noten vor, so trat zunächst eine Geldvermehrung ein, die die Preise im Inland steigerte. Die Reichsbank konnte aber bei dieser Geldvermehrung damit rechnen, daß, je mehr die Preise stiegen, um so größer auch der Anreiz wurde, Devisen zum niedrigsten Wechselkurse zu erwerben, um damit die im Ausland auch im Preise zurückgebliebenen Waren zu kaufen. Jetzt standen die zum Erwerb der Devisen benötigten Mittel aus der voraufgegangenen Geldvermehrung zur Verfügung, die nunmehr zur Reichsbank zurückströmten. Die Geldmenge im Inland verringerte sich und die Preise sanken. Die Käufe der Devisen trieben gleichzeitig die Wechselkurse wieder in die Höhe, wodurch der Import von Waren zum Stillstand kam, wenn sich gleichzeitig im Inland die Preissenkung entsprechend durchsetzte. Schließlich führte die Rückzahlung der Kredite zu einer weiteren Nachfrage nach Devisen, die die Wechselkurse auf den Goldexportpunkt trieb und die Ausfuhr von Gold lohnend machte, wenn nicht aus einer vermehrten Gütererzeugung der Warenexport zur Abdeckung der Kredite gesteigert wurde.

Nach der Stabilisierung hält die Reichsbank an dem Verfahren fest, die Devisen zu festen Kursen anzukaufen, d. h. den Wechselkurs zu stabilisieren. Heute würde eine geringe Ermäßigung des Wechselkurses keine fühlbare Verteuerung der Auslandskredite — im Hinblick auf die sonstigen Kosten — bedeuten; außerdem müßte die Reichsbank sowieso bei Erreichung des Goldimportpunktes eingreifen, wenn sie nicht auf die Währungsstabilisierung verzichten will. Für die Devisenlage ist aber heute von entscheidender Bedeutung, daß für den Erwerb der Devisen nicht genügend Kapital zur Verfügung steht, weil eben — wie oben im Text hervorgehoben — die Betriebe allgemein unter dem Mangel an Betriebskapital leiden und die aus den Auslandskrediten hervorgegangene Geldvermehrung nicht immer produktiv verwendet worden ist, d. h. zu einem vermehrten Umsatz von Gütern geführt hat.

Preise die gleiche ist: Zusätzliche Kaufkraft — Steigerung der Preise. Natürlich liegen die sonstigen Umstände bei den im Ausland aufgenommenen Krediten anders: Die gegen Noten eingetauschten Devisen bilden zugleich eine vollwertige Deckung; vor allem können sie die anfängliche Preissteigerung wieder wettmachen, wenn sie die billigeren Auslandswaren ins Land ziehen. Es ist daher richtig — wenn man schon dem Kapitalmangel ein wenig künstlich, d. h. nicht auf dem natürlichen Wege der Kapitalbildung beikommen will — die Auslandskredite der Kreditschöpfung durch die Notenbank vorzuziehen. Allerdings zieht die Aufnahme von Auslandskrediten — außer der hier behandelten währungs- und preispolitischen Seite — die weiteren Fragen der Kosten, Kündbarkeit, Sicherheiten und Rückzahlung nach sich, die die betriebs- und volkswirtschaftliche Seite darstellen und hier nicht weiter zu behandeln sind[1]).

D. Das Ergebnis und die heutige Lage.

Da die bisher nach Deutschland geflossenen Auslandskredite zum großen Teil in Mark umgewandelt worden sind, diese Umwandlung nicht allein zur unmittelbar produktiven Verwendung vorgenommen worden ist, im übrigen die sich aus einer wirklich produktiven Verwendung ergebenden Güter die Warenmenge erst später steigern als die Kaufkraftmehrung stattgefunden hat, und da endlich die Reichsbank trotz der gleichzeitigen Zufuhr ausländischen Kapitals zeitweilig ihre Restriktionspolitik gemildert hat — aus allen diesen Gründen ist es zweifellos, daß die Preise durch die Zufuhr ausländischen Kapitals von der Geldseite her beeinflußt worden sind, daß also eine Inflation im wissenschaftlichen Sinne vorliegt[2]). Diese Inflation kann man als Goldinflation bezeichnen, weil der letzte Vorgang in der Kette der Theorie: Abfluß der Devisen gegen Import von Waren noch nicht restlos durchgeführt ist. Ein Teil der Devisen bzw. des Goldes lagert noch als Währungs- und Devisenreserve bei der Reichsbank. Von der Verwendung des Goldbestandes und der dabei zu beobachtenden Kreditpolitik hängt die weitere Entwicklung der Preise wesentlich ab. Man kann sogar sagen, daß eine echte Inflation — wenigstens vorübergehend — eingetreten ist, nämlich insoweit, als ausländische Kredite für mehr konsumtive Zwecke ausgegeben worden sind.

Die Hauptsache bleibt, daß die mit der eingeführten Kaufkraft bewirkte Wiederingangsetzung oder Umstellung der Betriebe eine Vermehrung des Güterangebots nach sich ziehen wird, die den Preisdruck verschärfen muß. Natürlich: es wird niemals möglich sein, genau festzustellen, in welchem Ausmaß eine Preissteigerung lediglich durch Veränderungen auf der Geldseite herbeigeführt wird oder worden ist; es

[1]) Vgl. oben S. 169. [2]) Vgl. hierzu die Anmerkung oben S. 163.

sei denn, daß die Marktgebiete — Erzeugung, Ernte — leicht übersehbar sind und für kurze Zeiten offensichtlich keine Veränderungen erfahren konnten, oder daß — wie in der hinter uns liegenden Inflation — die Vermehrung der Zahlungsmittel so schnell und grotesk vor sich geht, daß die Bedeutung der Geldseite klar zutage tritt. Ebenso sicher ist, daß für die seit der Stabilisation zustande gekommenen Preise auch Ursachen auf der Warenseite zu deren Veränderung beigetragen haben: Produktionskosten, überholte Betriebseinrichtungen, Zahl der Zwischenglieder usf. Was hierbei vielfach übersehen wird, ist nur: daß sich diese Unwirtschaftlichkeit so lange hält, oder genauer: daß die — durch die Inflation von 1923 — im ganzen verringerte Kaufkraft der Bevölkerung die notwendige Änderung der Preise noch nicht herbeigeführt hat, liegt auch daran, daß neue Kaufkraft in Gestalt der ausländischen Kredite bzw. durch ihre Umwandlung in Noten eingeströmt ist, und daß diese Kredite eben nicht samt und sonders „produktiv" wirken, d. h. den Absatz der fertigen Waren entsprechend gesteigert haben. Es ist ein offenes Geheimnis, daß auch in den privaten Betrieben häufig die Mittel aus den ausländischen Krediten für Reparaturen, Bauten, Neueinrichtungen, Versuche und Verfahren ausgegeben worden sind, die sich nachträglich als unzweckmäßig oder unlohnend erwiesen haben. Die neue Kaufkraft trägt dazu bei, das Durchhalten der Läger zu ermöglichen; sie führt über den Weg der Lohnzahlungen und sonstigen Einkommen dazu, daß sich die Preise halten können. Die Zufuhr der neuen Kaufkraft — in der Sprache des Kaufmanns —: die Geschäftstätigkeit belebt sich, die Zahl der Arbeitslosen nimmt ab — erklärt es, daß sich die überzähligen Zwischenglieder auch dort halten, wo keine Kartelle bestehen, die ihnen die Preise und damit die Existenz sichern. Ich habe an anderer Stelle[1]) ausgeführt, daß auch äußerlich die Merkmale einer Inflation zu erkennen gewesen sind: der lebhafte Geschäftsgang der Lebens- und Genußmittelgeschäfte, d. h. der Stellen, wo die neue Kaufkraft auf die Güter für den unmittelbaren Lebensunterhalt stößt, von hier aus weiter das Wohlbefinden der kleineren und mittleren Handwerker, der starke Besuch der Vergnügungsstätten, während gleichzeitig die Festbesoldeten über die hohen Preise klagen[2]).

---

[1]) Vgl. Kreditfragen der Gegenwart, oben S. 167.

[2]) Es soll nicht unerwähnt bleiben, daß ein anderer Praktiker, der Geh. Finanzrat Dr. Friedrich, Mitglied des Reichsbankdirektoriums, in einem in der Sondernummer des Bankarchivs zum Bankiertag erschienenen Aufsatz: „Wirtschaft und Reichsbank" die Auslandkredite überhaupt nicht erwähnt, obwohl seine Ausführungen sich fast einzig und allein um die Frage der Inflation drehen.

Auch im übrigen sind die Ausführungen von Dr. Friedrich recht anfechtbar. Er stellt zunächst fest, daß von einer Inflation in Deutschland nicht die Rede sein könne. Den Beweis findet er darin, daß der heutige Zahlungsmittelumlauf wesentlich geringer sei als der von 1913 (5 Milliarden gegen 6 Milliarden Mark).

Von hier aus gewinnt die Preissenkungsaktion der Reichsregierung ihre besondere Bedeutung. „Es gibt nur ein wirksames Mittel zum Preisabbau, die Krediteinschränkung. Sie erreicht das gewünschte Ziel durch Vermehrung der Arbeitslosigkeit, Senkung der Nominallöhne und

---

Dieser Abschlag sei geringer als der Gebietsverlust, der seitdem eingetreten sei. Dr. Friedrich macht hier zwei Fehler: 1. Vergleicht er mechanisch die beiden Ziffernreihen, ohne die Veränderungen zu berücksichtigen, die sich aus inneren Ursachen des Geldumlaufes ergeben (Umlaufsgeschwindigkeit durch veränderte Zahlungssitten einst und jetzt) bzw. der Warenmenge (Umsatz, Preise). Schlimmer aber noch ist der 2. Fehler: das Jahr 1925 mit dem Jahr 1913 zu vergleichen, während es natürlich und notwendig ist, von der Entwicklung auszugehen, die Kredit und Wirtschaft nach der Stabilisation gegangen sind. Es ist übrigens das erstemal, daß ich in der Literatur den uneingeschränkten Satz finde, daß „die Auffüllung unseres Zahlungsmittelumlaufes eben noch nicht beendet sei und daß er selbst jetzt normale Grenzen noch nicht überschritten habe". Was sind normale Grenzen? Etwa die von 1913? Wie aber vertragen sich solche Äußerungen mit der Restriktionspolitik der Reichsbank, mit der Begründung der Kreditkontingentierung am 7. April 1924, überhaupt mit der Warnung des Reichsbankpräsidenten (Rede Karlsruhe), daß „in den 3 Milliarden Auslandskrediten eine gewisse Inflation drohe und daß in zu großen Auslandskrediten eine preis- und währungspolitische Bedenklichkeit liege"?

Unklar ist auch die Auffassung Dr. Friedrichs vom Wesen der Inflation. Er sagt: „Für die Inflation ist wesentlich, daß die Preissteigerungen verursacht werden durch Höhe und Entwicklung des Zahlungsmittelumlaufes." Dann heißt es aber weiter: „Bei der unzweifelhaften Tatsache, daß in erster Linie der Zahlungsmittelumlauf durch die Höhe der Preise beeinflußt wird, ..." Ist das nicht ein Zirkelschluß? Nicht deutlicher wird die Erklärung, wenn es an einer anderen Stelle heißt: „Bedenkt man, daß die frühere Inflation ihren Ausgang von der Warenseite her genommen hat ..." Bisher war es ein Bestreben der Geldtheorie, einen Unterschied zwischen den Einwirkungen auf die Preise zu machen, die von der Warenseite herrühren und solchen, die von der Geldseite kommen. Diese letzteren will man eben mit der Bezeichnung Inflation auch begrifflich von den Gründen auf der Warenseite trennen. Im wissenschaftlichen Sinne ist jede Kreditneuschöpfung Inflation; es ist nur die Frage, ob die Kredite zu einer Vermehrung der Gütermenge führen oder nicht. Während des Krieges sind die Kredite (des Reiches) zur Gütervernichtung (Kriegsmaterial) gegeben worden: der Schulfall der eigentlichen Inflation (im engeren Sinne).

Für Dr. Friedrich gibt es nur ein anderes Moment, das „im Zusammenhang der Frage mit einer etwaigen neuen Inflationsgefahr ein besonderes Interesse beansprucht: die Entwicklung der Einkommen". ... „Zumal es bei der verflossenen Inflation die treibende Kraft gewesen ist." Es wird uns auch gesagt warum: „Je mehr aber das mit der Kreditentnahme geschaffene Geldeinkommen wird in Händen von Angestellten und Arbeitern, um so mehr wird es konsumiert und um so weniger wird es erspart und zu Kapital umgewandelt." Und nun wird ein Beispiel gegeben: „Wie sehr die Inflation mit der Erhöhung des Einkommens der breiten Massen zusammenhängt, wird man verstehen, wenn man sich vergleichend klarmacht, wie die Erhöhung des Einkommens einiger Großindustrieller wirkt, andererseits aber der gleiche Betrag, verteilt auf die Massen. Nehmen wir an, eine Milliarde mehr wüchse als Einkommen etwa 1000 Unternehmern zu, eine Inflation entstünde nicht, sie werden das Geld in der Hauptsache nicht verbrauchen, sondern zum weitaus größten Teil in Kapital verwandeln. Auf die Masse, in kleine schließlich nach langen Kämpfen auch der Lebenshaltungskosten[1]).“ Daß dieses brutale Mittel in Deutschland nicht sofort nach der Stabilisierung angewendet werden konnte, weil es zunächst darauf ankommen mußte, die Betriebe überhaupt einmal wieder in Gang zu bringen,

Quoten verteilt, aber würde diese Milliarde zum weitaus größten Teil in den Konsum übergehen, zu einer erhöhten Nachfrage auf allen möglichen Gebieten (!) führen und die Preise nach oben treiben. Die Notenmengen, die die Reichsbank seit Ende 1918 zumeist über das Reich ausgegeben hat, waren weit überwiegend Gelder für Gehälter, Löhne, Unterstützungen u. dgl. . . . Hier liegt die eigentliche Gefahr.“

Dieses Beispiel geht von falschen Voraussetzungen aus. Zunächst wird uns nicht verraten, wie die 1000 Unternehmer zu einem Einkommen von 1 Milliarde Mark kommen und Güter herstellen, die ein solches Einkommen gewähren, ohne daß Arbeiter da sind, die an dieser Güterherstellung beteiligt sind, dafür Lohn beziehen und ihr Einkommen konsumieren. Zweitens wird übersehen, daß das von den Unternehmern gebildete Kapital, wenn es nicht in den Kassen brach liegt — und dann ist es eben kein Kapital, sondern Luxusvermögen — durch eigene Verwendung in den Betrieben oder Ausleihung an andere auch als Kaufkraft auftritt, und zwar auf dem Markt der Produktionsgüter. Hier ist die Steigerung der Preise von der jeweiligen Lagerung des Angebots und der Nachfrage nach Produktionsgütern und von dem Verhältnis dieses Marktes zum Konsumgütermarkt abhängig. Drittens läßt Dr. Friedrich ganz außer acht, daß die Masse der Arbeiter und Angestellten, wenn sie Lohn beziehen, doch auch dafür — wie schon oben angeführt — an der Güterherstellung mitwirken, und daß ihre in Gestalt des Lohnes ausgedrückte Kaufkraft ein Gegenstück in der hergestellten Gütermenge hat. Diese Zusammenhänge haben mit Inflation nun wirklich nichts zu tun; die Gestaltung der Preise hängt von der Organisation der volkswirtschaftlichen Produktion ab, d. h. ob die Erzeugung von Produktionsmitteln für den zukünftigen Bedarf in einem richtigen Verhältnis zum Bedarf von Gegenwartsgütern steht. Bisher haben wir das alles als Konjunkturentwicklung bezeichnet. Durchaus recht hat jedoch Dr. Friedrich, wenn er sagt: „Unter allen Umständen ist aber die ganze Frage viel zu kompliziert . . .“ Allerdings fährt er dann fort: „. . . als daß sie sich nur oder auch nur vorwiegend mit dem bequemen Mittel der Lohnerhöhung lösen ließe. An dieser Tatsache vorbeigehen heißt, die wichtige Lehre der vergangenen Inflation in den Wind schlagen, heißt, mit der Gefahr neuer Inflationen spielen.“

Demgegenüber ist zu sagen: die Höhe der Löhne hängt erstlich von der Verteilung des Ertrages einer kapitalistischen Unternehmung zwischen Unternehmern, Kapitalisten und Arbeitern ab — eine betriebspolitische Angelegenheit — und letzten Endes natürlich von den Preisen, die für die Produkte noch zu erzielen sind — eine Angelegenheit des Marktes. Läßt der Preis eines Produktes eine Erhöhung der Löhne zu, so ist diese natürlich ganz unbedenklich. Eine Lohnerhöhung, die das Unternehmen wettbewerbsunfähig macht, ist eine betriebs- und volkswirtschaftliche Torheit, und die hierfür aufgenommenen Kredite würden inflatorisch wirken. Das schließt nicht aus, daß Lohnerhöhungen auch bei gleichbleibenden Preisen vorgenommen werden können, wenn z. B. durch betriebstechnische Verbesserungen an anderer Stelle an Aufwand gespart wird. Muß man heute noch sagen, daß die hinter uns liegende Inflation ihren Ausgangspunkt von den Fehlbeträgen im Reichshaushalt genommen und jenes Wechselspiel von Löhnen und Preisen nach sich gezogen hat? Allerdings hat die Reichsbank dies auch in der Inflationszeit nicht erkannt. (Vgl. oben S. 94.)

[1]) Keynes: Über den Preisabbau. Magazin der Wirtschaft vom 17. Sept. 1925.

leuchtet ein. Die Kreditausdehnung der Reichsbank im ersten Vierteljahr war eine Notwendigkeit, die damit verbundene Erhöhung der Preise mußte in den Kauf genommen werden. Die am 7. April 1924 einsetzende Kreditkontingentierung war notwendig, um dem Steigen der Preise Einhalt zu tun — eine währungspolitische Maßnahme. Es stellte sich aber heraus, daß die auf der Grundlage der Währung (Noten, Rentenmark) gegebenen Kredite nicht ausreichten, um den Betrieben einen solchen Spielraum zu geben, daß sie ihre Wiederingangsetzung und Umstellung mit Aussicht auf Erfolg zu Ende führen konnten. Das völlige Einschrumpfen der Unternehmungstätigkeit wurde dann durch die Zufuhr ausländischer Kredite verhindert. Da der deutschen Wirtschaft mit der sofortigen und ausschließlichen Einfuhr ausländischer Waren nicht allein gedient sein konnte, so blieb nichts anderes übrig, als der Umwandlung der Devisen in Mark — mit Vorsicht allerdings — Raum zu geben. Damit mußte man die preissteigernden Tendenzen in den Kauf nehmen. Es ist eben eine Unmöglichkeit: Auffüllung des Betriebskapitals auf dem Wege des Kredits, d. h. der Zufuhr neuer Kaufkraft und gleichzeitige Krediteinschränkung, um die Preissteigerung zu verhindern oder die Preise abzubauen.

Von diesem ersten Antrieb zur Preissteigerung ist die andere Frage wohl zu trennen: Was geschieht weiter? Nach der Theorie folgt auf die anfängliche Preissteigerung: Ausfuhrstockung, Importanreiz, Devisenabfluß bei der Notenbank und Rückfluß an Noten. Wenn also die aus der gesteigerten Produktivität entstandenen Güter an den Markt kommen und gleichzeitig die Reichsbank entsprechend dem Devisenabfluß die Geldmenge verknappt, dann ist eine Preissenkung die notwendige Folge. Wir müssen nun allmählich in dieses Stadium der Wirkung der Auslandskredite kommen, wenn wir es nicht sogar schon erreicht haben. Die Herabsetzung der Preise wird nicht ohne krisenhafte Erscheinungen vor sich gehen. Die Auslandskredite haben die Krise, d. h. die Anpassung der Preise an die Kaufkraft zunächst hinausgeschoben. Eines Tages muß aber die Umkehr von der Preissteigerung zur Senkung der Preise kommen, wenn die Durchhaltung der Läger nicht mehr möglich ist. Aber zweierlei ist zu berücksichtigen: 1. Ob und wie lange noch der notwendige Abfluß der Devisen durch das Einströmen neuer Auslandskredite, die ihren Weg über die Umwandlung in Mark nehmen, ausgeglichen bzw. überholt wird, und 2. ob und in welchem Umfange die Reichsbank eine Aufspeicherung von Devisen und Gold vornimmt, also eine Minderung der Wareneinfuhr herbeiführt. Die Sicherung der Währung wie auch die Sicherung gegen eine plötzliche Abziehung der ausländischen Kredite legt die Schaffung einer hinreichenden Goldreserve nahe. Sie bedeutet natürlich vom preispolitischen Standpunkt aus eine Hemmung der nachfolgenden Preissenkung. Verstärkt wird diese Hemmung, wenn die Reichsbank in diesem zweiten Stadium der Auslandskredite außerdem auf die Verringerung der Geldmenge verzichten würde. Auf jeden Fall ist der Zeitpunkt für das Einsetzen der Preissenkungsaktion der Regierung grundsätzlich richtig: nach Überwindung des ersten Stadiums der Großeinfuhr ausländischer Kredite. Der Erfolg wird von dem Einströmen weiterer Kredite und dem Verhalten der Reichsbank abhängig sein, schließlich aber mit einer Preissenkung enden müssen, wenn die billigeren Einfuhrwaren auf die angesammelten Warenvorräte drücken. Daß es richtig und zweckmäßig erscheint, gleichzeitig auch Maßnahmen von der Warenseite her zu ergreifen, wie: Rationalisierung der Betriebe, Nachprüfen der Preise, Ausschaltung vorhandener Zwischenglieder, braucht nicht mehr näher begründet zu werden.

VIII. Anhang: Kredit und Wirtschaftskrise.

Eine Darstellung in Leitsätzen[1]).

Vormerkung: Das Thema lautet: Kredit und Wirtschaftskrise. Nicht Wirtschaftskrise schlechthin: diese kann von vielen Seiten betrachtet werden. Die Betonung liegt auf Kredit. Spiethoff, der ausgezeichnete Kenner des Krisenproblems, hat nachgewiesen, daß in jeder Krise, die in der kapitalistischen Wirtschaftsweise entsteht, der Kredit eine Rolle, meist die entscheidende Rolle spielt. In der gegenwärtigen Wirtschaftskrise ist diese Rolle — so glaube ich — eine ganz besondere. Nicht in dem Sinne, daß die Ursachen der Krise im Kredit zu suchen sind. Diese liegen klar zutage — man pflegt sie nur zu leicht zu übersehen —: verlorener Krieg, Opfer an Menschen, Verluste an Land und Vermögen, Schädigung der Produktionseinrichtungen, der Absatzmärkte. Ursachen sind weiter: der Ruhrkrieg mit den falschen Abwehrmaßnahmen, die Reparationserpressungen: die Inflation. Die Krise ist letzten Endes eine Krise des gesamten volkswirtschaftlichen Produktionsapparates; die Störungen machen sich — in der kapitalistischen Wirtschaftsverfassung — im Gelde, im Geldeinkommen, in den Preisen (also in der Kaufkraft), schließlich im Geldkapital, im Kredit bemerkbar. Man kann daher sagen: die gegenwärtige Krise findet ihren sinnvollsten Ausdruck im Kredit. Daher die Betonung Kredit, was im einzelnen nachzuweisen ist.

A. Kapitalmarkt.

1. Kapital in dem hier gebrauchten Sinne ist: Erwerbsvermögen, ausgedrückt in einer (abstrakten) Geldsumme. Die Unternehmungen

[1]) Vortrag, gehalten am 12. Januar 1926 in der Deutschen Gesellschaft von 1914. Vgl. Bankarchiv XXV. Jahrg., Nr. 10.

verzeichnen dieses Kapital auf der rechten Seite der Bilanz als Eigenkapital (Kapital schlechthin, Aktien-K., Stamm-K.) und als Schulden (Hypotheken, Obligationen, Darlehen, Lieferanten-, Bankkredit, Anzahlungen). Der entstehende oder entstandene Gewinn ist Eigenkapital, solange er nicht auf die Teilhaber verteilt ist. Schulden sind fremdes Kapital, auch Leihkapital genannt. Die leihweise Überlassung von Kapital ist Kredit. Zur dauernden Nutzung (5—30 Jahre) überlassenes Kapital ist langfristiger, bis zu 6—12 Monaten rückzahlbare Schulden ist kurzfristiger Kredit.

Auf der linken Seite der Bilanz macht die Unternehmung die Aufwendungen ersichtlich, die aus dem Kapital erfolgt sind und den zukünftigen Produktionsperioden dienen (die einzelnen Vermögensbestandteile im betriebswirtschaftlichen Sinne, die Produktionsmittel oder das Kapital im volkswirtschaftlichen Sinne: Grundstücke, Maschinen, Vorräte).

Das typische Finanzierungsbild einer Industrieunternehmung stellte sich vor dem Kriege wie folgt:

A. Bilanz per 31. Dezember 1913[1]).

Aktiva	Stück	Mk.	Passiva	Mk.	
Anlagen	65	65	Kapital	50	
Betrieb			Reserven	10	
Waren	12	12	Gewinn	6	EM 66
Kasse	5	5	Obligation (lang)	20	
Debitoren	18	18	Kreditoren (kurz)	14	FM 34
	100	100		100	

Anmerkung: Mit 80 langfristigen Mitteln (Kapital, Reserven, Obligationen) sind die gesamten Anlagen und die Hälfte der Betriebsmittel finanziert. Etwa $1/3$ der Kreditoren hat in der Kasse Deckung, der Rest in Waren und Debitoren. Der Gewinn ist 10% des Kapitals nach Abführung von 1 in die Reserve. Den betriebswirtschaftlichen Gesichtspunkten der Rentabilität, der Liquidität sowie der Sicherheit ist genügend Rechnung getragen.

2. Die Inflation (1914—1923), insbesondere die große von 1923, hat die Geldeinkommen der Bevölkerung zum gesteigerten Konsum, das Geldkapital — unter Ausschaltung der Kreditvermittlung: Banken — zur unmittelbaren Anlage in Gebrauchs- und Verbrauchsgütern, sowie zu Produktionserweiterungen (Flucht in die Sachwerte) getrieben. Nur ein Teil hat die Geldform beibehalten: Kauf von Devisen, ein anderer Teil ist den Kapitalpapieren mit Sachwertcharakter — Aktien — zu-

[1]) Die Aufstellung der Jahresbilanz wird von einer Reihe von betriebspolitischen Zwecken beeinflußt (Erfolgsermittlung, Konjunktur, Dividendenpolitik, Steuern). Sie kann in Wirklichkeit nur mit Vorbehalt für die Veranschaulichkeit der Finanzierung verwendet werden. Das Schema soll nur das Grundsätzliche zeigen.

geflossen. Im übrigen hat die Geldentwertung Geld und Geldforderungen vernichtet, die Schuldner gleichzeitig entschuldet. Entscheidend: Ende der Inflation ist Geld als Bestandteil des Unternehmungsvermögens (linke Seite der Bilanz) und Geldkapital, das zur Ausleihung bereitsteht, nicht mehr vorhanden.

B. Bilanz per 31. Dezember 1923
(in Papier).

Aktiva	Stück	Mk.	Passiva	Mk.	
Anlagen, alt	65	65[1])	Kapital, alt	60[1])	
Zugänge	25	1200[2])	Erhöhung	640[2])	700[1])
			Reserven, alt	10[1])	
Betrieb			Erhöhung	73[1])	83[1])
Waren	15	15000[4])	Gewinn		1300[4])
Kasse	—	300[4])	Obligationen, alt		20[1])
Debitoren	2	2100[3])[4])	Kreditoren		4000[4])
		?			?

Anmerkung: Die Zahlen sind weder addierbar, noch vergleichbar. Mengenmäßig haben die Anlagen Zugänge aufzuweisen, sind die Warenbestände nach anfänglicher Erschöpfung wieder aufgefüllt worden. Das Kapital und die Reserven haben eine nominelle Erhöhung erfahren.

C. Bilanz per 1. Januar 1924
(Goldmark-Eröffnungsbilanz).

Aktiva	Stück	Mk.	Passiva	Mk.
Anlagen	90	70	Kapital, 10 : 1	70
			Reserven	8 EM 78
Betrieb			Gewinn,	
Waren	15	12	für 1924 kalkuliert mit 7=10%	
Kasse	—	—	Obligationen, Aufwert.	2
Debitoren	2	2	Kreditoren (kurz)	4 FM 6
		84		84

Anmerkung: Der Umstellung mußte der zukünftige Ertrag (Ertragswert) zugrunde gelegt werden: hier Gewinn kalkuliert mit 7 = 10% kapitalisiert, ergibt Kapital 70. In Wirklichkeit ist, da die Schätzung des zukünftigen Gewinns unmöglich war, von der Substanz ausgegangen: 90 Stück Anlagen und 15 Stück Waren. Infolge „vorsichtiger" Bewertung sind die mengenmäßig erhöhten Anlagen unter ihrem „Gold"-Anschaffungswert, aber höher als 1913 (70 gegen 65) bilanziert, die Waren mit „stillen" Reserven 15 Stück statt Tagespreis 17 nur mit 12 eingesetzt worden. Entscheidend: von den Betriebsmitteln sind Kasse, Debitoren auf 2 zusammengeschrumpft. Kredite konnten nur noch 4 beschafft werden.

3. Nach der Stabilisierung entsteht für Wiederingangsetzung der Betriebe (Ruhrkampf): Instandhaltung, Verbesserung, Umstellung von unzweckmäßigen Inflationsinvestierungen, Ersatzanschaffungen, Neu-

[1]) Millionen. [2]) Milliarden. [3]) Billionen. [4]) Billiarden.

anlagen, sowie für Ankauf von Rohstoffen, Auslegung von Löhnen, ein großer Bedarf an baren Mitteln, an Kapital in Geldform, in der Hauptsache Kapital für langfristige Zwecke: Eigenkapital, Aktienkapital, Hypotheken, Obligationen, daneben auch Bedarf an kurzfristigem Kredit, an sich entsprechend dem Umfange in der Vorkriegsfinanzierung.

4. Kapital entsteht aus ersparten Einkommensteilen, ist in der Regel in Form des Geldes verfügbar. Die jährliche Neubildung von Kapital (Anlage suchende Geldkapitalien) ist für 1924 und 1925 mit 3 bzw. 4 Milliarden Mk. (1913: $8^1/_2$ Milliarden Mk.) zu veranschlagen. Der nach erfolgter Stabilisation (Goldmark-Bilanz C) auf einmal zum Durchbruch kommende Kapitalbedarf (s. 3.) überschreitet im Anfang und im weiteren Verlauf die nur allmählich und schwach in Gang kommenden Neubildung von Kapital. Die Folgen sind: der Bedarf an Kapital überragt bei weitem das Angebot, hohe Zinssätze am Kapitalmarkt — dem Markt für langfristige Leihkapitalien —, Darniederliegen der Emissionen, Rückgang der Aktienkurse wegen Beschaffung von Mitteln durch Verkauf von Effekten. Die Krise drückt sich in Kapitalmangel, in einer Kapitalnot aus.

5. Der anfänglich sehr hohe Kapitalmarktzinssatz hält die Betriebe von der Aufnahme langfristigen Kapitals zurück. Auf der anderen Seite reizt selbst der hohe Zinssatz das verfügbare Kapital nicht zur langfristigen Anlage, weil den Kapitalbesitzern das Risiko angesichts der Krisenlage zu groß erscheint. Das Neukapital vermeidet die altgewohnte Anlage: Zurückhaltung am Hypothekenmarkt, Fernhalten vom Aktien- und Obligationenmarkt auch wegen Ertragslosigkeit zahlreicher Aktiengesellschaften. Es bildet wesentlichen Bestandteil der schnell steigenden Sparkasseneinlagen und Depositengelder der Banken.

B. Geldmarkt.

1. Von Anfang 1924 bis 31. Oktober 1925 haben die fremden Gelder zugenommen: bei den Sparkassen auf 2,3 Milld. Mk., bei 88 Banken auf 5,4 Milld. Mk., bei 20 öffentlichen Kreditinstituten auf 2,6 Milld. Mk., bei 14 Girozentralen auf 1,3 Milld. Mk., beim Postscheckamt auf 500 Millionen Mk. Darin sind nicht nur enthalten: Kassenbestände der Einzelwirtschaften, also eigentliche Depositen-, Giroguthaben, sondern auch Erlöse aus Auslandsanleihen, Guthaben von Ausländern, öffentliche Gelder, sowie endlich vorübergehend untergebrachte Sparkapitalien (s. A, Abschn. 5). Da auch letztere in der Regel mit kurzfristiger Kündigung versehen sind, können die Kreditinstitute die gesamten Geldkapitalien nur kurzfristig ausleihen.

2. Die Bevorzugung der Ausleihung am Geldmarkt der Börse ist auf die kurzfristige Dauer, größtmögliche Sicherheit und pünktliche Rück-

zahlung zurückzuführen. Das ansteigende Angebot von kurzfristigen Leihkapitalien ruft ein Sinken der Zinssätze von ursprünglich 10% pro Tag auf 10% pro Jahr hervor; Ende Dezember 1925: tägliches Geld $6^{1}/_{2}\%$, Ultimogeld 10%, Privatdiskontsatz $6^{3}/_{8}\%$. Ein weiteres Merkmal der Krise ist (gegenüber der Kapitalnot am Kapitalmarkt) eine große Geldflüssigkeit am Geldmarkt. (Anfang Januar 1926 soll zum ersten Male seit 1914 wieder deutsches Kapital kurzfristig im Ausland angelegt worden sein.) Zur Flüssigkeit des Geldmarktes hat die zeitweilige Überfülle der Finanzkassen in erheblichem Maße beigetragen.

3. Da die Betriebe nicht über die Unterlagen für den Börsenkreditverkehr verfügen, in der Hauptsache auch nicht kurzfristige Kredite, sondern langfristiges Kapital benötigen, so kommt ihnen die Flüssigkeit des Geldmarktes unmittelbar nur wenig zugute. Dennoch hat eine Kreditgewährung in erheblichem Ausmaß stattgefunden: Bis Ende 1925 bei der Reichsbank etwa 2 Milld. Mk., Kreditbanken 3 Milld. Mk., öffentliche Kreditinstitute 2 Milld. Mk. Wirkung: die Zuführung von Kredit hat die Betriebe wieder in Gang gebracht, die Kapitalbildung der nächsten und ferneren Zeit eskomptiert, gleichzeitig durch Vermehrung der Kaufkraft (Währungskredite der Reichsbank und Rentenbank) aber auch die Preise gesteigert bzw. hochgehalten. Banktechnisch: erhebliche Beträge der ausstehenden Kredite sind, da sie langfristig verwendet worden sind, als eingefroren anzusehen. Sie unterscheiden sich von den früheren „langfristigen" Industriekrediten dadurch, daß sie z. Zt. nicht durch das Emissionsgeschäft (Ausgabe von Aktien und Obligationen) ablösbar sind. Betriebsfinanziell: kurzfristige Kredite um jeden Preis (Kosten, Form, Quelle: Wechselakzepte, Lieferanten-, Bank-, Auslandskredite) sind zur Finanzierung, d. h. zur Kapitalbeschaffung, verwendet worden. Die Folge ist: Illiquidität der Betriebe, Zahlungsstockungen, Konzernauflösungen, Stützungen und Unterstützungen, Geschäftsaufsichten und Konkurse.

D. Bilanz per 31. Dezember 1925.

Aktiva	Stück	Mk.	Passiva		Mk.
Anlagen	90	70	Kapital		70
Zugänge	12	10	Reserven		8
	102	80			78
Betriebe					
Waren	15	12	Gewinn statt 7 nur		2
Zugänge	6	8			EM 80
	21	20	Obligationen, Aufwert.		2
Kasse					
Zugänge		1	Kreditoren (kurz)	4	
Debitoren	2		Zugänge	34	FM 38
Zugänge	17	19			
		120			120

Anmerkung: Die Anlagen haben eine weitere Vermehrung um 10 erfahren (Umstellung), für Waren (einschl. aufgewandter Löhne), Kasse und Debitoren (Absatz gegen Kredit) mußten $8 + 1 + 17 = 26$ beschafft werden. Insgesamt waren erforderlich: 36, die bilanzmäßig mit 2 durch den entstandenen Gewinn, mit 34 durch kurzfristige Kreditoren aufgebracht worden sind. Die Kreditoren sind jetzt je zur Hälfte durch Waren und Debitoren gedeckt (1913 zu 50% durch Kasse). Der Betrieb ist zahlungsunfähig.

4. Das Ergebnis ist: große Nachfrage nach langfristigem Leihkapital, demgegenüber Kapitalbildung anfänglich schwach, später erholt, Zurückhaltung des anlagesuchenden Kapitals — Überfluß an kurzfristigen Leihkapitalien am Geldmarkt, Finanzierung der Betriebe mit kurzfristigen Krediten. Das Ziel muß sein: Wiederherstellung des Kapitalmarktes. Hierzu sind folgende Mittel versucht worden: Die Wiederaufrichtung des Privatdiskontgeschäftes sollte eine Brücke vom Geldmarkt zum Kapitalmarkt schlagen: unmöglich solange Akzepte — Privatdiskonten — nicht durch Aktien und Obligationen abgelöst werden; Neuordnung der Anlage öffentlicher Gelder, indem Teile dem Kapitalmarkt langfristig zur Verfügung gestellt werden; Kreditverteilung an Landwirtschaft, Handwerk u. a. m. mit allen Mängeln behördlicher Vermittlung und hoher Kosten.

Zu beachten ist, daß die Betriebe den Kapitalbedarf inzwischen mehr oder weniger gedeckt haben, allerdings in nicht zutreffender Form: kurzfristige Kredite statt langfristiger Beteiligung oder Schulden. Für die weitere Entwicklung ist bedeutsam, daß es jetzt mehr auf Umformung der Kredite, nicht mehr so sehr auf Beschaffung neuen Kapitals ankommt.

C. Krisenheilung.

1. Der Kapitalmangel zwingt zur rationellen Bewirtschaftung des vorhandenen Geldkapitals. Zweckmäßige Organisation des Banksystems: Arbeitsteilung zwischen Kreditbanken, Girozentralen und öffentlichen Banken ist notwendig; Verringerung der Zahl der Bankstellen (Häufung an einzelnen Orten), der Betriebskosten und der Zinsspanne nicht minder. Die Kreditgewährung darf nicht mehr nach der Höhe des toten Vermögens, sondern muß nach Ertrag, Umsatz, Rentabilität des Betriebes und nach volkswirtschaftlicher Nützlichkeit erfolgen. Der genossenschaftliche Zusammenschluß der Kreditnehmer ist zu fördern. Ob das Zusammengehen der mittleren und kleineren Betriebe nach dem Muster von Industrieschaften (Sachsen) Erfolg verspricht, ist wegen der Schwierigkeit der Wertbemessung und Haftung zweifelhaft.

2. Worauf es ankommt, ist: Pflege der Kapitalneubildung. Die heutigen Einkommen sind im Verhältnis zu den Preisen geringer als früher, oder dasselbe: die Preise sind zu hoch. Dazu kommt: die Minderung des

verfügbaren Einkommens durch hohe Steuerlasten. Dieser Zustand ist der Ausdruck für die durch die Inflation verursachte, durch die Stabilisation bloßgelegte Verarmung des deutschen Volkes. Es ist daher ein Irrtum, schlechthin zu sagen: es fehlt an Geld gleich Umlaufsmitteln. Richtig ist: es fehlt an Geld gleich Einkommen, gleich Möglichkeit zu sparen; die Kapitalbildung ist erschwert, weil die Preise zu hoch sind. Die Absatzstockung ist der andere Ausdruck für den Kapitalmangel, für die fehlende Kaufkraft. Da Kapital nur aus Einkommensüberschüssen, aus Sparen von Einkommen möglich ist, ist eine bessere Anpassung der Einkommen an die Preise oder der Preise an die Einkommen anzustreben.

3. Mit der Stabilisierung der Mark ist in etwa auch das aus der Inflation entstandene ungünstige Verhältnis zwischen Preisstand und Einkommenshöhe stabilisiert worden. Der sofortigen Angleichung stand ein aufgeblähter Produktionsapparat (Zwischenglieder, Arbeitsleistung und veraltete Verfahren) im Wege; die natürliche Anpassung durch eine scharfe Krise verhindert die Kreditgewährung der Rentenbank und die liberale Kreditpolitik der Reichsbank im ersten Viertel 1924. Die Hinausschiebung der Krise war als das kleinere Übel anzusehen gegenüber einer sofortigen Kreditsperre, die den vollständigen Zusammenbruch der Betriebe (Ruhrkampf) herbeigeführt hätte. Zu bemängeln ist nur, daß die Wirkung auf die Preise weder rechtzeitig noch überhaupt erkannt worden ist: die Betriebe sogar in dem Glauben waren, daß sie einer echten Konjunktur entgegengingen. Die Kreditkontingentierung ist so lange am Platze, als die Kreditnehmer noch zu sehr spekulativ eingestellt sind, d. h. Kredite ohne Rücksicht auf die Kosten und Gewißheit der Rückzahlungsmöglichkeit aufnehmen. Eine Ermäßigung des Diskontsatzes kommt erst dann in Betracht, wenn bei aufgehobener Kontingentierung die Kreditansprüche im ganzen zurückgehen oder zum mindesten keine Zunahme erfahren[1]).

4. Während die Reichsbank eine anfänglich scharfe, später etwas gemilderte Kreditkontingentierung durchführt, strömen ab Mitte 1924 bis Ende 1925 ausländische Kredite in Höhe von etwa 3 Milliarden Mark in die deutsche Volkswirtschaft ein. Für ihre Beurteilung kommt eine Reihe von Gesichtspunkten in Betracht.

a) Währungspolitisch: Die vor dem Kriege aus den Auslandskrediten unverzüglich folgende Einfuhr von Waren und ihre Rückwirkung auf die Preise wurde 1925 durch folgende Umstände behindert: 1. Die Auslandskredite sind zum größten Teil in Noten umgewandelt und zur Auffüllung langfristigen Betriebskapitals verwendet worden; 2. die Wareneinfuhr ist zwar erheblich gewesen (Passivität der Handelsbilanz),

---

[1]) Wird vom Reichsbankpräsidenten zur Begründung der Diskontermäßigung von 9% auf 8%, die am 12. Januar 1926 erfolgt ist, in Aussicht gestellt.

aber ein großer Teil ist zusätzlich konsumiert worden (Bananen); 3. mehr als 1 Milld. Mk. wird von der Reichsbank als Devisenreserve zurückgehalten, wofür Waren nicht eingeströmt sind; 4. die Verwendung der Auslandskredite ist nicht nur in öffentlichen Betrieben (Kommunen), sondern auch vielfach in privaten Unternehmungen nicht produktiv erfolgt (Ausgabe für Verbesserungen, Versuche und Umstellungen, die einen Erfolg nicht gehabt haben). *Insgesamt*: durch die Umwandlung der Auslandskredite in Mark ist eine *Zusatzkaufkraft* entstanden, die die Preise gesteigert hat. Die Auslandskredite haben inflationistisch gewirkt. Jedoch: die aus der Ingangsetzung der Produktion entstandenen Güter müssen *später* auf die Senkung der Preise hinwirken, zumal wenn die weitere Zufuhr von Krediten aufhört. Darauf muß auch die Politik der Reichsbank eingestellt sein.

b) *Wirtschaftlich*: Die Auslandskredite haben den Unternehmungen Kapital geliefert, Betriebe in Gang gesetzt, den Arbeitern Beschäftigung gegeben, die notwendigen Umstellungen ermöglicht. Sie haben den Kapitalmarkt entlastet, dem Geldmarkt neue Mittel zugeführt, die Zinssätze ermäßigt. Ihre allmähliche Tilgung durch Gewinnung eigenen Kapitals ist in die Wege geleitet.

c) *Betriebswirtschaftlich*: Die hohen Zinskosten bilden eine schwere Last, sie steigern die Preise oder zehren den Gewinn auf. Die Kurzfristigkeit erhöht die Schwierigkeit der Betriebsführung; ihre Rückzahlung erfordert Sicherstellung von Devisen, die die Reichsbank nicht gegen Kredit geben kann. Die betriebswirtschaftlichen Schwierigkeiten bilden einen Schutzwall gegen uferloses Einströmen weiterer Kredite, treiben zugleich zur Verschärfung der Krise.

d) *Volkswirtschaftlich*: Die Zinsen wie auch die Rückzahlung des Kapitals können nur aus dem Mehrexport deutscher Waren (Leistungen) erfolgen. Die Überschwemmung des Weltmarktes mit deutschen Industrieprodukten ruft Gegenmaßnahmen (Zölle) hervor. Zu beachten sind die Zukunftslasten aus dem Dawes-Plan: ab 1925 jährlich $2^1/_2$ Milld. Mk., deren Transferierung ebenfalls nur durch Mehrexport möglich ist. Dieser setzt im Inlande niedrige Preise und Löhne voraus, wenn nicht deutsche Spezialarbeit zu lohnenden Preisen am Weltmarkt Absatz findet. Nimmt man dazu noch die europäische Verschuldung an Amerika, so müssen sich Riesenströme europäischer Waren nach Amerika ergießen — oder Amerika muß seine Kapitalien prolongieren und die Zinsen fortgesetzt in den Schuldnerländern anlegen. Diese Fragen sind auf der zukünftigen Weltwirtschaftskonferenz zu lösen.

Alles in allem: die ausländischen Kredite haben eine Entspannung am Kapitalmarkt bewirkt (Senkung der Zinssätze), zunächst die Preise gesteigert, die Volkswirtschaft belebt (Inflation) und der Zukunft große

Lasten auferlegt. Die zeitlich folgende Gütervermehrung wird zur Senkung der Preise beitragen — die Krise von 1924 ist hinausgeschoben worden.

5. Ende 1925 hat die kurzfristige Finanzierung weitere Fortschritte gemacht. Die Krise ist in vollem Gange (Absatzstockung, Zusammenbrüche, Konkurse, Arbeitslosigkeit). Der allgemeine Preisrückgang wird noch durch Inventurausverkäufe verdeckt. Im Gegensatz zur Inflation sind bei Deflation möglichst geringe Warenbestände und Kredite anzustreben. Nur in diesem Falle entstehen bei allgemeinem Preisrückgang tragbare Scheinverluste; anderenfalls stößt die Rückzahlung der Schulden auf Schwierigkeiten.

E. Bilanz per 1. Januar 1926.

Aktiva	Stück	Mk.	Passiva		Mk.	
Anlagen	100	80	Kapital			70
Betrieb			Reserven		8	
Waren (./. 25%)	20	15	Gewinn		2	
					10	
			ab Waren	5		
			,, Debitoren	4	9	1
Kasse		1	Obligationen, Aufwert.			2
Debitoren (./. 20%)		15	Kreditoren (kurz)			38
		111				111

Anmerkung: Bei einem angenommenen Rückgang der Preise um 25% stehen die Warenbestände nur noch mit 15 zu Buch; auf Debitoren wird eine Abschreibung von 4 erforderlich. Die bilanzmäßige Deckung erfolgt durch Heranziehung des Gewinnes und der Reserven, die auf 1 zurückgehen. Mit dem Wert von 15 kann bei allgemeinem Rückgang der Preise so viel gekauft werden wie vorher mit 20: Scheinverluste auf Waren. An den Debitoren entsteht — wenn nicht Zahlungseinstellungen ihn wettmachen — ein Kreditgewinn, da die Kaufkraft des Geldes gestiegen ist. Umgekehrt wird die Rückzahlung der Kreditoren, da der Nennwert der gleiche bleibt, schwierig, wenn nicht unmöglich. (Gefahren der Geldwertsteigerung.)

6. Die volkswirtschaftliche Voraussetzung zur Überwindung der Krise: Steigerung des Mehrexports für Verzinsung und Rückzahlung der Auslandsverschuldungen sowie für Reparationen ist ohne außenpolitische — Weltmarkt — und innerpolitische — Folgen des Lohndrucks aus niedrigen Exportpreisen — Regelungen nicht möglich. Betriebspolitisch ist nicht nur ein Herabdrücken der Kosten durch Rationalisierung erforderlich, sondern auch Gewinnsteigerung durch Massenherstellung deutscher Qualitätsarbeit für den Export anzustreben. Finanzpolitisch kommt es darauf an, die kurzfristige Inlands- wie Auslandsverschuldung in langfristigen Anleihen zu niedrigen Zinssätzen zu konvertieren. Bezüglich der Auslandskredite ist diese Umwandlung im Gange. Die Wiederherstellung der Rentabilität wird das inländische Sparkapital wieder zur langfristigen Anlage zurück-

führen. Der Anreiz wird verstärkt, wenn der Rückgang der Zinssätze am Geldmarkt anhält. Dann strömt auch ein Teil der Depositengelder (Sparkapitalien) der Kreditinstitute der unmittelbaren Anlage am Kapitalmarkt zu, kommt das Emissionsgeschäft wieder in Gang.

7. Finanztechnisch ergibt sich folgende Sanierung: Infolge der gesunkenen Preise und der rationellen Ausnutzung der Betriebsmittel ist der durchschnittliche Bestand an Waren und Debitoren sowohl der Menge als auch dem Wert nach geringer geworden. Entsprechend sind die Kreditoren zurückgegangen. Es wird angenommen, daß für Gewinn (einschließlich Kosten für das Leihkapital) nunmehr 6 zur Verfügung stehen. Die kurzfristigen Kredite werden in Höhe von 28 in 7 proz. Obligationen = 2,1 Zinskosten umgewandelt. Der Rest der Kreditoren verursacht 8% Bankzinsen = 0,320 Zinskosten. Das Kapital wird durch Ausgabe von 5 Vorzugskapital erhöht, für das eine Verzinsung von 10% = 0,500 in Aussicht genommen wird. Insgesamt Kapitalkosten: 2,100 + 0,320 + 0,500 = 2,920. Zur Verfügung stehen (s. o.) 6, davon zur Auffüllung der Reserven 0,500, bleibt ein Rest von 2,580. Dieser mit einer Dividende von 5% kapitalisiert gibt ein Kapital von 50. Demzufolge ist das Stammkapital von 70 auf 50 zu ermäßigen. Die Anlagen werden auf 60 abgeschrieben. Damit ist der unrentable, aufgeblähte Teil der Produktionseinrichtungen (Schrott) auch bilanzmäßig erledigt.

F. Bilanz per 31. Dezember 1926.

Aktiva	Stück	Mk.	Passiva	Mk.	
Anlagen	100	80	Kapital	70	
Abschreibung	40	20	Abschreibung	20	50
	60	60	Vorzugs-Kapital		5
Zugänge	8	8	Reserven		1
	68	68	Gewinn (ohne Kapitalkosten f. feste Schuld.)		3
Betrieb					
Waren	15				59
weniger	3	12	Obligationen (lang)		28
Kasse	1		Kreditoren (kurz)		6
Zunahme	2	3			
Debitoren	15				
weniger	5	10			
		93			93

Anmerkung: Der Betrieb arbeitet wieder mit Anlagen wie 1913. Die Aussonderung der unbrauchbaren Anlagen läßt eine Verminderung der Kosten, die Herabsetzung in der Bilanz eine Verminderung der jährlichen Abschreibungsbeträge zu. Die Betriebsmittel werden jetzt besser ausgenützt, sind also geringer als 1913. Die Finanzierung beruht in stärkerem Maße auf fest verzinslichen Obligationen und mit Vorzugsdividenden ausgestattetem Neukapital. Was an Dividende auf das alte Kapital verbleibt, ist weniger als 1913 und unsicherer.

Natürlich: tritt eine stärkere Senkung der Zinssätze ein — was zu erwarten ist —, dann braucht entweder der angenommene Gewinn (6) nicht so hoch zu sein, oder die Rente auf das eigene Kapital (5) erhöht sich. In letzterem Falle ist die Herabsetzung des alten Kapitals in geringerem Maße möglich. Außer diesen Überlegungen werden die Betriebe ihr ganzes Augenmerk auf die Steigerung des Gewinnes richten müssen, wenn sie die zweite „Umstellung" vermeiden wollen. Ist eine Steigerung der Rentabilität — durch bessere Ausnutzung der verkleinerten oder durch Wiederinbetriebnahme ausgeschiedener Anlagen — zu erwarten, dann empfiehlt sich eine Umgehung der Kapitalherabsetzung auch aus steuerlichen Gründen (höhere Abschreibungsbeträge auf den nicht verkleinerten Anlagekonten).

Betriebswirtschaftliche Zeitfragen. Herausgegeben von der **Gesellschaft für Betriebsforschung E. V., Frankfurt a. M.** (ehemals Gesellschaft für wirtschaftliche Ausbildung).

1. Serie: **Der Geldwertausgleich in der Bilanz.**

Erstes Heft: **Goldmarkbilanz.** Von Dr. **E. Schmalenbach,** Professor der Betriebswirtschaftslehre an der Universität Köln. Dritte Auflage. In Vorbereitung

Zweites Heft: **Wirtschaftsunruhe und Bilanz.** Von Dr. **Erwin Geldmacher,** Privatdozent der Betriebswirtschaftslehre an der Universität Köln. I. Teil: **Grundlagen und Technik der bilanzmäßigen Erfolgsrechnung.** Mit 15 Abbildungen. (70 S.) 1923. RM 2.50

Drittes Heft: **Der organische Aufbau des industriellen Rechnungswesens insbesondere die Zwei- und Dreiteilung der Abrechnung.** Von Dipl.-Kaufmann **Hans Bergmeir.** (60 S.) 1926. RM 3.90

Viertes Heft: **Goldkreditverkehr und Goldmark-Buchführung.** Von Dr. **W. Mahlberg,** Professor der Betriebswirtschaftslehre an der Handelshochschule Mannheim. Mit 12 Abbildungen. (50 S.) 1923. RM 1.80

2. Serie: **Das Abrechnungswesen in der Fabrik.**

Fünftes Heft: **Die Verrechnungspreise in der Selbstkostenrechnung industrieller Betriebe.** Von Dr. **Theodor Beste,** Privatdozent der Betriebswirtschaftslehre an der Universität Köln. (68 S.) 1924. RM 3.—

Sechstes Heft: **Intensitätsmessung in der Industrie.** Von Dipl.-Ing. **W. Steinthal.** Mit 26 Abbildungen. (57 S.) 1924. RM 2.70

Siebentes Heft: **Der Einfluß des Beschäftigungsgrades auf die industrielle Kostenentwicklung.** Von **Herbert Peiser,** Mitglied des Vorstandes der Bamag-Meguin A.-G., Berlin. Mit 13 Abbildungen. (22 S.) 1924. RM 1.80

Achtes Heft: **Industrielle Selbstkosten bei schwankendem Beschäftigungsgrad.** Von Fabrikdirektor Dr.-Ing. **H. Müller - Bernhardt.** Mit 10 Abbildungen. (36 S.) 1925. RM 3.—

Buchhaltung und Bilanz auf wirtschaftlicher, rechtlicher und mathematischer Grundlage für Juristen, Ingenieure, Kaufleute und Studierende der Privatwirtschaftslehre mit Anhängen über „Bilanzverschleierung" und „Teuerung, Geldentwertung und Bilanz". Von Professor Dr. hon. c. **Johann Friedrich Schär** in Berlin. Fünfte, durchgesehene und erweiterte Auflage. (520 S.) 1922. Gebunden RM 15.—

Die systematische (doppelte) Buchführung. Grundlage, System und Technik. Von **Max Schau,** Diplomhandelslehrer an der Staatlichen Handelsschule und Dozent am Technischen Vorlesungswesen und der Volkshochschule zu Hamburg. Mit zwei Tafeln. (110 S.) 1923. RM 2.—